한국의 맛 기행

향토음식

저 자 소 개

정낙원 배화여자대학교 명예교수

차경희 전주대학교 한식조리학과 교수

박영미 한양여자대학교 조리외식산업과 교수

김명현 배화여자대학교 조리학과 교수

한국의 맛 기행

향토음식

초판 발행 2025년 9월 5일

지은이 정낙원, 차경희, 박영미, 김명현
펴낸이 류원식
펴낸곳 교문사

편집팀장 성혜진 | **책임진행** 전보배 | **디자인·본문편집** 김도희

주소 10881, 경기도 파주시 문발로 116
대표전화 031-955-6111 | **팩스** 031-955-0955
홈페이지 www.gyomoon.com | **이메일** genie@gyomoon.com
등록번호 1968.10.28. 제406-2006-000035호

ISBN 978-89-363-2692-0 (93590)
정가 27,000원

저자와의 협의하에 인지를 생략합니다.
잘못된 책은 바꿔 드립니다.

한국의 맛 기행

향토음식

鄕土飮食

정낙원 · 차경희 · 박영미 · 김명현 지음

교문사

머 리 말

음식은 한 민족이나 지역의 정체성을 가장 잘 드러내는 문화적 상징으로, 자연적·사회적 요소가 어우러져 시대와 환경에 따라 끊임없이 변화해 왔다. 기후와 풍토 등 자연적·지리적 조건은 우리에게 다양한 식재료를 제공하지만, 최근에는 기후변화로 인한 지구 생태계의 교란으로 세계 곳곳에서 식량 위기가 발생하고 있다. 또한 경제, 종교, 계급, 사회적 규범, 전쟁, 환경오염, 기술, 연령, 성별 등 사회 문화적 요인에 따라 우리의 식탁은 제약을 받기도 하고, 새로운 형태로 발전하기도 한다.

이러한 배경 속에서 나라마다 서로 다른 음식문화가 형성되었으며, 한 나라나 민족 안에서도 지역별로 고유한 음식문화가 존재한다. 예를 들어, 동양과 서양의 음식문화에는 뚜렷한 차이가 있고, 같은 동북아시아권이라 해도 한국, 일본, 중국의 음식문화는 각기 다른 특징을 보인다. 우리나라는 삼면이 바다로 둘러싸인 반도국으로, 남북으로 길게 뻗은 지형 덕분에 남부·중부·북부 지방의 음식과 생활문화가 서로 다르며, 해안과 산간 지역 또한 생활방식과 음식이 구별된다. 사계절의 뚜렷한 변화는 지역별로 다른 농·수·축산물 생산을 가능하게 하여, 우리 음식문화를 더욱 다양하게 꽃피우는 토대가 되었다.

여행의 가장 큰 즐거움은 낯선 음식을 맛보는 일이다. 그 지역의 산과 들, 바다에서 나는 재료로 만들어지거나, 그 지역만의 독특한 방식으로 조리된 음식은 그곳과 그 사람들에 대한 이해를 빠르게 돕는다. 음식만큼 훌륭한 민간사절도 없는 셈이다.

오늘날 전통문화의 여러 분야 중에서도 음식문화는 본래의 모습을 가장 잘 간직하고 있는 분야이며, 그중에서도 한국 음식문화를 가장 잘 나타내 주는 것이 향토음식이다. 향토음식은 시대에 따라 많은 변화를 겪었으며, 지역에 따라 다양한 특성을 지닌다. 따라서 우리나라 전역에 산재한 향토음식을 조사·발굴하는 일은 매우 중요하며, 이는 우리가 지향해야 할 문화적 전통과 유산을 계승하고 발전시키기 위한 초석이 될 수 있다.

이 책은 대학에서 조리학을 공부하는 학생들을 위한 교재이자, 우리나라 향토음식에 관심이 있는 일반 독자들이 우리 음식문화에 대한 이해를 넓힐 수 있도록 구성되었다. 한반도를 9개 지역으로 나누어, 각 지역에서 생산되는 독특한 산물과 지방 고유의 조리법으로 만들어진 향토음식을 소개하고자 하였다. 각 지역의 향토음식은 먼저 역사, 지리, 기후적 특성과 음식문화의 차이를 살펴본 뒤, 특산물과 향토음식을 소재로 한 지역 축제를 소개하였다.

다음으로는 각 지역의 향토음식 사진을 싣고 만드는 방법과 특징을 기술하였다. 현재 북한지역의 행정구역은 강원도, 황해남·북도, 평안남·북도, 함경남·북도, 자강도, 양강도로 나뉘어 있으나, 이 책에서는 황해도, 평안도(자강도 포함), 함경도(양강도 포함)로 구분하였다.

세계 유일의 분단국이라는 특수한 현실 속에서 북한 음식문화에 대한 연구가 충분히 이루어지지 못한 점은 안타까운 일이며, 언젠가 통일이 되어 북한의 맛을 직접 경험할 수 있는 날이 오기를 기대해 본다.

2025년 8월

저자 일동

차 례

제1부

향토음식의 형성과 특징

鄉土飮食

향토음식의 형성

우리나라의 수리적 위치

자연환경은 음식문화 형성의 가장 기본적인 요소이다. 우리나라의 수리적 위치는 북위 33~43°, 동경 124~132°이다. 위도의 위치는 각 지역의 기후, 식생, 토양 등의 분포에 영향을 미치며, 경도의 위치는 각 지역의 시간대 및 시간차와 관련이 있다.

우리나라는 위도상 북반구의 중간지역에 위치하여 기후가 온난하고, 사계절의 변화가 뚜렷하며, 사람들의 활동에 적합한 냉온대 기후지역에 속한다. 또한 국토가 남북으로 길게 이어져 있어 식생, 취락구조, 경작양식 분포 등에서 남북 간의 차이가 있다. 우리나라의 중앙경선은 동경 127.5°이며, 표준시는 동경 135°를 기준으로 하기 때문에, 영국의 런던 그리니치천문대를 기준으로 하는 본초자오선상의 표준시보다 9시간 빠르다.

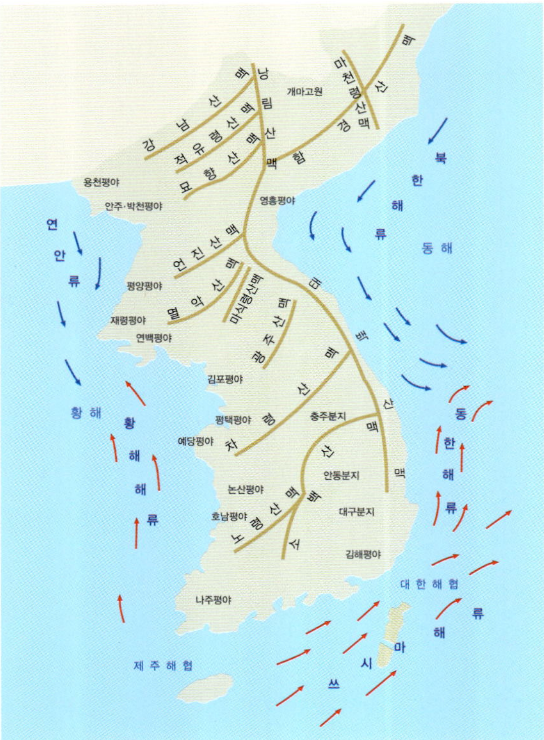

우리나라 지형과 해류

우리나라의 지형

한반도의 북쪽은 중국 대륙과 연결되어 있고, 동서남쪽은 해안으로 접해 있는 반도국이다. 북서쪽은 중국 대륙과 맞닿아 육로나 해로를 통한 교류가 빈번하였으며, 남동쪽은 해양을 통해 일본과 교류하였다. 백두산에서부터 지리산까지 뻗어 내린 1차 산맥에 한반도의 남서쪽으로 2차 산맥들이 발달하여 전 국토의 70%가 산지이며, 동고서저(東高西低)의 지형을 이루고 있다.

백두대간을 중심으로 북동쪽은 주로 산지가 발달해 있고, 남서쪽은 평야가 발달하였다. 낭림산맥, 태백산맥, 척량산맥 등은 서쪽으로 완만하게 빗살처럼 뻗어 있으며, 여러 산맥을 따라 크고 작은 하천이 흐른다. 대동강 하류의 평양평야, 청천강 하류의 함홍평야, 한강 하류의 김포평야, 금강 하류의 논산평야, 동진강 유역에 펼쳐진 김제평야와 만경강 유역에 펼쳐진 만경평야를 합친 호남평야, 영산강 중류 일대의 나주평야, 낙동강 하류의 진영평야 등 강의 하류에는 충적평야가 형성되어 벼농사에 적합한 환경을 이루고 있다.

벼농사는 주로 중부와 남부지방에 치우쳐 있었기 때문에 중부 이남의 남서지역에서는 쌀밥을 주식으로 한 것은 물론, 각종 떡, 유과와 같은 한과류가 발달하였다. 벼농사가 부적합한 지역에서는 보리, 밀, 잡곡, 콩류, 감자류 등의 밭작물을 경작하여 보리밥, 조밥, 감자밥 등의 잡곡밥을 주식으로 하였다.

우리나라의 기후조건

중부 산간지방을 제외한 우리나라의 연평균 기온은 10~16℃이다. 가장 무더운 달인 8월은 23~27℃, 5월은 16~19℃, 10월은 11~19℃이며, 가장 추운 달인 1월은 −6~7℃이다. 연간 강수량은 중부지방은 1,100~1,400mm, 남부지방은 1,000~1,800mm이다. 이 중 경북지역은 1,000~1,200mm이며, 경남 해안 일부 지역은 1,800mm 정도이다. 가장 남쪽인 제주도 지방은 1,450~1,850mm로 강수량이 가장 많다.

계절적으로는 연강수량의 50~60%가 여름에 집중된다. 장마는 6월 중순 이후에 제주도에서 시작되어, 6월 하순에서 7월 초 사이에 점차 중부지방까지 확대되며, 장마 기간은 약 30일 정도이다. 태풍은 북태평양 서부에서 연중 28개 정도가 발생하며, 이 중 2~3개가 여름철 우리나라에 직간접적으로 영향을 준다.

바람은 일반적으로 겨울에 북서풍, 여름에는

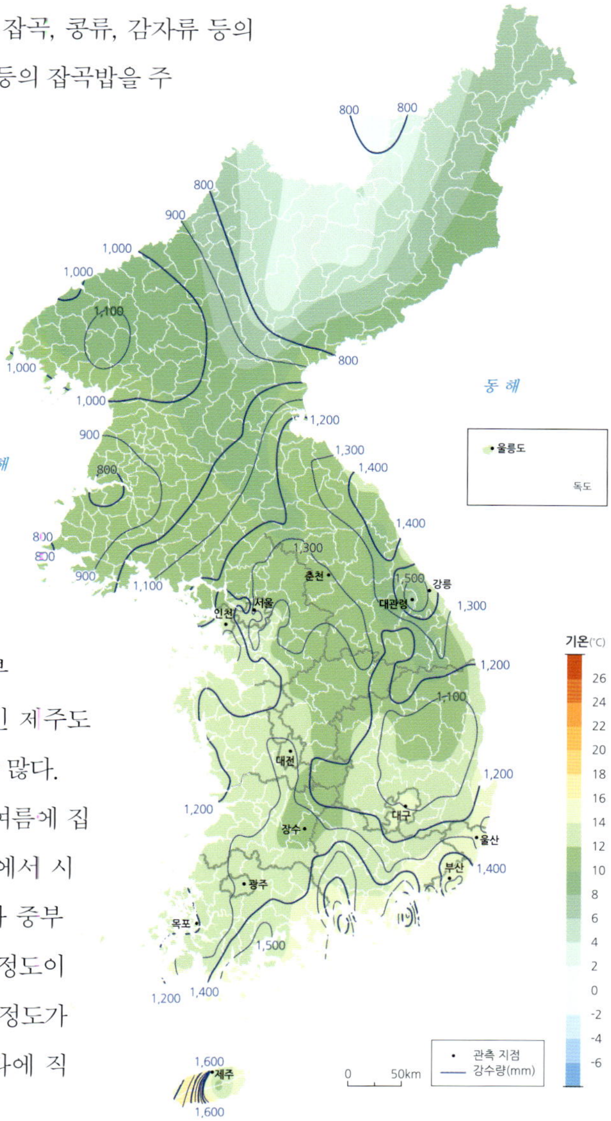

연평균 기온과 강수량
출처: 기상청, 2022

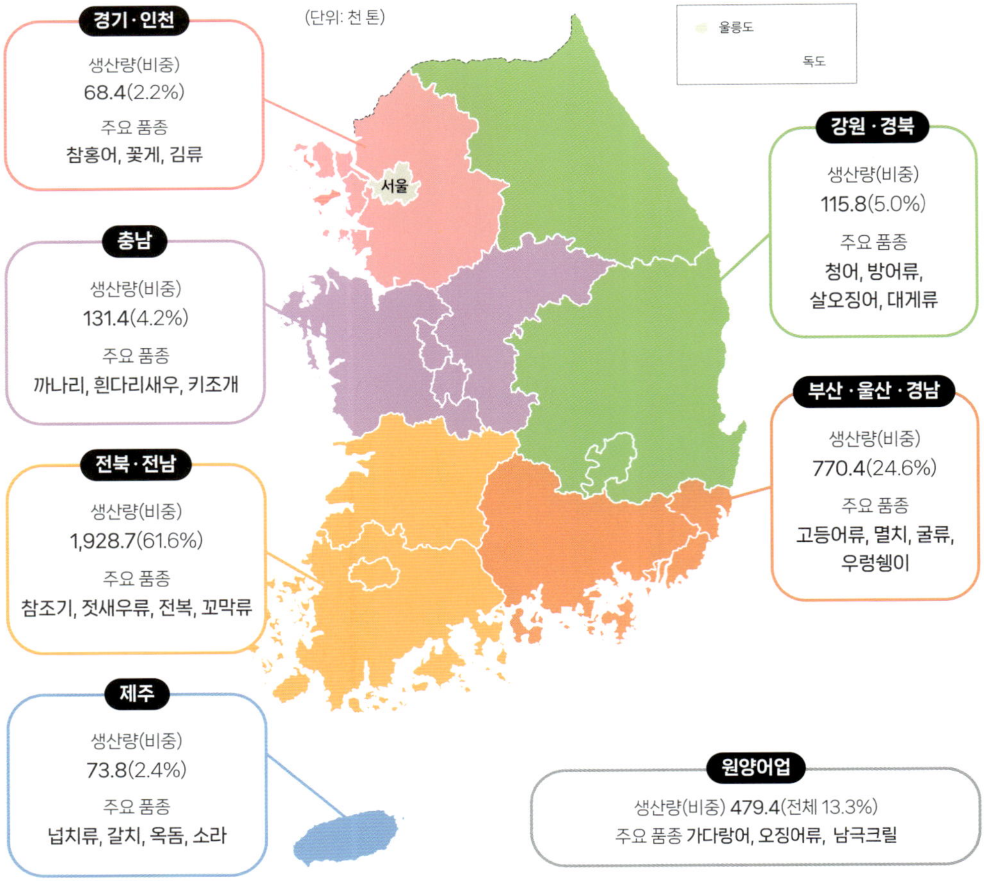

주요 지역별 어업 생산량
출처: 통계청, 2024

남서풍이 강하며, 계절에 따른 풍계가 뚜렷이 나타난다. 9월과 10월은 바람이 비교적 약하나, 해안지방에는 해륙풍의 영향이 뚜렷하다. 습도는 7월과 8월이 높아 전국적으로 80% 정도이고, 9월과 10월은 70% 내외이다.

이러한 기후 조건은 지역과 계절에 따라 산출되는 식품이 달라지게 하였고, 이를 바탕으로 다양한 향토음식이 발달하였다. 계절마다 생산되는 식품이 달라짐에 따라 상차림에 오르는 나물의 종류도 바뀌었으며, 김치도 제철 채소의 특성에 맞게 담갔다.

이처럼 봄철의 장 담그기, 초여름의 젓갈 담그기, 초가을의 나물 말리기와 장아찌 담그기, 입동 무렵의 김장과 메주 쑤기 등은 사계절의 변화에 순응하며 살아온 우리 조상들의 삶의 지혜를 보여주는 연중행사였다.

한반도 해류의 흐름과 향토음식의 형성

동해는 해안선이 단조롭고 수심이 깊다. 서해는 해안선의 경사가 완만하며, 굴곡이 복잡한 리아스식 해안으로, 섬이 많고 조수 간만의 차가 커서 갯벌이 발달하였다. 이 갯벌에서는 다양한 어패류가 서식하고 있으며, 염전에서는 미네랄 성분이 풍부한 양질의 소금이 생산된다. 근해 해역에서는 난류와 한류가 교차하여 동해·남해·서해의 수심과 수온이 계절에 따라 달라지고, 이로 인해 다양한 어장이 형성되었다.

동해에서는 난류성 어족인 고등어, 오징어, 방어, 삼치, 한류성 어족인 명태, 대구 등이 잡힌다. 서해에서는 난류성 어종인 조기, 갈치, 새우, 전갱이, 민어, 도미 등이 주로 잡히며, 간석지에는 굴, 바지락, 대합 등이 풍부하다. 남해에는 멸치, 고등어, 전갱이, 갈치, 도미, 광어, 가자미 등이 풍부하다.

이처럼 다양한 수산물은 어패류를 이용한 음식이나 젓갈, 포 등의 가공품의 발달로 이어졌다. 그러나 최근 기후 변화의 영향으로 수산물의 산출에 변화가 나타나고 있으며, 동해의 대표적인 한류성 어종인 오징어와 명태의 감소가 그 대표적인 사례이다.

우리나라의 기후대, 지형, 해류의 흐름 등 자연적·지리적 환경은 향토음식의 발달과 더불어 시식(時食)과 절식(節食)의 풍습을 형성하는 주요인이 되었다. 지역과 계절에 따라 산출되는 다양한 식품은 그 지역만의 고유한 문화와 결합되어 독특한 음식문화를 이루고 있으며, 이는 오늘날까지 향토음식과 시식·절식 문화로 계승되어 우리 전통음식의 기반이 되고 있다.

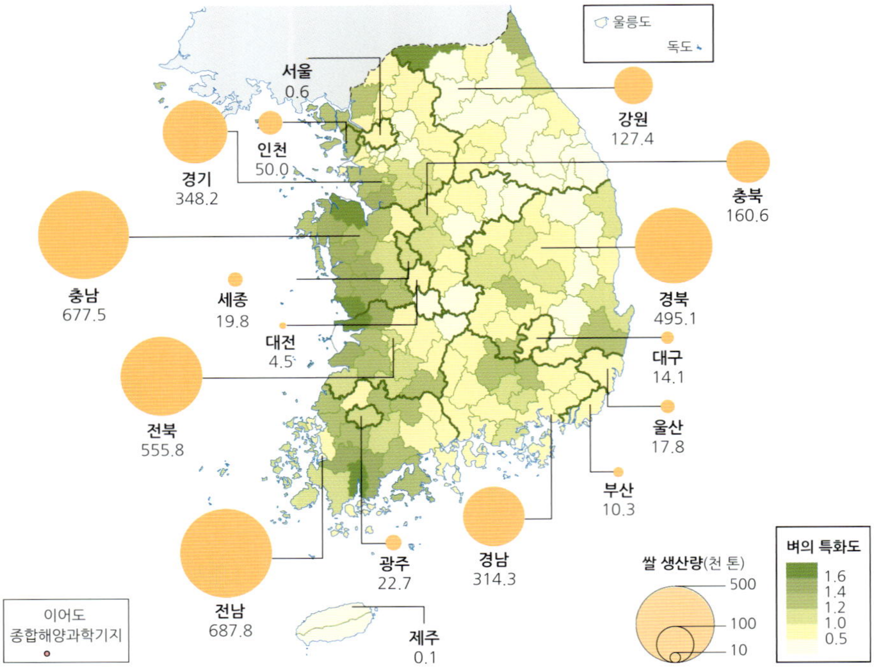

쌀 생산량

출처: 통계청, 2020

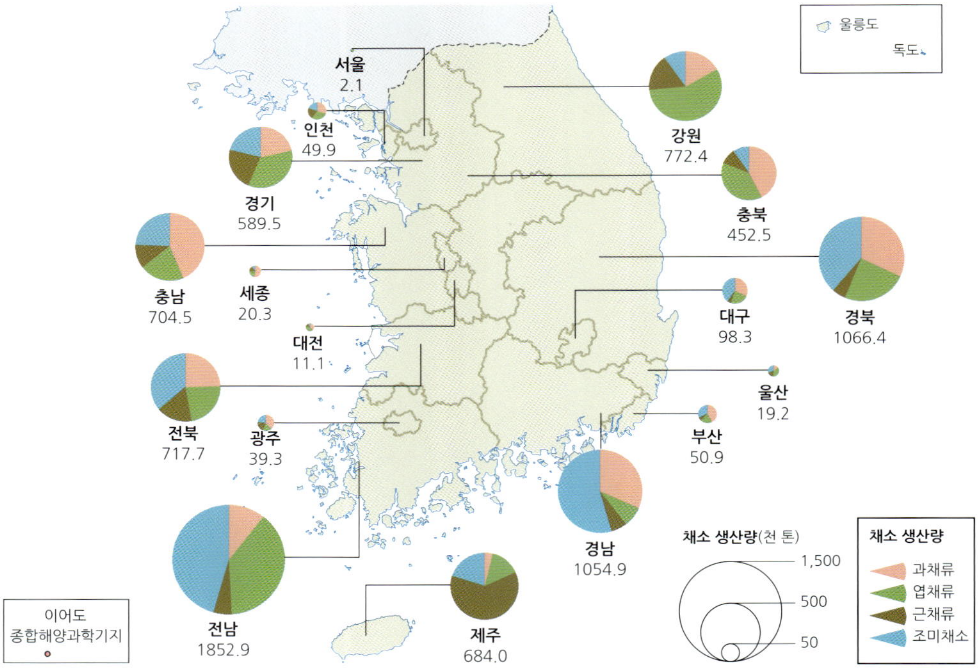

채소 생산량

출처: 통계청, 2019

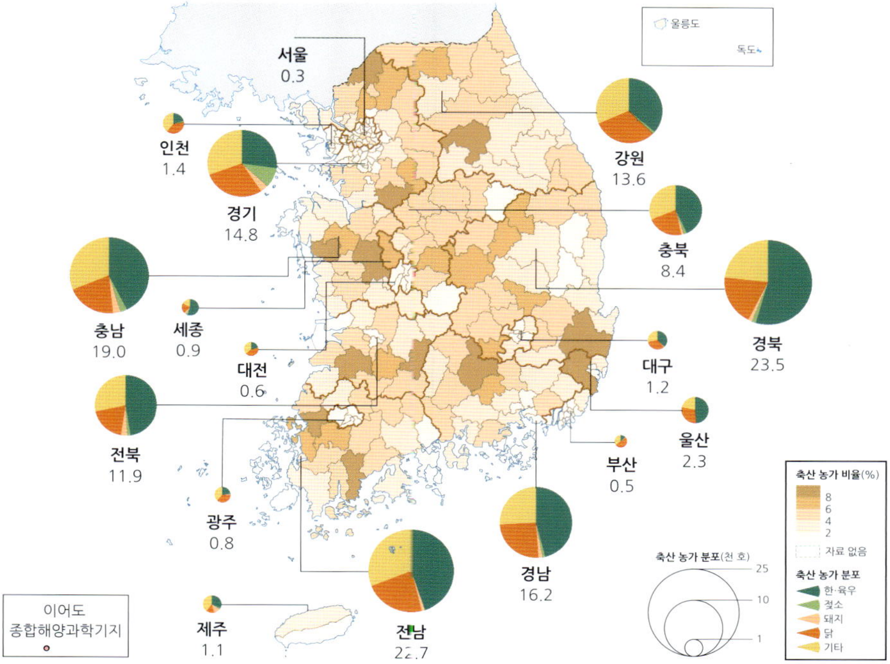

축산 농가 분포

출처 통계청, 2020

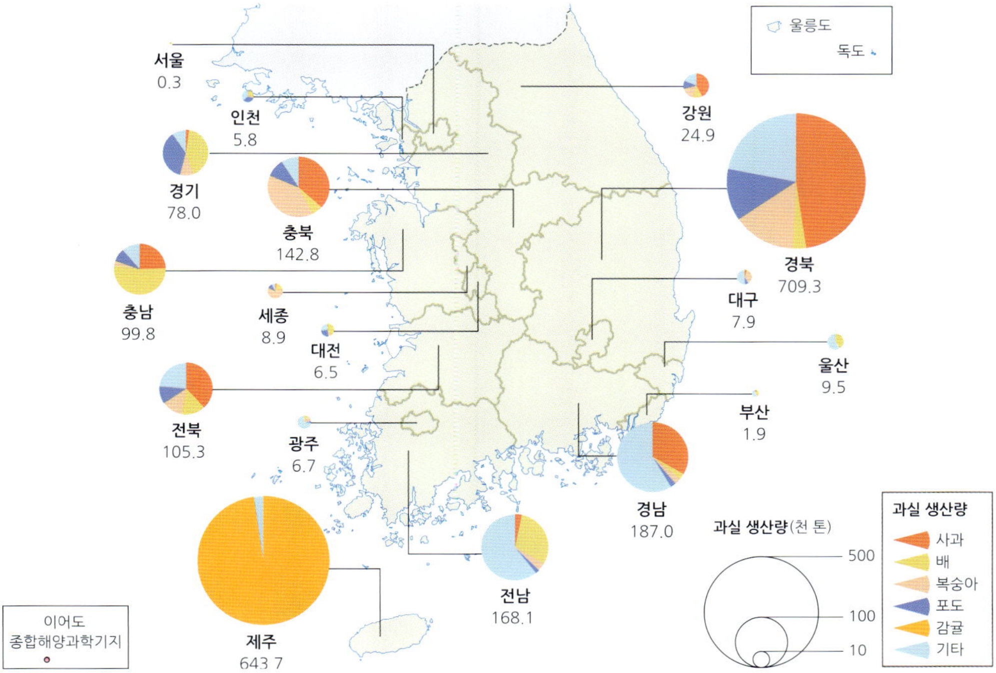

과실 생산량

출처: 통계청, 2019

경기도
조경재: 야생화, 조경수, 분재소재
버섯류: 생표고, 기타 버섯류, 건표고
수실류: 재배 수실, 일반 수실
약용식물: 약초, 약용수실,기타 약용식물
산나물: 도라지, 참나물, 취나물
기타: 목초액, 고로쇠, 장작

서울특별시
조경재: 조경수
수실류: 재배 수실
약용식물: 약초
산나물: 도라지, 두릅
기타: 장작

강원특별자치도
조경재: 야생화, 조경수, 분재완재
버섯류: 생표고, 송이, 능이, 복령
수실류: 재배 수실, 일반 수실
약용식물: 약초, 약용수, 기타 약용식물
산나물: 더덕, 고려엉겅퀴(곤드레)
기타: 목초액, 장작, 고로쇠

충청북도
조경재: 야생화, 조경수, 잔디
버섯류: 생표고, 건표고, 기타 버섯류
수실류: 재배 수실, 일반 수실
약용식물: 약용수실, 약초
산나물: 고려엉겅퀴(곤드레), 도라지
기타: 장작, 기타 부산물, 목초액

인천광역시
조경재: 야생화, 조경수, 분재완재
버섯류: 생표고, 건표고
수실류: 재배 수실, 일반 수실
약용식물: 약초, 약용수실
산나물: 고사리, 두릅, 도라지, 더덕
기타: 장작, 톱밥, 옻나무순

세종특별자치시
조경재: 조경수, 야생화, 분재완재
버섯류: 생표고, 목이, 건표고
수실류: 재배 수실, 일반 수실
약용식물: 약용수실, 약초
산나물: 두릅, 도라지, 어수리
기타: 장작, 기타 부산물, 음나무순

대전광역시
조경재: 조경수, 야생화, 잔디
버섯류: 생표고, 기타 버섯류, 건표고
수실류: 재배 수실
약용식물: 약용수실, 약초
산나물: 도라지, 두릅, 취나물
기타: 장작, 톱밥, 참죽나무순

충청남도
조경재: 야생화, 조경수, 분재완재
버섯류: 생표고, 건표고, 기타 버섯류
수실류: 재배 수실, 일반 수실
약용식물: 약초, 약용수실
산나물: 취나물, 도라지, 고사리, 두릅
기타: 장작, 톱밥, 기타 부산물

전북특별자치도
조경재: 분재소재, 조경수, 야생화
버섯류: 생표고, 목이, 기타 버섯류
수실류: 재배 수실, 일반 수실
약용식물: 약용수실, 약초
산나물: 고사리, 두릅, 취나물, 도라지
기타: 고로쇠, 장작, 기타 수액

광주광역시
조경재: 잔디, 조경수, 분재완재
버섯류: 생표고, 건표고
수실류: 재배 수실, 일반 수실
약용식물: 약초, 약용수실
산나물: 죽순, 도라지, 고사리
기타: 장작, 기타 수액

경상북도
조경재: 야생화, 조경수, 분재완재
버섯류: 생표고, 송이, 건표고, 능이
수실류: 재배 수실, 일반 수실
약용식물: 약초, 약용수실
산나물: 도라지, 고사리, 산마늘
기타: 고로쇠, 장작, 톱밥, 기타 수액

대구광역시
조경재: 잔디, 조경수, 분재완재
버섯류: 생표고, 건표고, 송이
수실류: 재배 수실, 일반 수실
약용식물: 약용수실, 약초
산나물: 도라지, 고사리, 두릅, 취나물
기타: 장작, 고로쇠, 참죽나무순

울산광역시
조경재: 분재완재, 조경수
버섯류: 생표고, 기타 버섯류, 건표고
수실류: 재배 수실, 일반 수실
약용식물: 약용수실, 약초
산나물: 고사리, 취나물
기타: 목초액, 장작, 오갈피순

경상남도
조경재: 야생화, 조경수, 잔디
버섯류: 생표고, 건표고, 기타 버섯류
수실류: 재배 수실, 일반 수실
약용식물: 약초, 약용수실
산나물: 고사리, 참나물, 두릅
기타: 고로쇠, 음나무순, 장작

부산광역시
조경재: 조경수
버섯류: 생표고, 기타 버섯류, 건표고
수실류: 재배 수실, 일반 수실
약용식물: 약초
산나물: 죽순, 눈개승마(삼나물)

전라남도
조경재: 잔디, 야생화, 조경수
버섯류: 생표고, 건표고, 목이, 송이
수실류: 재배 수실, 일반 수실
약용식물: 약초, 약용수실
산나물: 고사리, 취나물, 고려엉겅퀴(곤드레)
기타: 고로쇠, 기타 부산물, 장작

제주특별자치도
조경재: 조경수, 분재완재
버섯류: 생표고, 건표고, 목이
수실류: 일반 수실, 재배 수실
약용식물: 약용수실, 약초
산나물: 더덕, 취나물, 도라지
기타: 톱밥, 장작

전국 임산물 생산량 현황
출처: 산림청, 2023

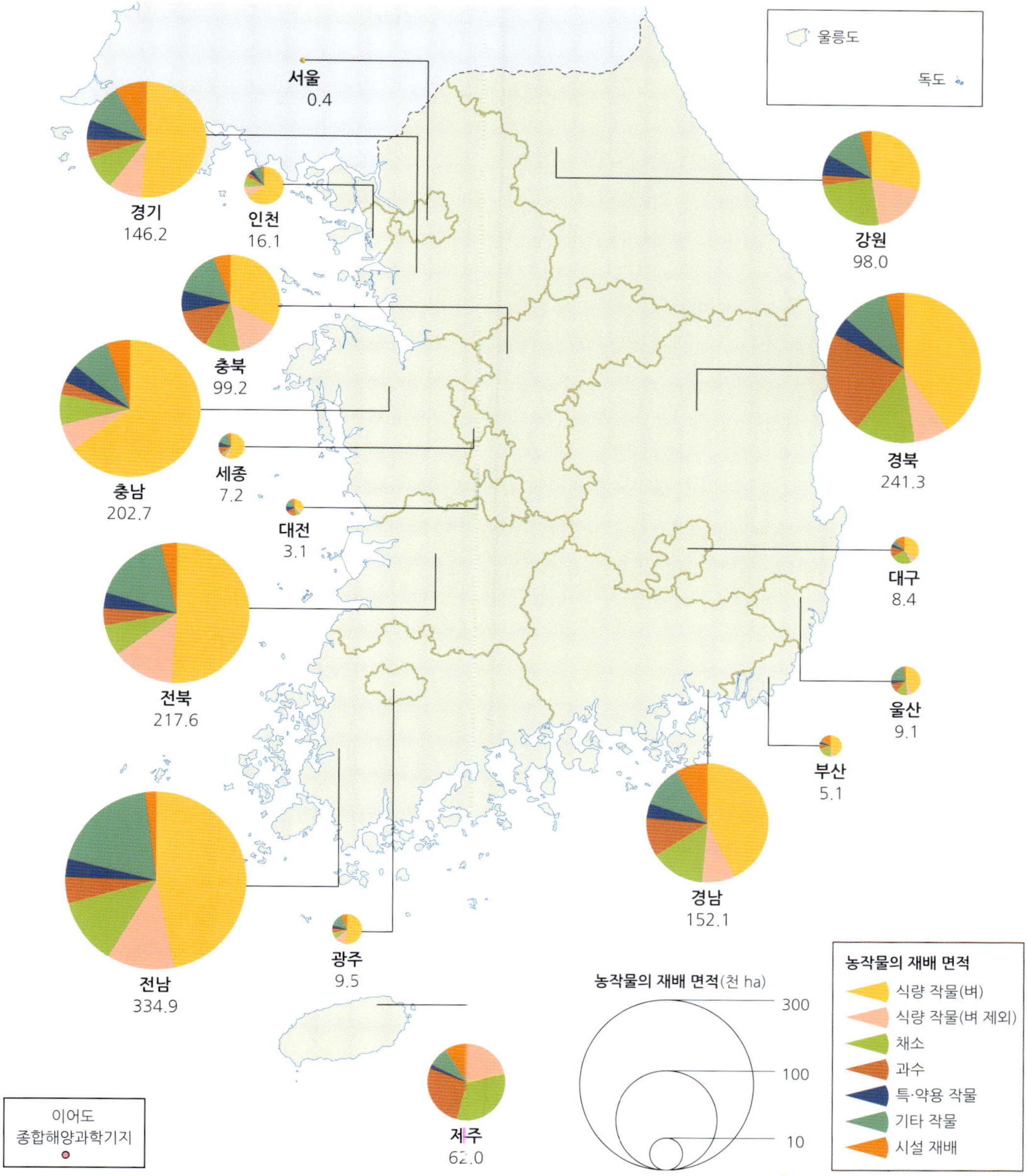

농작물 재배 면적

출처: 통계청, 2020

향토음식의 개념

한 나라나 민족의 고유한 음식은 지리적·역사적인 주변 환경의 영향을 받아 독특한 문화를 형성하며 발전하고, 이러한 과정 속에서 고유한 식생활 전통이 형성된다. 한국 전통음식 또한 한반도의 자연적 환경과 사회적 문화가 융화되어 우리 조상들이 창안하고 발전시켜 온 민족적 지혜의 총화라 할 수 있다. 한국 전통음식은 사계절의 영향을 받으며, 각 지역의 특산물을 활용해 충분한 영양과 맛을 갖추고, 육식과 채식이 절묘한 조화를 이루어 그 우수성과 합리성이 오늘날에 이르러 증명되고 있다.

한국 음식문화를 가장 잘 보여주고 있는 것이 바로 향토음식이다. 향토음식은 특정 지역의 기후와 지세 등 자연환경에 순응하면서 독특하게 개발된 음식이다. 또한 그 지역이 겪어 온 정치적·경제적·문화적 변천의 영향을 받으며, 그 지역 사람들이 일상적으로 먹는 음식으로, 다른 지역의 음식과는 비교할 수 없는 고유한 맛과 형태를 지닌다. 그러나 특정 지역의 음식이라고 하더라도 정치적·사회적·문화적 여건과 같은 시대적 변화에 따라 영향을 받으며, 자연환경의 변화에 따라 음식의 맛은 변화를 거듭한다. 따라서 오늘날의 전통음식은 오랜 역사 속에서 각 지역에서 다양하게 발전한 향토음식의 집합체라 할 수 있다.

우리나라에는 조선시대의 화려했던 궁중음식이 있었으며, 이는 기품 있는 반가음식과 교류되었다. 반가음식과 서민의 소박한 음식은 각 지역에서 고유하게 계승된 향토음식을 반영하고 있다. 따라서 우리나라의 전통음식은 농경의례와 세시풍속 속에서 지역성, 시간성, 문화성을 담아 발전해 왔다고 볼 수 있다.

한양대 이효지 명예교수는 향토음식에 대한 개념을 다음과 같이 정리하였다. 첫째, 영광굴비와 같이 특정 지역에서만 생산되는 특산품을 사용하여 발전한 음식이다. 둘째, 특정 지역이나 그 인근에서 대량으로 생산된 특산품에 지역의 독특한 조리법이 결합되어 발전한 음식으로, 춘천막국수나 속초의 오징어순대 등이 있다. 셋째, 어디서나 구할 수 있는 흔한 재료라도 지역 특유의 생활양식에 따라 차별적으로 발달된 충무김밥과 같은 음식이다. 넷째, 설렁탕처럼 특정 지역의 의례나 행사와 관련하여 발전한 음식이 있다.

향토음식은 시대에 따라 많은 변화를 겪었으며, 지역에 따라 다양한 특성을 보이므로, 전국에 산재한 향토음식을 조사하고 발굴하는 일은 매우 중요하다. 이는 우리가 계승하고 발전시켜야 할 문화적 전통과 유산을 보존하는 데 기본이 되는 일이다.

향토음식의 특성

한반도의 동쪽에는 백두대간이 자리하고 있어 동북쪽으로 산지가 발달하였다. 이에 비해 남서쪽은 평야가 발달되어 있고, 삼면이 바다로 둘러싸여 각 지역마다 다양한 식품이 생산되었다. 또한 유구한 역사 속에서 시대마다 영토의 경계가 달라졌고, 왕조가 교체될 때마다 도읍과 도시의 발달 양상도 지역적으로 달랐다. 이로 인해 지역마다 고유한 생활문화가 형성되었으며, 이는 음식문화에도 큰 영향을 미쳤다.

향토음식은 특정 지역의 기후와 지형 등 자연환경에 순응하며 독특하게 발전해 온 음식으로, 그 지역의 정치적·경제적·문화적 변천 속에서 일상적으로 소비되며 형성된 고유한 맛과 형태를 지닌다. 즉, 예로부터 특정 지역사회에서 대대로 향유되어 온 맛과 멋을 지닌 음식으로, 지역성, 독창성, 의례성이라는 특성을 갖는다.

향토음식의 지역성

향토음식은 각 지역의 자연적·지리적 조건이 다르기 때문에 사용되는 식재료부터 차이가 있으며, 이는 근본적인 음식문화의 차이를 만들어 낸다. 예를 들어, 산간 지방과 해안지방, 여름철과 겨울철에 생산되는 산물에 차이가 있어, 이를 활용한 향토음식이 각각 다르게 발전하였고, 이는 지역 간 기호의 차이로 이어졌다.

예로부터 설날에 북쪽 지방 사람들은 만둣국을 먹는 반면, 남쪽 지방 사람들은 떡국을 먹는 전통이 있었다. 주식에서도 북쪽 지방은 조밥이나 기장밥 같은 잡곡밥을 먹었던 것에 비해, 남쪽 지방은 주로 쌀밥이나 보리밥을 먹었다. 이는 밭농사가 용이했던 북쪽 산간지방과 논농사가 가능했던 남쪽 평야지대의 지리적·기후적 특성에 기인한다.

반찬의 경우에는 산간지방에서는 김치류, 장아찌류, 마른찬류, 절이거나 말린 생선, 산채류 등을 이용하였고, 해안이나 도서지방에서는 싱싱한 어패류나 해초류를 이용한 음식이 발달하였다. 또한 김치를 담글 때 남쪽 지방에서는 젓갈을 많이 넣고 간을 짜고 맵게 하여 비교적 따뜻한 기후에서도 김치를 오래 저장할 수 있도록 하였다. 반면, 서울 이북지방에서는 김치의 간을 싱겁게 하고 김치에 들어가는 양념의 양을 적게 하여 무나 배추 본연의 맛을 즐겼으며, 맑고 시원한 김칫국물을 활용한 면요리도 즐겨 먹었다.

그러나 같은 환경에서도 토양의 변화와 외래 작물의 도입으로 인해 생산되는 식품의 종류가 달라지고 있으며, 온난화와 기상이변에 따라 생산되는 수산물의 종류 및 어획량 역시 변화하고 있다. 또한 농산물은 시설관리 재배기술의 발달로 계절에 관계없이 생산되는 식품의 종류가 늘면서 제철식품에 대한 개념이 점차 희미해지고 있다. 이처럼 다양한 요인들로 인해 향토음식문화도 지속적으로 변화하고 있으며, 특히 외부와의 접촉이 잦은 지역일수록 변화의 속도는 더욱 빠르게 진행되고 있다.

향토음식의 독창성

향토음식을 조리법 중심으로 보면, 그 지역에서만 전승되는 고유한 조리법으로 음식을 만드는 것이 향토음식의 특징을 분명히 나타낸다는 것을 알 수 있다. 과거에 조기는 서해안에서 가장 많이 잡히는 생선 중의 하나였으며, 법성포의 질 좋은 소금과 만나 굴비로 탄생하였다. 또한 강원도의 황태는 진부령 골짜기의 찬바람이 만들어 낸 걸작이다.

안동은 사림문화를 꽃피운 가장 대표적인 지역으로, 제향의식이 발달하였다. 제수(祭需) 중 안동지역에서 특이한 것이 있는데, 바로 간고등어적이다. 일반적으로 비늘이 없는 생선은 제상에 제수로 올리지 않지만, 내륙지역인 안동에서는 과거 신선한 생선을 구하기 어려웠다. 이에 따라 동해안에서 잡은 고등어를 미리 손질하고 소금간을 하여 운반하면 상하지 않았고, 이동 중에 적절히 간이 배어 독특한 맛을 낼 수 있었다. 고등어에는 비늘이 없지만, 생전에 조상들이 즐겨 드셨던 간고등어를 제상에 올리는 것은 자연스

러운 일이었을 것이다.

어디에나 있는 재료라도 자연환경과 조상들의 생활방식에 따라 지역적 특성이 반영된 조리법이나 다른 지방과 차별되는 음식이 발달하기도 한다. 충무김밥이 그 좋은 예이다. 충무는 통영의 옛 지명으로, 이 지역은 해안에 위치해 어업이 주요 생계 수단이었다. 바다로 나가는 어부들은 다양한 반찬이 든 도시락을 준비하기 어려웠고, 여러 가지 찬을 넣어 만든 김밥은 밥이 빨리 상하기 쉬웠다. 이에 간편성과 저장성을 함께 고려해 밥과 반찬을 따로 만든 충무김밥이 탄생하게 된 것이다.

그러나 현대에 들어 교통의 발달에 따라 전국이 일일생활권으로 연결되고, 고유한 향토음식이 외부의 영향을 받아 다른 지역으로 확산되고 있다. 이러한 변화는 빠르게 이루어져, 오히려 향토음식들이 전국적으로 보편화되는 경향을 보이고 있다.

향토음식의 의례성

의례성이란 그 지역 사람들의 사고방식과 생활양식에 따른 여러 가지 문화적 환경을 바탕으로 발달해 온 특성을 말한다. 따라서 각 지역마다 전승되고 있는 세시풍속이나 각종 의례 등의 문화적 특징이 담긴 향토음식은 매우 특별한 의미를 지닌다.

해안지방에서는 풍어제를 지냈으며, 농사를 짓는 평야지대에서는 기우제를 지내 생업이 잘 유지되고 풍요로운 생활이 이루어지기를 기원하였다. 이 공동의 의례에는 지역마다의 독특한 산물이나 향토음식이 차려지고 활용되었다.

조선시대 한양에서는 매년 2월이 되면 왕이 직접 선농단에 나와 농사가 잘되기를 기원하는 제사를 지냈다. 왕이 친히 밭을 갈고 함께 일한 농부들과 식사를 하기 위해 큰 가마솥에 소를 잡아 끓여 먹었다는 데서 '설렁탕(設農湯)'이 유래되었다.

한반도의 여러 지역은 선사시대 이래로 왕조가 바뀔 때마다 도읍의 위치와 도시의 발달 양상이 지역마다 다양하게 나타났다. 서울, 개성, 평양, 전주 등의 화려한 음식문화는 이러한 특색을 잘 보여준다. 각 지역에서 생산된 질 좋은 토산물은 임금님이 계신 궁으로 진상되었으며, 궁에서는 이를 활용한 산해진미의 음식이 발달하였다. 임금은 공덕이 높은 신하에게 궁에서 만든 음식을 하사하기도 하였고, 반가의 맛깔스러운 음식이 궁으로 전해지기도 하여, 임금과 고관대작이 사는 도읍은 자연스레 음식문화가 발달하게 되었다.

또한 조선시대에는 각 지방의 향교나 서원을 중심으로 한 유림문화가 성행하였고, 과학적인 영농법의 개혁으로 산물의 생산이 증가하면서 농촌사회의 부농층이 늘어나 향토음식문화도 자연스럽게 발달하였다. 따라서 유교문화의 중심지가 되어 명문가가 뿌리를 내리고 있는 종가가 있는 지역에서는 당대의 유명한 학자와 선비가 다수 배출되었고, 오늘날까지도 조선조에 존재했던 유교적·봉건적 유습이나 토속적인 민속이 비교적 많이 남아 있다.

이러한 향토음식의 특성들은 지역의 특성에 따라 독립적 또는 복합적으로 나타나기도 한다. 결국 향토음식이란 특정 지역의 특산물을 이용하거나 그 지역에서 고유하게 전승되어 온 비법으로 조리하거나, 그 지역의 문화적 행사를 통해 발달된 음식이라고 할 수 있다. 즉, 지역성의 차이에서 생겨난 음식은 시간이 흐르면서 문화적 변동을 자연스럽게 수용하고 변화되며, 독특한 음식문화를 형성하게 된다. 이러한 각각의 음식문화가 모여 우리나라 전통음식의 근간을 이루는 향토음식이 된 것이다. 따라서 향토음식을 포함한 전통음식이 다음 세대에 전승될 수 있도록, 이를 지속적으로 연구하고 적극적으로 실천할 방안을 마련해야 한다.

향토음식의 계승과 글로벌 경쟁력

음식은 이미 세계적으로 고용을 창출하고 수출을 이끄는 핵심 산업이 되었다. 우리나라에서도 음식은 국가 브랜드 향상의 가장 큰 원동력이며, 동시에 문화강국으로 가는 지름길임을 인식하고 있다. 이에 따라 한국 음식문화 홍보와 그와 관련된 산업 육성을 위한 사업을 꾸준히 지원하고 있다. 한국음식을 세계적 수준으로 발전시키고 글로벌 시장에서 경쟁력을 확보하기 위해서는, 무엇보다 지역의 우수한 음식문화 자원을 발굴하여 현대적으로 계승·발전시킬 수 있도록 향토음식에 대한 지속적인 연구가 진행되어야 한다.

지리적 표시제

향토음식의 근간이 되는 우리나라의 지역 농수축산품은 생산에서 유통까지 철저한 관리를 통해 소비자에게 안전한 식품으로 제공되고 있다. 그 배경에는 친환경 농산물, 유기농 농산물, 무농약재배 농산물, 저농약재배 농산물, 무항생제 축산물, 농수축산물 이력추적관리제, 지리적 표시제 등의 다양한 우수농산물제도가 있다.

그중 지리적 표시제는 농산물 및 농산가공품, 축산물 및 그 가공품, 임산물 및 그 가공품, 수산동식물 및 그 가공품, 소금의 명성과 품질 등이 특정 지역의 지리적 특성에 기인하는 경우, 해당 지역에서 생산된 특산품임을 표시하는 제도이다.

지리적 표시제의 시작은 유럽연합(EU)이 1992년부터 지역특산품을 '지리적 표시(GI, Geographical Indication)' 상품으로 등록하고, 해당 지명을 함부로 사용할 수 없도록 법적으로 보호한 데서 비롯되었다. 대표적으로 프랑스의 부르고뉴 포도주, 보

지리적 표시 로고

출처: 국립농산물품질관리원(https://www.naqs.go.kr), 국립수산물품질관리원(https://www.nfqs.go.kr)

PDO PGI TSG

유럽연합(EU)의 품질 로고

출처: Agriculture and rural development(https://agriculture.ec.europa.eu/index_en)

르도 포도주, 쿠바의 하바나 시가 등이 이에 해당된다. 현재 EU는 지리적 표시를 원산지 명칭 보호(PDO, Protected Designation of Origin)와 지리적 표시 보호(PGI, Protected Geographical Indication)로 구분하여 운용하고 있다.

원산지 명칭 보호(PDO)는 원료의 생산과 가공과정 모두가 해당 지역 안에서 이루어져야 하며, 지리적 표시 보호(PGI)는 생산, 제조 및 처리과정 중 어느 하나라도 해당 지역과 연계성이 있으면 이 범주에 포함된다. 프랑스의 AOC, 이탈리아의 DOC, 스페인의 Denominación de origen은 모두 원산지 명칭 보호를 의미한다. 보호대상으로는 와인, 증류주, 치즈, 버터, 농축우유, 건포도, 천연수, 채소 등이 등록되어 있다.

우리나라에서는 1995년 세계무역기구(WTO)의 무역 관련 지적 재산권 협정(TRIPs) 체결에 따른 국제적인 지리적 표시 보호 움직임에 대응하기 위해, 1999년 7월 「농산물품질관리법」에 따른 지리적 표시 등록제의 토대를 세우기 시작하였다.

2000년에는 지리적 표시 등록심의회 구성·운용 규정을 제정하였고, 2001년 8월에는 지리적 표시 등록심의회를 구성하였다. 이듬해인 2002년에는 보성녹차가 제1호로 등록되었고, 이후 하동녹차, 고창복분자주, 영양고춧가루, 의성마늘 등이 차례로 등록되었다. 2009년에는 지적재산권이 강화되었으며, 심판위원회가 구성되고 심의, 등록, 표시사용 및 사후관리 등에 대한 규정이 마련되었다. 2025년 3월 현재, 농산물 116개, 임산물 64개, 수산물 28개의 농·수·축·임 특산물이 지리적 표시 등록을 마쳤다. 농산물은 국립농산물품질관리원, 임산물은 산림청, 수산물은 국립수산물품질관리원에서 각각 관리되고 있다.

현재 우리나라의 각 지자체에서는 지리적 표시 제도에 대한 관심이 고조되고 있다. 이 제도에 등록되면 국내는 물론 세계무역기구 회원국 모두에게 보호받을 수 있어, 값싼 외국산 농·특산물과의 차별화가 가능하기 때문이다. 해당 지역에서는 특성을 인정받은 농·특산품의 부가가치 향상, 생산자 단체 간의 상호 협조체제 구축을 통한 생산 품목의 전문화와 품질 향상 촉진, 지역민의 일자리 창출, 지역 관광상품 개발 등으로 지역의 경제 발전 효과를 기대할 수 있다.

소비자 측면에서는 충분한 제품 구매 정보를 제공함으로써 소비자의 알권리를 충족시켜, 안전하고 신뢰성 높은 농산물 구입이 가능해진다. 정부 측면에서는 농산물 수입 개방에 효율적으로 대응할 수 있고, 지역 문화유산의 보존 등의 효과도 얻을 수 있어, 장기적으로 지역특산물 육성에 기여할 수 있다.

지리적 표시제 등록 현황(2025년 9월 기준)

구분	품목
농산물	보성녹차, 하동녹차, 고창복분자주, 영양고춧가루, 의성마늘, 괴산고추, 순창전통고추장, 괴산고춧가루, 성주참외, 해남겨울배추, 이천쌀, 철원쌀, 고흥유자, 홍천찰옥수수, 강화약쑥, 횡성한우고기, 제주돼지고기, 고려홍삼, 고려백삼, 고려태극삼, 충주사과, 밀양얼음골사과, 한산모시, 진도홍주, 정선황기, 남해마늘, 단양마늘, 창녕양파, 무안양파, 여주쌀, 무안백련차, 청송사과, 고창복분자, 광양매실, 정선찰옥수수, 진부당귀, 고려수삼, 청양고추, 청양고춧가루, 해남고구마, 영암무화과, 보성삼베, 함안수박, 고려인삼제품, 고려홍삼제품, 군산찰쌀보리쌀, 제주녹차, 홍천한우, 영월고추, 영천포도, 영주사과, 서생간절곶배, 무주사과, 함평한우, 삼척마늘, 김천자두, 영동포도, 진드대파, 김천포도, 원주치악산복숭아, 영월고춧가루, 영광찰쌀보리쌀, 예산사과, 여수돌산갓, 여수돌산갓김치, 청도한재미나리, 담양딸기, 보성웅치올벼쌀, 사천풋마늘, 고령수박, 의령망개떡, 강릉한과, 금산깻잎, 괴산찰옥수수, 인제콩, 김포쌀, 영광한우, 나주배, 창녕마늘, 고흥한우, 진도검정쌀, 거문도쑥, 부산대저토마토, 안성배, 진영단감, 서산팔봉산감자, 영광고추, 영광고춧가루, 천안배, 고령감자, 고흥석류, 진도울금, 포항시금치(포항초), 군산쌀, 안성쌀, 고흥마늘, 제주한라봉, 안성한우, 고려흑삼, 고려흑삼제품, 영광모싯잎송편, 태안달래, 부안오디, 곡성토란, 양구시래기, 서천한산소곡주, 보성키위, 곡성멜론, 예천참기름, 일산열무, 고창수박
임산물	양양송이, 표고버섯, 산청곶감, 정안밤, 울릉도삼나물, 울릉도미역취, 울릉도참고비, 울릉도부지갱이, 경산대추, 봉화송이, 청양구기자, 상주곶감, 창선고사리, 영덕송이, 구례산수유, 광양백운산고로쇠수액, 영암대봉감, 천안호두, 문경오미자, 무주머루, 울진송이, 횡성더덕, 영동곶감, 가평잣, 홍천잣, 브은대추, 청도반시, 정선곤드레, 거제맹종죽순, 태백곰취, 덕유산고로쇠수액, 진도구기자, 담양죽순, 무주머루와인, 충주밤, 함양곶감, 인제고로쇠수액, 강릉개두릅(음나무새순), 화순작약, 화순목단, 원주옻칠액, 무주천마, 홍천명이(산마늘), 함양산양삼, 김천호두, 제주고사리, 해남황칠나무, 창도감말랭이, 제주표고버섯, 완주곶감
수산물	보성벌교꼬막, 완도전복, 완도미역, 완도다시마, 기장미역, 기장다시마, 장흥키조개, 완도김, 완도넙치, 장흥김, 장흥매생이, 여수굴, 남원미꾸라지, 고흥미역, 고흥다시마, 진동미더덕, 신안김, 해남김, 해남전복, 여자만새고막, 고흥김, 고흥굴, 평창송어, 진도전복, 순천만가리맛조개, 신안전복, 신안우럭, 무안돌김

음식 관광과 지역 축제

음식은 우리에게 에너지를 보충해 주는 1차원적인 단계를 넘어, 기쁨, 위로, 불만 해소, 만족감을 주는 심미적인 기능을 한다. 사람들은 점차 맛있는 음식이나 먹어 보지 못한 새로운 음식을 끊임없이 갈구한다. 색다른 음식에 대한 새로운 경험은 관광의 묘미 중 하나이다. 오늘날 관광은 과거의 '보는 즐거움'에서 '먹고 체험하며 즐기는 관광'으로 변화하고 있다. 과거에는 관광의 부수적 수단이었던 음식이, 이제는 그 자체로 관광의 목적이 되기도 한다.

한국관광공사가 외국인 관광객을 대상으로 한 설문조사에 따르면, 가장 많이 경험한 한국의 문화 콘텐츠는 음식이며, 가장 인상적이었다고 답하였다. 이는 음식이 관광자원으로서 얼마나 중요한지를 보여주는 대목이다. 세계 각국의 와인 애호가들이 프랑스 와인 산지와 공장을 찾는 것처럼, 외국인들은 2013년 드라마 《대장금》의 한류 열풍을 계기로 궁중음식을 맛보기 위해 한국을 찾았다. 최근에는 전 세계적인 K-Culture의 열풍 속에서, K-콘텐츠에 소개된 다양한 K-Food에 대한 관심이 고조되고 있다. 영화 《기생충》의 짜파구리, 드라마 《오징어게임》의 달고나, 《이상한 변호사 우영우》의 김밥, 《열녀박씨 계약결혼뎐》에 등장한 포도와 파프리카 등은 수출 효자 상품으로 떠오르고 있으며, 한국을 찾는 관광객의 주요 여행 목적이 되고 있다.

전국 각지에서는 특정 음식을 테마로 한 축제가 사시사철 이어지고 있다. 예를 들어, 순창장류축제, 춘천막국수닭갈비축제, 전주비빔밥축제, 광주세계김치문화축제, 울진국제대게축제, 양양송이연어축제 등은 지역 대표 특산물과 연계되어, 맛뿐만 아니라 해당 음식에 담긴 역사와 문화, 조리 전통 등을 직접 체험할 수 있는 기회를 제공한다. 각 축제에는 시연·시식 행사, 체험 부스, 퍼레이드, 전통공연 등 다채로운 프로그램이 마련되어 있어, 방문객들에게 음식 이상의 종합적 문화체험을 선사한다.

이처럼 음식 축제는 각 지역 고유의 식문화 자산을 기반으로 관광객과 주민 모두에게 풍성한 미각적·문화적 경험을 제공하는 핵심 축제 콘텐츠로 자리 잡고 있다. 이러한 축제는 지역경제 활성화에 기여할 뿐만 아니라, 주민과 관광객 간의 교류를 통해 지역 브랜드 가치를 높이는 데도 큰 역할을 한다. 나아가 축제의 성공적인 운영은 지역 특색이 있는 음식을 세계에 알릴 수 있는 중요한 발판이 된다. 우리나라 음식 축제는 전통문화와 현대적 감각이 조화를 이루는 지역문화 관광상품으로서 무궁무진한 발전 가능성을 보여주고 있다.

기후변화로 인한 식품의 생산 변화

최근 기후는 기온 상승, 강수량 변화, 일사량 감소, 이상기상의 횟수와 강도 증가 등으로 인해 급격한 변화를 보이고 있다. 국립기상연구소는 한반도의 기온이 2000년 대비 2020년대는 1.2℃, 2050년대에는 3℃, 2090년대에는 5℃ 정도 상승할 것으로 예상하며, 강수량도 11~17% 증가할 것으로 전망하였다.

기후변화에 관한 정부간 협의체(IPCC, Intergovernmental Panel on Climate Change)의 보고서에 따르면, 21세기 말 우리나라 평균기온은 SSP5-8.5 기후변화 시나리오 적용 시 큰 폭으로 상승할 것으로 전망된다. 이에 따라 월평균 기온이 10℃ 이상인 달이 연간 8개월 이상 나타나는 아열대 기후대의 면적은 현재 전 국토의 10.33%에서 2030년대에는 18.2%, 2060년대에는 55.9%까지 확대될 것으로 보인다. 또한 세계기상기구(WMO)는 최근 보고서를 통해 2024년 지구 평균기온이 산업화 이전보다 1.55℃ 상승했다고 발표하였다. 현재 한반도는 여름철 남해안 지역을 중심으로 고온다습한 습윤 아열대(Humid Subtropical) 기후로 분류되고 있다.

우리나라는 땅과 기후를 기반으로 하는 전통적인 농업국가로, 오래전부터 지역마다 기후조건을 고려하여 가장 적합한 작물을 재배하고 수확해 왔다. 지금의 농업은 과거로부터 현재까지 지속된 기후변화에 대한 적응력과 선조로부터 물려받은 기술 집적의 결과라 할 수 있다.

최근 가속화되는 기후변화는 농작물의 재배 적지 변화, 병해충과 잡초 확산, 농작물의 수량과 품질 저하 등의 문제를 동반하며, 국내외 농업 시스템을 변화시키고 있다. 우리나라에서는 2024년 발생한 이상기후로 인해 주요 농작물의 생산량이 30% 이상 감소하고 가격도 폭등하였다. 최근 10여 년간 이상기후로 인한 농산물 수확량의 감소로 인

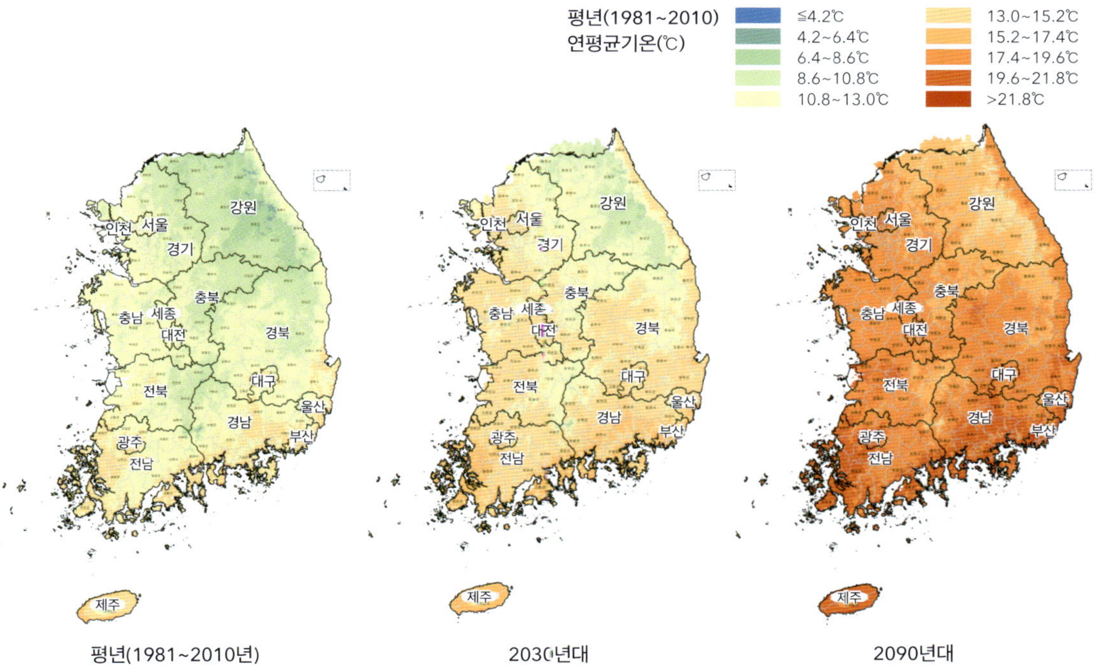

SSP5-8.5 기후 시나리오에 따른 우리나라의 미래 연평균기온 상세 전자기후도

출처: 팜앤마켓매거진 2024년 11월호(https://www.farmnmarket.com)

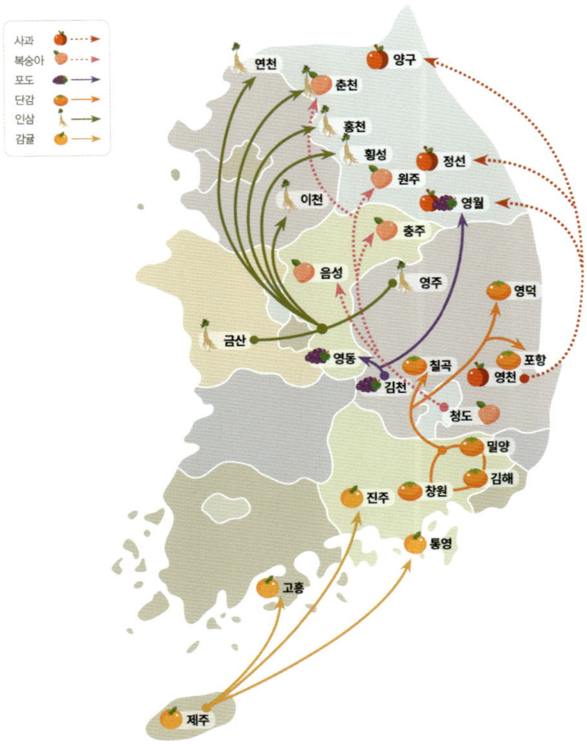

주요 농작물 주산지 이동

출처: 기후변화에 따른 주요 농작물 주산지 이동 현황, 통계청, 2018

해 농산물 수급 불안 및 가격 변동성 확대가 전체 농식품산업과 유통에까지 위기 요인으로 작용하고 있다.

특히, 기후변화는 우리의 주식인 쌀 생산량에 영향을 주고 있다. 일사량 부족으로 인해 쌀알이 여물지 못하고, 속이 하얗게 변하거나 부스러지는 불량미의 발생이 늘고 있다. 벼가 한창 여물 시기에 기온이 상승하면 전분보다 단백질 함량이 증가하고 낟알 무게도 감소하여 쌀의 품질이 떨어지게 된다.

채소류는 고온에 쉽게 물러져 유통기한이 짧아지며, 특히 고추나 배추 같은 작물은 고온 피해를 입고 있다. 또한 고랭지 무와 배추의 수확량도 크게 줄고 있다. 마늘의 경우 따뜻한 지역에서 재배되는 난지형 마늘의 재배 적지가 북상하고, 서늘한 지역에서 잘 자라는 한지형 마늘의 수확량이 감소하고 있다. 사과나 배 같은 전통적인 과실 역시 제대로 익지 않고, 각 과일의 재배 적지도 변화하고 있다.

농촌진흥청 국립원예특작과학원의 발표에 따르면, 기후변화에 따른 '6대 과일 재배지 변동' 가상 시나리오에서 2070년대에는 단감, 감귤, 사과, 배, 포도, 복숭아 등 주요 과일의 재배지역이 변동될 것으로 예측되었다. 감귤은 제주도에서 전남 고흥, 경남 진주 등으로, 한라봉은 최근 전북 김제까지, 황금향은 충청도와 경기도 등에서 생산되고 있다. 무화과는 충북 충주까지, 포도는 강원 영월까지 재배지역이 북상하였다. 복숭아도 경북 청도 등의 지역에서 강원도 원주, 춘천까지 올라가고 있다. 사과는 주산지인 경북이 아열대 기후로 바뀌면서 전체 생산량이 줄고, 200km 북상하여 경기도나 강원도 정선, 영월, 양구 등 비교적 서늘한 지역에서는 오히려 생산량과 재배 면적이 늘어 경기 포천까지 재배되고 있다. 기후변화가 지속될 경우 2090년대에는 사과의 재배 적지가 강원도 일부 지역으로 급격히 축소될 것으로 전망되고 있다.

가축 역시 기후변화로 인한 생산성 저하의 피해를 겪고 있다. 닭은 28℃ 이상 온도에서 산란과 사료 섭취가 감소하고, 면역력이 저하되어 폐사 위험이 커진다. 높은 기온으로 인한 스트레스는 한우와 육우의 성장 발육을 방해하며, 젖소는 추위에는 강하지만 더위에는 약하여, 고온에서 우유 생산량이 줄고, 번식률도 낮아진다. 종돈은 고온 스트레스로 발정기가 지연되고, 배란 수가 감소하는 등 새끼 돼지 생산에 영향을 받는다.

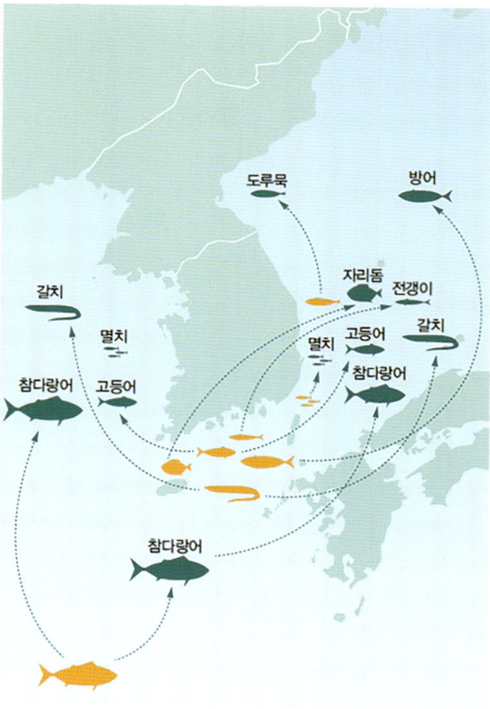

한반도 주변 어종 분포 변화
출처: 국립수산과학원, 2012

수산물은 수온 상승으로 인해 2016년부터 연근해 어획량이 100만 톤을 밑돌고 있으며, 아열대화가 진행되면서 어획되는 어종과 해조류의 종류도 변화하고 있다. 가을의 대표 어종인 전어는 고수온으로 인해 다른 해역으로 이동하며 어획량이 급감하였다. 꽃게도 높아진 수온 탓에 서식지가 확대되어 조업 효율이 떨어지며 어획량이 감소하였다. 또한 고수온의 영향으로 양식장의 생선들이 폐사하는 등 양식업 피해도 크게 증가하고 있다. 이에 따라 연안의 생태환경과 수산자원 변화를 정기적으로 조사하여 고수온에 강한 품종을 개량하거나 아열대 어종을 도입하는 방안 및 양식 방법의 전환 등이 모색되고 있다.

국제적으로도 브라질과 베트남, 스페인 등에서 가뭄이 발생하면서 밀, 콩, 옥수수 등 주요 곡물과 커피, 올리브의 가격이 상승하였고, 서아프리카의 가나와 코트디부아르에서는 초콜릿 원료인 카카오의 가격이 천정부지로 치솟았다.

기후변화에 따른 식품 수급 문제는 우리나라만의 일이 아니라 전 세계가 절실히 인식하고 있는 중요한 생존 문제이다. 이미 UN 식량농업기구(FAO)의 보고서에서는 "21세기의 예측에 따르면 세계 온난화가 가속화될 것으로 예상된다."고 밝히며, 더욱 강력해진 폭풍, 심각한 수준의 강수량과 건조기후, 해수면 상승 등을 기후변화의 1차적 징후로 꼽았다. FAO는 이러한 기후변화가 전 세계 식량 생산에 심각한 영향을 미치며, 국제 곡물 가격 급등과 같은 문제를 초래해 식량안보(food security)와 식품 안전성에 대한 경각심을 가져야 한다고 강조한다.

기후변화로 인해 탄소중립과 식량안보가 중요한 이 시기는 위기인 동시에 기회가 될 수 있다. 전통적인 우리 과실인 사과, 배, 포도, 복숭아 등의 재배 적지는 북상하여 북한으로 넘어갈 가능성이 있지만, 단감, 키위, 감귤류의 재배지역은 확대되고, 무더운 동남아에서 자라는 아열대 과실의 생산과 이용이 증가할 것이다. 농업에서는 이러한 기후변화에 적극적으로 대응하기 위해 농림수산식품 분야 기후변화대응 기본계획 수립과 기후변화대응 농업 기술개발 등의 대책 수립과 연구가 활발히 이루어지고 있다. 기후변화에 슬기롭게 대처하는 과정은 우리가 새로운 작물을 접할 수 있는 계기가 되며, 이를 활용한 새로운 음식의 탄생으로 우리의 식문화는 끊임없이 진화해 나갈 것이다.

향토음식의 발전 방안

음식은 지역 생활문화의 집약체이므로, 이를 관광상품으로 적극 개발하여 지역을 홍보하고, 지역경제를 활성화하는 매체로 연결해야 할 때이다. 우리 땅에서 생산되는 농수산물을 활용한 향토색 짙은 고유 음식을 개발하고, 그 음식문화를 계승·발전시킴으로써 세계적인 음식으로 거듭날 수 있을 것이다. 이를 위해 다음과 같은 노력이 필요하다.

향토음식의 발굴과 개발

각 지역에서 알려지지 않았거나 사라져 가는 향토음식을 발굴하여 보급하고, 새롭게 생산되는 농산물, 수산물, 임산물 등을 이용한 음식의 개발이 필요하다. 전 세계는 로컬푸드와 푸드마일리지에 주목하고 있으며, 음식업소에는 원산지표시제나 식품이력추적시스템이 체계화되고 있다. 또한 각 지역 특산물은 지리적 표시제 등을 통해 브랜드 가치를 높이고 있다. 각 지역에서 생산된 신선하고 안전한 식품을 이용한 향토음식은 미래산업을 선도할 수 있다. 지역의 농·수·축·임산물의 생산과 유통을 안정화하고, 지속적이고 안전한 먹을거리를 확보하며, 잊혀져 가는 전통음식을 현대적 감각에 맞게 재해석하는 노력을 통해 훌륭한 향토음식이 탄생할 수 있다.

향토음식 조리법의 표준화

농촌진흥청 산하 각 지역의 농업기술센터를 중심으로 향토음식 개발 및 조리법의 표준화작업이 활발히 이루어지고 있다. 이러한 노력이 지속되어 지역 단위의 향토음식 조리자에게 조리교육을 실시하고, 표준화된 양질의 음식이 조리될 수 있도록 하며, 위생적이고 과학적인 조리방식이 정착되도록 해야 한다.

향토음식의 편의식품화 및 상품화

전국이 일일생활권이 된 지금, 각국의 공항에서는 캐나다의 메이플시럽, 일본의 과자류, 한국의 인삼제품이나 구이김 등 각국 특산물이 활발히 판매되고 있다. 또한 TV 홈쇼핑과 인터넷 쇼핑 등의 확산에 따라 언제 어디서든 상품을 구매할 수 있는 시대가 되었다. 사회활동이 많아진 현대인들의 생활 패턴에 맞춰 편의식품 형태로 제품을 개발하고, 로고와 조리법 등을 상표등록하여 향토음식의 질적 관리에 역점을 두어야 한다.

특산물과 향토음식을 주제로 한 관광상품의 개발

최근 늘어나는 지역 축제의 대부분은 특산물과 이를 활용한 향토음식을 주제로 하고 있다. 향토음식은 최근 단순한 음식을 넘어 스토리를 담은 문화상품으로 자리 잡고 있으며, 특산물을 기반으로 한 향토음식을 개발·보급함과 동시에 그 지역의 역사와 사회, 문화를 담아 소비자에게 감동을 줄 수 있는 관광상품의 개발이 필수적인 시대가 되었다. 이는 소비자의 다양한 욕구를 충족시키고, 지역경제 활성화의 밑거름이 될 관광상품으로서 향토음식의 부활이 필요함을 의미한다.

향토음식 전문음식점의 육성 및 지속적인 홍보

향토음식 전문점은 엄격한 기준에 따라 선정하며, 선정된 업체에는 다양한 혜택과 지원을 제공하여 육성한다. 음식뿐만 아니라 지역의 이미지를 함께 판매하는 만큼, 업주와 조리 종사원들에게 향토음식의 중요성을 교육하여 자긍심을 높이고, 철저한 위생교육과 서비스 마인드 교육을 통해 향토음식점의 부가가치를 높인다. 각 지역에서 생산되는 특산물이나 향토음식을 알리기 위한 안내책자, 포스터, 캘린더, 각 시도의 홈페이지 등의 매체를 활용하여 특산물과 향토음식에 대한 정보를 제공하고, 지속적으로 홍보한다.

단체급식시설을 통한 향토음식의 보급

성장기의 식습관은 평생을 좌우한다. 식습관 형성기인 유치원, 초·중·고등학교의 학교급식에 향토음식 식단을 도입하여 우리 음식에 대한 친밀도를 높이는 것은 향토음식의 보급과 계승에 매우 중요하다. 체험학습이나 홍보용 매체를 활용하여 각 지역특산물의 생산 현황을 파악하고, 직간접적인 요리 체험 프로그램 참여를 유도하며, 급식을 통해 향토음식을 자주 접하게 함으로써 지역 음식문화에 대한 이해를 높인다.

제2부

향토음식의 실제

鄕土飮食

서울·경기도

지역적 특징

서울

서울은 한반도의 서쪽 중심부에 위치하며, 선사시대 이래 오랜 세월 동안 우리 선조들의 삶의 터전이자 한반도의 중심이 되어 왔다. 예로부터 지리적으로 한반도 남북 문화권의 경계지대로, 정치, 경제, 사회, 문화 전반에 걸쳐 중요한 의미를 지닌 곳이었다. 백제의 건국과 함께 시작된 서울의 수도로서의 역사는 삼국시대에는 삼국의 주도권 쟁탈전이 가장 치열했던 전략적 요충지이기도 하였다. 통일신라와 고려시대를 거친 후, 조선의 건국과 함께 1394년에는 다시 한반도의 수도로 자리매김하며 역사의 중심으로 재등장하였고, 오늘날 대한민국에 이르기까지 정치, 경제, 문화의 중심지로 발전해 왔다.

서울은 조선시대부터 500년 이상 도읍지였던 만큼, 서울 음식에는 조선시대의 음식풍이 많이 남아 있다. 지역에서 생산되는 산물이 풍부하지는 않으나, 전국에서 생산된 다양한 식재료가 수도인 서울로 모이면서 이들을 활용하여 화려한 음식을 만들었다. 임금은 신하에게 음식을 하사하기도 했고, 반가의 뛰어난 음식 솜씨는 궁의 임금에게 전해지기도 하여, 서울의 반가음식과 궁중음식의 교류가 활발했다. 이로 인해 서울 음식은 궁중음식과 비슷한 유사한 점이 많으며, 반가음식도 매우 다양하게 발전하였다. 또한 상인, 역관, 의관 등 상거래와 외국의 출입이 자유로웠던 중인계급은 새로운 음식을 접할 기회가 많았고, 부의 축적으로 인해 음식의 사치를 부리기도 하였다.

서울 음식은 간이 짜지도 맵지도 않은 적당한 맛을 지니고 있다. 왕족과 양반이 많이 살던 지역답게 격식이 까다롭고 맵시를 중히 여기며, 특히 의례음식이 발달되어 있다. 양념은 곱게 다져서 쓰고, 음식의 양은 적으나 가짓수가 많고, 한 가지 음식도 소량씩 만든다. 또한 음식의 모양을 작고 예쁘게 만들어 멋을 많이 내는 것이 특징이다.

대표적인 서울 음식

- 주식류: 팥밥, 장국밥, 흑임자죽, 잣죽, 떡국, 비빔국수, 국수장국, 편수, 메밀만두, 꿩만두
- 부식류: 설렁탕, 육개장, 선짓국, 신선로, 각색전골, 떡찜, 갈비찜, 도미찜, 너비아니, 전류,

(계속)

편육, 어채, 구절판, 탕평채, 갑회, 육포, 어포, 족편, 궁중떡볶이, 잡채, 홍합초

- 김치류: 장김치, 감동젓무김치, 숙깍두기, 섞박지, 보쌈김치, 백김치, 나박김치, 오이소박이
- 병과류: 각색편, 각색단자, 약식, 느티떡, 상추떡, 매작과, 약과, 각색다식, 각색엿강정, 각색정과
- 음청류: 원소병, 식혜, 오미자화채, 진달래화채, 떡수단, 보리수단, 다양한 화채류, 한방재료의 차류
- 주류: 문배주, 송절주, 태릉삼해주, 약주, 소주

경기도

경기도는 한반도의 허리를 가로지르는 한강의 젖줄을 따라 구석기시대부터 부족 국가가 형성되었다. 경기도의 정치적·전략적 중요성은 기원전 18년, 백제 시조 온조가 하남 위례성에 도읍을 정한 이래로 변함없이 지속되었다.

한강 유역은 5세기 중엽 고구려에 병합되었으며, 진흥왕 14년(553)에는 신라의 영토가 되었다. 이후 통일신라는 전국을 9주로 편성하였는데, 이때 경기지역에는 한산주(漢山州)가 설치되었다. 후삼국시대에는 이 지역이 궁예의 지배하에 편입되기도 하였다. 고려의 태조 왕건이 개성에 도읍을 정하면서 경기지역은 우리나라 역사의 중심 무대로 부각되었다.

고려 현종 9년(1018) 왕도의 외곽지역을 정식으로 '경기(京畿)'라고 부르기 시작하면서 이 명칭으로 사용되었으며, 이후 인근 지역과의 통합과 분리가 반복되었다. 고려 공양왕 2년(1390)에 경기좌도와 경기우도로 나뉘어 처음으로 도(道) 단위의 지방조직으로 정비되었고, 조선은 도읍을 한양으로 정한 후, 경기의 영역을 원근에 따라 재조정하였다. 태종과 세종대를 거치면서 좌도와 우도를 통합하여 다시 '경기'라고 부르게 되었다.

경기도는 동북아시아에 길게 뻗은 한반도의 서부 중앙지역으로, 중심에는 서울이 위치하고 있다. 또한 동쪽에서 서쪽으로 흐르는 한강에 의해 남북으로 나뉘며, 한강 이북에는 산간지역이, 한강 이남에는 평야지대가 펼쳐져 있다.

기후는 북부와 남부지역에 따라 차이를 보이며, 연평균 기온은 11~13°C이다. 북동부는 산악지가 낮고, 남서쪽 해안지역은 약간 높다. 지형은 대체로 추가령 구조곡을 경계로 북부산지와 남부산지로 나뉘는데, 북부는 중국 요동방향의 마식령산맥, 남부는 중국 방향의 광주산맥과 차령산맥이 그 중심을 이룬다. 서쪽 해안에 가까워질수록 고도가 낮아져 평야나 구릉성 산지로 바뀐다.

그 밖에도 한강 중·상류에는 분지와 곡저평야가 뚜렷하게 발달하고, 강화도, 김포, 남양만, 아산만 일대에는 간척사업으로 이루어진 넓은 간척평야가 있다. 해안선은 출입이 심하고, 여러 개의 만과 반도, 섬 등이 발달되어 있는 침수해안으로, 강화도, 교동도, 영종도, 덕적도, 영흥도 등 약 250여 개의 섬이 분포한다.

경기도는 서해안의 해산물과 산골의 산채 및 밭곡식도 다양하게 갖추고 있어, 음식이 소박하면서 종류가 다양하다. 서울에 인접해 있지만, 음식의 풍미는 소박하고 간도 중간 정도이며, 양념도 수수하게 사용하는 편이다. 또한 강원도, 충청도, 황해도와 접하고 있어 음식의 공통점이 많고, 음식명도 유사한 것이 많다. 특히, 호박, 감자, 옥수수, 밀가루, 팥 등을 섞어 만든 범벅이나 풀떼기, 수제비 같은 음식은 구수하고 양이 많아 이 지역 음식의 특징으로 꼽힌다.

곡류음식으로는 오곡밥, 찰밥을 즐기며, 국수는 맑은 장국국수보다는 칼국수를 제물에 끓인 제물국수나 메밀칼싹두기처럼 국물이 걸쭉하고 구수한 음식이 많다. 이는 관서지방의 동치미냉면과는 대조적인 입맛이다. 냉콩국은 경기도뿐만 아니라 충청도, 황해도에서도 즐겨 먹는 음식이다. 국수는 기계국수처럼 가는 면보다는 칼로 썬 부드러운 밀국수를 선호한다. 개성에서는 떡국도 조랭이떡처럼 공이 많이 드는 흰떡을 붙여 멋을 부리고, 편수도 서울 편수처럼 모지게 싸지 않고 둥글게 모자 모양으로 싸서 부드럽고 매끈하다. 경기도는 특정 식품이 유달리 많이 나는 지역이라기보다는, 밭곡식과 나물을 고루 먹을 수 있는 환경을 갖추고 있다.

개성은 고려시대 수도였던 만큼, 당시의 음식 솜씨가 전해져 서울, 전주와 더불어 우리나라에서 음식이 가장 호화롭고 다양한 지역으로 꼽힌다. 개성 음식은 사치스러울 정도로 궁중요리에 버금가는 정성이 들며, 다양한 재료가 필요하다.

대표적인 경기도 음식

- 주식류: 팥밥, 오곡밥, 이천쌀밥, 곤지암소머리국밥, 냉화, 굴김치, 만두, 팥죽, 뱅어죽, 조랭이떡국, 제물칼국수, 냉콩국수, 칼싹두기, 개성편수, 수제비
- 부식류: 삼계탕, 갈비탕, 곰탕, 개성닭젓국, 민어탕, 감동젓찌개, 종갈비찜, 개성무찜, 장떡, 개성순대, 웅어매운탕, 웅어회, 닭볶음탕, 호박선, 꽁치된장구이, 홍해삼
- 김치류: 꿩김치, 용인외지, 고구마줄기김치, 개성보쌈김치, 무비늘김치, 순무김치, 순무섞박지, 게걸무김치, 호박김치, 달김치, 더벙이김치
- 병과류: 개성경단, 주악, 수수도가니, 수수부꾸미, 근대떡, 개떡, 여주산병, 증떡, 백령도김

(계속)

치떡, 백자편, 보리개떡, 개성약과, 인삼정과, 송화다식, 우메기, 밀범벅떡, 개성조랭이떡, 배피떡

- 음청류: 모과청화채, 오미자화채, 배화채, 송화밀수, 곡차, 구기자차, 당귀차
- 주류: 하향주, 화성부의주, 군포당정옥로주, 광주산성소주, 인천칠선주, 이동막걸리, 가평잣막걸리, 호랭이술

서울·경기도 특산물

강화 '밴댕이회'

밴댕이는 길이 15cm 정도의 청어과에 속하는 바닷고기이다. 서남해안 전역에서 잡히지만, 특히 강화도산이 으뜸으로 여겨진다. 강화 밴댕이의 제철은 5~6월이며, 다른 계절에는 냉동해 두었다가 사용한다. 5월부터 산란을 위해 기름진 갯벌을 찾아 먼바다에서 강화 인근 해역으로 몰려오는데, 이 시기의 밴댕이는 씨알도 굵고 기름져서 가장 맛이 좋다고 알려져 있다. 이즈음 선수포구에서는 하루 평균 10여 척의 어선이 출항하여 많을 때는 수십 톤의 밴댕이를 포구에 쏟아 놓는다. 밴댕이는 그물에만 닿아도 성질을 이기지 못하고 죽기 때문에, 성질 급한 사람을 빗대어 '밴댕이 소갈머리'라는 표현을 사용하기도 한다. 밴댕이는 회뿐만 아니라 구이, 무침, 튀김 등으로도 이용된다.

소래포구 '꽃게'

꽃게는 덕적도, 이작도 등 대부분 인근 연안 해역에서 일일 조업을 통해 잡힌다. 200여 척의 소형 꽃게잡이 어선들이 조업을 나가는데, 간조 물때가 지나면 포구로 밀려들어 잡은 지 2~3시간도 되지 않아 꽃게를 쏟아 내기 때문에 소래 꽃게는 서해안 꽃게 중에서도 상등품으로 꼽힌다.

서해안 꽃게 조업은 보통 4월 초 시작하여 6월 말까지 이어진다. 그리고 7~8월 금어기를 거쳐 9월에 다시 조업에 들어간다. 따라서 꽃게의 제철은 봄가을이며, 그중에서도 봄철이 가장 꽃게 맛이 좋은 시기로 알려져 있다.

게 맛은 게딱지 속에 노란 알과 내장을 가득 채우고 있는 암게가 가장 맛있다. 꽃게 특유의 쫄깃쫄깃한 살맛도 일품이지만, 꽃게 뚜껑을 가득 메우고 있는 알과 내장 맛은 별미 중의 별미이다. 꽃게는 주로 찜, 탕, 젓으로 이용하는데, 특히 게장은 봄철에 잡은 노란 알박이 암게로 담근 것이 가장 맛이 좋다. 예로부터 간장에 푹 삭혀 1주일 이상 숙성시킨 게장은 '밥도둑'이라고 불렸다.

가평 '잣'

가평군은 잣나무 조림의 적격지로, 북한강과 수많은 하천, 계곡이 가평을 둘러싸고 흐르며 안개가 자주 끼고 토양이 비옥한 산악 지대를 이룬다. 잣나무는 가평군 자연경관을 대표하는 수종으로, 상록의 상징이자 절개의 표상이기도 하여 1972년 가평군의 군목으로 지정되었다. 현재 전국 잣 생산량의 32% 이상이 가평군에서 생산되고 있다. 또한 그 품질을 인정받아 2009년 6월 산림청으로부터 지리적 표시등록 임산물 제25호로 등록되었다.

이천 '쌀'

『신증동국여지승람』〈누정 편〉에 "이천은 땅이 넓고 기름진 곳으로 밥맛 좋은 쌀이 생산되어 임금님께 진상하였다."는 기록이 전해진다. 이천은 찰흙과 모래가 적절히 혼합된 사질양토로 양분흡수가 잘되는 비옥한 토질에 유효토심이 20~100cm 이상으로 깊고, 풍수해 피해가 다른 지역에 비해 현저히 적다. 또한 결실기에 일조량이 많고, 밤낮의 기온차가 큰 천혜의 일기조건을 갖추고 있어 낟알이 알차게 여문다.

무엇보다 이천에는 생육 후기까지 충분한 수분을 공급할 수 있는 깨끗한 지하수가 풍부하여 쌀농사뿐만 아니라 술이나 장공장이 많이 발달되어 있다.

장호원 '복숭아'

장호원에서 7~8월까지 생산되는 미백복숭아는 부드러운 육질과 온화한 연황백색의 자태를 뽐내는 여름 과실 중 으뜸이며, 당도 또한 전국 최고 수준이다.

장호원에서 복숭아를 재배하기 시작한 것은 1935년 '다카노'라는 일본인이 백족산 동쪽 기슭 진암리에 복숭아 과수원을 개원한 것이 시초였다고 전해진다. 이후 야산 개발 등으로 농업이 발전하면서 복숭아 식재가 주변으로 점차 확대되었고, 당시 재배된 품종은 상해 수밀도와 천도복숭아뿐이었다. 현재의 '미백도'는 장호원읍 이황리에 거주하던 이차천 씨가 6.25 전쟁 당시 1.4후퇴 때 대전으로 피난을 가서 그곳에서 '호(눈접 수)'를 가져다 복숭아나무에 접목한 것이 시작이었다.

이후 미국계 복숭아로서 색깔이 희고 맛이 뛰어나다는 뜻에서 '미백도'라 명명되었고, 묘목이 생산되어 주변에 보급되었다. 미백도는 전국으로 확산되어 생식용 과일로 소비시장을 석권하였으나, 그 맛은 장호원산이 월등하다.

서울·경기도 음식 축제

축제명	기간	장소	연락처	인터넷 사이트
영등포 여의도봄꽃축제	매년 3~4월	서울특별시 영등포구 여의서로	영등포구, 영등포문화재단 02-2629-2261	https://www.ydpcf.or.kr/
양평산수유한우축제	매년 3월	경기도 양평군 개군면 하자포길 33번길 8	양평산수유한우축제 추진위원회 031-770-3342	https://korean.visitkorea.or.kr/kfes/list/wntyFstvlList.do
경복궁 생과방	매년 4~6월, 9~10월	서울특별시 종로구 사직로 161 경복궁	국가유산진흥원 02-566-6306	https://www.kh.or.kr/chf
양평 용문산 산나물축제	매년 4월	경기도 양평군 용문산로 656 용문산 매표소	양평군 축제추진위원회 031-770-1072	https://ypsannamul.kr/
오산 야맥축제	매년 5월, 10월	경기도 오산시 오산로 272번길 22	(사)오산오색시장상인회 031-376-4142	https://korean.visitkorea.or.kr/main/main.do
경춘선 공릉숲길 커피축제	매년 5월	서울특별시 노원구 동일로(공릉역 인근)	노원구, (주)로컬랩커뮤니티, 경춘선숲길 상권육성센터 02-976-9110	https://www.nowon.kr/www/index.do
대한민국 국제요리 & 제과경연대회	매년 5월	서울특별시 서초구 강남대로 27	(사)한국음식관광협회 02-737-2210	https://www.kfkt.co.kr/sub/sub02_02.php
대한민국 전통음식 대전	매년 5월	서울특별시 중구 퇴계로 34길 28 남산골한옥다을	(사)한국전통음식연구소 02-741-5411	http://www.kfr.or.kr/sub/sub04_07_1php?mode=view&idx=76
서울 거리 예술 축제	매년 5월	고궁, 서울광장 주변, 청계천변 주변	서울문화재단 축제기획2팀 02-758-2036	https://www.ssaf.or.kr
서울세계도시문화축제	매년 5월	서울특별시 종로구 세종대로 175 세종이야기	서울특별시 글로벌도시정책 02-2133-5277	https://www.seoul.go.kr/main/index.jsp
여주금사참외축제	매년 5월	경기도 여주시 금사면 이여로 1278	금사참외축제추진위원회 031-887-3891	금사참외.com
한국음식관광박람회	매년 5월	서울특별시 서초구 강남대로 27	(사)한국음식관광협회 02-737-2210	http://www.kfkt.co.kr
양평 밀축제	매년 6월	경기도 양평군 지평면 송현리 140-1	양평군농업기술센터 031-770-3399	https://wheat-festival.detaste.kr/
퇴촌 토마토축제	매년 6월	경기도 광주시 퇴촌면 광동로 일대	퇴촌 토마토축제위원회 031-760-4819	https://www.gjcity.go.kr/main.do
K-FOOD 페스티벌 넉넉	매년 6~12월	광화문광장	서울특별시 02-2088-4960	https://knock-knock.kr
포천 이동갈비바베큐축제	매년 7~8월/ 12~2월	경기도 포천시 이동면 도평리 249	농촌체험휴양마을 도리돌마을 031-535-9958	https://www.doridol.com/

(계속)

축제명	기간	장소	연락처	인터넷 사이트
서울 디저트 페어	매년 7월	서울특별시 서초구 강남대로 27 양재 aT센터 1, 2층(전관)	㈜코믹월드 02-6010-8941	http://www.seouldessert.com
고양 푸드앤비어페스티벌	매년 8~9월	경기도 고양시 일산동구 중앙로 1305-56	(사)고양시관광협의회 031-927-9974	http://www.goyangtca.or.kr/contents/main/
노원수제맥주축제	매년 8월	서울특별시 노원구 화랑로(화랑대 철도공원 인근)	노원수제맥주축제 추진위원회 02-2116-3114	https://www.nowon.kr/www/index.do
가평수제맥주축제	매년 9월	경기도 가평군 청평면 청평리 368-4	카브루, Good Times ROK, 청평4리 쉬엄마을 070-5143-8171	https://www.gp.go.kr/portal/index.do
남산골 한가위축제 삼삼오락	매년 9월	서울특별시 중구 퇴계로 34길 28	서울특별시, ㈜인사이트모션 한옥마을 02-6358-5533	https://www.hanokmaeul.or.kr/
명원세계차박람회	매년 9월	서울특별시 강남구 영동대로 513	명원세계차박람회 조직위원회 02-730-7191	http://www.worldteaexpokorea.com
안성맞춤포도축제	매년 9월	경기도 안성시 서운면 양촌리 480번지 일원	안성시 포도축제위원회 031-678-3732	https://www.anseong.go.kr/event/main.do#
햇사레장호원복숭아축제	매년 9월	경기도 이천시 장호원읍 서동대로 8759번길 117	햇사레장호원복숭아축제 추진위원회 031-644-2323	http://www.peachfestival.co.kr/
화성송산포도축제	매년 9월	경기도 화성시 서신면 궁평항로 1069-11	화성푸드통합지원센터 031-370-3900	https://hspodo.imweb.me/15
FOOD WEEK KOREA	매년 10월	서울특별시 서초구 강남대로 27	코엑스 02-6000-8104	http://foodweek.co.kr
경기도 세계커피콩 축제	매년 10월	경기도 시흥시 은행동 601-150 은계호수공원	은계호수상인연합회, 은행동주민자치회 070-7769-5731	https://www.siheung.go.kr/
광명동굴 대한민국 와인 페스티벌	매년 10월	경기도 광명시 가학로 85번길 142	광명도시공사 02-2090-1414	https://www.gm.go.kr/cv/index.do
대한민국 김장김치축제	매년 10월	서울특별시 중구 퇴계로 34길 28 남산골한옥마을	대한민국 김치협회 02-6404-0166	http://kimchifestival.co.kr/
마포나루 새우젓축제	매년 10월	서울특별시 마포구 월드컵로 243-60	마포문화원 02-3153-8352, 02-312-1100	http://culture.mapo.go.kr
서울커피앤티페어	매년 10월	서울특별시 서초구 강남대로 27	월간 커피앤티, 한국산업마케팅연구원 02-588-2489	http://www.cofa.kr
수원 음식문화축제	매년 10월	경기도 수원시 장안구 정조로 936-2	장안문거북시장육성사업단 031-890-5757	http://www.suwon.go.kr

(계속)

축제명	기간	장소	연락처	인터넷 사이트
여주오곡나루축제	매년 10월	경기도 여주시 신륵사길 7	여주세종문화재단 031-881-9692	http://yjfestival.or.kr
연천고려인삼축제	매년 10월	경기도 연천군 연천읍 연천로 275	연천군 인삼연구회 031-839-2314	https://www.yeoncheon.go.kr/tour/index.do
연천율무축제	매년 10월	경기도 연천군 전곡읍 양연로 1510	연천율무축제추진위원회 031-839-2314	https://www.yeoncheon.go.kr/tour/index.do
이천쌀문화축제	매년 10월	경기도 이천시 모가면 공원로 48	이천쌀문화축제추진위원회 031-644-4135	http://www.ricefestival.or.kr
이천인삼축제	매년 10월	경기도 이천시 신둔면 둔터로 124번길 160	이천인삼축제추진위원회, 이천시, 동경기인삼농협 031-635-2429	http://kginsam.nonghyup.com
파주개성인삼축제	매년 10월	경기도 파주시 문산읍 임진각로 177	파주개성인삼축제 추진위원회 031-940-5282	https://tour.paju.go.kr/user/tour/main/index.do
포천 농특산물 대축제	매년 10월	경기도 포천시 군내면 호국로 1518	포천농축산물축제 집행위원회 031-538-6806	https://www.pocheon.go.kr/www/index.do
대한민국 우리술 대축제	매년 11월	서울특별시 서초구 강남대로 27	농림축산식품부, aT한국농수산식품유통공사 02-6952-9497~8	https://thesool.com/front/home/M000000000/index.do
대한민국 향토식문화대전	매년 11월	서울특별시 서초구 강남대로 27	사단법인 세계음식문화연구원, 사단법인 한국푸드코디네이터협회 02-511-1540	http://www.foodcf.co.kr
서울카페쇼	매년 11월	서울특별시 강남구 영동대로 513	(주)엑스포럼 02-6000-6720	http://www.cafeshow.co.kr
의정부 부대찌개축제	매년 11월	경기도 의정부시 태평로 137번길 22-1	(사)의정부부대찌개 명품화협회, 의정부시상권활성화재단 031-928-4932	https://www.ui4u.go.kr/main.do
파주장단콩축제	매년 11월	경기도 파주시 둔산읍 임진각로 177	파주장단콩축제추진위원회, 농업기술센터 농업교육팀 031-940-5281	http://tour.paju.go.kr
양평 빙송어축제	매년 12~2월	경기도 양평군 단월면 봉상리 흑천 일원 (수미마을)	영농조합법인수미마을 031-775-5205	https://www.winterfestival.kr/intro2/sub01.php

조랭이떡국

재료 및 분량

멥쌀가루 3컵, 물 6큰술, 육수 4컵, 쇠고기(우둔살) 50g, 달걀 1개, 청장 1작은술, 소금 1작은술, 식용유, 꼬치 1개

고기 양념 간장 ½큰술, 다진 파 1작은술, 다진 마늘 ½작은술, 깨소금 ½작은술, 참기름 ¼작은술, 후춧가루 ⅛작은술

만드는 방법

1 멥쌀가루에 물을 섞고 손으로 고루 비벼 체에 내린 다음, 뜨거운 김이 오르는 찜통에 넣어 20분간 찐 후 5분간 뜸을 들인다.

2 찐 떡을 절구에 넣어 방망이로 친 후, 도마 위에 놓고 지름 1~1.5cm 정도가 되도록 가늘게 늘린다. 이 떡을 대나무 칼로 1.5cm 길이에서 눌러 주고, 다음 1.5cm 길이에서는 끊어 누에고치 모양이 되도록 조랭이떡을 만든다.

3 쇠고기는 칼끝을 이용하여 두드렸다가 1×5×0.2cm 크기로 썰어 고기 양념을 한다.

4 양념한 고기를 꼬치에 꿴 후, 팬에 식용유를 두르고 굽는다.

5 달걀은 황·백으로 나누어 소금을 넣고 지단을 부친 후, 1.5cm 크기의 완자 모양으로 썬다.

6 냄비에 육수를 넣고 끓어오르면 청장으로 색을 내고, 소금으로 간을 맞춘 후 조랭이떡을 넣어 한소끔 더 끓인다.

7 떡국을 그릇에 담고 고기산적과 달걀지단을 고명으로 얹는다.

특징

『조선요리학』에 따르면, 설에는 백병(白餠)을 어슷하게 길게 썰어 떡국을 끓였으며, 개성지방에서는 조롱떡국을 먹었다고 전한다. 조랭이떡은 새해 아침 한 해의 안녕을 기원하는 의미에서 깨끗하고 하얀 누에고치 모양으로 만든다. 이는 누에고치의 실처럼 한 해의 일이 술술 잘 풀려 만사형통하라는 뜻이 담겨 있다. 또한 조랭이떡은 조롱박 모양과도 비슷한데, 개성에서는 아이들의 설빔에 다는 조롱박이 액막이 역할을 한다 하여 조롱떡국을 끓여 먹었다고도 전한다.

한편, 조선왕조의 건국과 더불어 고려의 충신들이 떼죽음을 당하자, 고려 사람들이 분노의 칼을 가는 심정으로 떡을 하나하나 자르면서 이성계에 대한 울분을 풀었다는 데서 유래했다는 설도 있다.

조랭이떡은 잘 퍼지지 않고 입안에서 동글동글 구르는 맛이 특징이다. 떡국 국물은 양지머리나 사골을 푹 고아서 만들며, 닭국물, 멸치국물, 고기국물과 멸치국물을 반반씩 섞어 사용하기도 한다. 떡국 고명으로는 편육 양념한 것, 고기산적, 달걀지단을 얹거나 김을 구워 부스러뜨려 얹기도 하며, 달걀로 줄알을 치기도 한다.

생치만두

재료 및 분량

꿩고기 300g, 쇠고기 100g, 두부 ¼모, 달걀 ½개, 메밀가루 3큰술

만두소 양념 소금 1큰술, 다진 파 2작은술, 다진 마늘 1작은술, 깨소금 1작은술, 후춧가루 ¼작은술

초간장 간장 2큰술, 식초 1큰술, 물 1큰술

만드는 방법

1 뼈를 발라낸 꿩고기는 뜨거운 김이 오르는 찜통에 속까지 익도록 쪄낸 후, 소금을 뿌려 곱게 다진다.

2 쇠고기는 곱게 다지고, 두부는 물기를 짠 후 도마 위에 놓고 칼등으로 으깬다.

3 곱게 다진 꿩고기의 ⅓과 쇠고기, 두부, 만두소 양념, 달걀을 넣고 잘 섞은 후, 송편 모양으로 둥글게 빚는다.

4 빚어 놓은 만두에 다진 꿩고기를 묻히고, 메밀가루를 입힌다.

5 끓는 물에 빚은 만두를 넣고 삶아 초간장을 곁들여 낸다.

특징

꿩은 조선시대까지만 해도 음식의 재료로 가장 많이 쓰였던 식육류 중의 하나였다. 꿩의 한자어는 생치(生雉)인데, 『규합총서』에는 한(漢)나라 여후(女后)의 이름에 '치(雉)' 자가 포함되기 때문에 그때부터 꿩을 '야계(野鷄)'라고 불렀다고 전한다.

꿩은 8월부터 이듬해 2월까지 먹을 수 있고, 그 나머지 달에는 맛이 없다고 하였다. 꿩은 먹이로 밤, 콩, 곤충을 먹고 살며, 특히 한약재인 반하(半夏)를 즐겨 먹어 기개가 높고 청정한 새로 알려져 있다.

그 밖에 『음식디미방』의 만두법에는 메밀가루로 풀을 쑤어서 반죽하고, 삶은 무와 다진 꿩고기를 볶아 소를 넣고 빚어 새옹에 삶아 낸다고 하였다. 꿩만두는 만두피 없이 꿩의 살을 다져 둥글게 빚은 후, 녹말만 묻혀 굴림만두로 만든다.

꿩만두는 겨울철의 별미로, 『임원십육지』의 〈치만두방(雉饅頭方)〉에 기록되어 있으며, 꿩은 탕, 구이, 찜, 김치 등으로도 이용된다.

편수

재료 및 분량

만두피 밀가루 1½컵, 물 5큰술, 소금 1작은술

만두소 양념 쇠고기 150g, 표고버섯 3개, 애호박 ½개, 잣 1큰술

고기·표고버섯 양념 간장 2큰술, 설탕 1작은술, 다진 파 2작은술, 다진 마늘 1작은술, 깨소금 1작은술, 참기름 ½작은술, 후춧가루 ⅛작은술

초간장 간장 2큰술, 식초 1큰술, 물 1큰술

만드는 방법

1 만두피는 밀가루에 소금과 물을 넣고 반죽한 후, 젖은 행주를 덮어 30분 정도 두었다가 얇게 밀어 사방 8cm 크기의 정사각형으로 자른다.

2 쇠고기는 가늘게 채 썰고, 표고버섯은 불려서 곱게 채 썰어 쇠고기와 함께 양념하여 팬에 볶는다.

3 애호박은 채 썰어 소금에 살짝 절인 후, 물기를 꼭 짜서 볶는다.

4 볶아 놓은 쇠고기, 표고버섯, 애호박을 함께 섞어 소를 만든다.

5 만두피에 소를 넣고 잣을 한 알 얹은 후, 만두피의 네 귀를 모아 맞닿는 부분을 꼭꼭 눌러 붙인다.

6 빚어 놓은 편수는 뜨거운 김이 오르는 찜통에서 10분간 쪄낸다.

7 찐 편수는 접시에 담고 초장을 곁들여 낸다.

특징

편수는 밀가루 반죽을 네모나게 썰어 소를 넣고 각지게 빚어 여름에 즐겨 먹는 만두로, 물 위에 조각이 떠 있는 모양이라고 하여 '편수(片水)'라는 이름이 붙었다. 편수는 삶아 차게 식힌 육수에 담아 먹거나, 국물 없이 초간장에 찍어 먹기도 한다.

『규합총서』에는 "송도(개성)의 편수가 유명하며, 주로 정월 명절에 만들어 먹었다"고 전한다. 편수는 서울편수와 개성편수가 유명하다. 개성편수는 밀가루로 만든 피에 쇠고기, 돼지고기, 닭고기와 채소로 소를 만들어 넣고 둥글게 빚었다.

잡지『별건곤』에 따르면, 개성편수의 소는 쇠고기, 돼지고기, 닭고기, 생굴, 잣, 버섯, 숙주나물, 두부 등과 양념으로 만들며, 특히 숙주나물과 두부를 합친 분량이 전체 소의 ⅓을 넘지 않아야 한다고 하였다.

설렁탕

재료 및 분량

양지머리 300g, 사태 300g, 사골 뼈 1각(개), 쇠족 1개, 도가니 1개, 물 20L, 파 4뿌리, 마늘 1통, 생강 1톨, 소금 1½ 큰술, 후춧가루 약간

밥, 소면

만드는 방법

1 사골, 도가니, 쇠족을 토막 내어 찬물에 1시간 정도 담가 핏물을 뺀 후 건진다. 사태, 양지머리 등 국거리 고기는 덩어리째 씻는다.

2 큰 솥에 분량의 물을 붓고 사골, 쇠족, 도가니를 넣어 끓인다. 국물이 끓어오르면 불을 줄이고, 떠오르는 기름과 거품을 걷어낸 후 파, 마늘, 생강 등을 넣어 끓인다.

3 뼈에서 국물이 어느 정도 우러나 국물이 뽀얗게 되면, 양지머리와 사태를 덩어리째 넣고 푹 끓인다.

4 국물이 다 끓으면 고기는 건지고, 국물은 식힌 후 기름을 걷어 낸다. 쇠족과 도가니에 붙어 있는 고기는 발라내어 작게 썰고, 양지머리와 사태는 건져서 얇게 편육으로 썬다.

5 따뜻하게 데운 대접에 밥과 삶은 소면을 담고, 위에 고기를 얹은 후 뜨거운 설렁탕 국물을 붓는다. 위에 송송 썬 파와 후춧가루를 얹어 낸다.

특징

설렁탕은 곰탕에 비해 뼈가 많이 들어가고 오랫동안 고아서 골수에서 우러난 뽀얀 국물을 사용하는 것이 특징이다. 밥은 뚝배기에 담아 뜨거운 국물로 토렴하여 데운 후, 소면(白麵)을 한 사리 얹고 그 위에 고기 건더기를 얹는다.

설렁탕은 서울 사람들이 즐겨 먹었던 음식으로, 겨울철에 추위를 이겨내게 하며, 보양이 되는 음식이다. 『조선요리학』에는 "세종대왕이 친경(親耕)을 하던 중 갑작스럽게 심한 비바람이 몰아쳐 한 걸음도 옮기기 어려운 상황에 배고픔까지 견디기 힘들어지자, 친경 때 쓰던 농우(農牛)를 잡아 맹물에 넣고 끓여 먹었는데, 이것이 설농탕(設農湯)의 유래가 되었다."고 전한다.

청진동해장국

재료 및 분량

쇠뼈 1kg, 물 4L(20컵), 소내장(양) 300g, 선지 3컵, 우거지 150g, 파 1뿌리, 마늘 5쪽, 된장 5큰술, 청장 3큰술, 다진 마늘 1큰술, 소금 1작은술

만드는 방법

1 쇠뼈는 찬물에 담가 핏물을 뺀 다음, 물을 많이 붓고 센 불에서 끓인다. 끓는 동안 마늘과 길게 썬 파를 넣고, 끓기 시작하면 불을 줄여 6시간 이상 푹 고아 낸다.

2 소내장(양)은 뜨거운 물에 데쳤다가 꺼내 전복 껍데기로 긁어 검은 껍질을 벗긴다.

3 선지는 끓는 물에 소금을 약간 넣고 한 국자씩 떠 넣어 삶은 후, 찬물에 담가 둔다.

4 1의 국물이 충분히 우러나면 뼈를 건져 내고, 손질해 둔 양을 넣고 양이 무르도록 푹 끓인다.

5 4의 양을 꺼내 먹기 좋은 크기로 썰고, 육수에는 된장을 풀어 넣는다.

6 우거지는 끓는 물에 데친 후 찬물에 헹궈 물기를 꼭 짠 다음, 청장과 다진 마늘을 넣고 조물조물 무쳐 끓는 국에 넣는다.

7 한소끔 끓으면 썰어 둔 양과 삶은 선지를 한 숟가락씩 떠 넣고 다시 끓인 후, 청장과 소금으로 간을 맞춘다.

특징

해장국은 '술로 인해 불편해진 속을 풀어주는 국'이라는 의미를 지닌다. 서울에서는 주로 소의 뼈를 푹 고아 낸 국물에 된장을 풀어 넣고, 콩나물, 무, 배추, 파 등을 넣어 끓이다가 선지를 넣고 다시 한 번 푹 끓여 먹는다.

서울에서는 청진동해장국이 유명하지만, 경기도에서는 광주의 해장국이 널리 알려져 있다. 『해동죽지』에는 광주의 해장국에 대해 "광주성 내에서는 이 효종갱을 잘 끓인다. 배추속대, 콩나물, 송이, 표고, 쇠갈비, 해삼, 전복을 토장에 섞어 종일 푹 곤다. 밤에 이 국 항아리를 솜에 싸서 서울로 보내면 새벽종이 울릴 때쯤 재상집에 이른다. 국 항아리가 아직 따뜻하여 해장에 더없이 좋다."라고 소개되어 있다.

개성무찜

재료 및 분량

무 200g, 쇠고기(사태) 200g, 돼지갈비 200g, 닭고기 200g, 은행 10개, 밤 5개, 대추 3개

양념장 간장 6큰술, 설탕 3큰술, 다진 파 2큰술, 다진 마늘 1큰술, 깨소금 1큰술, 참기름 ½큰술, 생강즙 1작은술, 후춧가루 ¼작은술

만드는 방법

1 무는 3×5×1cm 크기로 썬 후, 끓는 물에 소금을 넣고 살짝 데친다.

2 돼지갈비는 4cm로 토막 내고, 쇠고기와 닭고기도 비슷한 크기로 썰어 양념장에 재운다.

3 은행은 볶아서 껍질을 벗기고, 밤은 속껍질을 벗기고 통째로 사용하며, 대추는 씨를 발라 2등분한다.

4 양념한 고기를 냄비에 담고, 재료가 잠길 정도로 물을 부어 처음에는 센 불에서 끓이다가 불을 약하게 줄여 국물이 반쯤 줄어들면 무, 밤, 대추를 넣고 은근히 졸인다.

5 완성된 음식을 그릇에 담고, 은행을 얹는다.

특징

개성무찜은 고려의 수도였던 개성지방의 대표적인 잔치음식으로, 궁중과 양반가의 상에 자주 올랐다. 두툼하게 썬 무에 쇠고기, 돼지고기 등을 얹고, 고기 육수와 양념을 끼얹어 서서히 쪄내면 무에 육즙과 양념이 깊이 배어 부드럽고 달큰한 맛이 난다. 고명으로는 은행, 대추, 밤 등을 얹어 색감과 품격을 더하며, 개성음식의 특징을 잘 보여준다.

서울식불고기

재료 및 분량

소고기(불고기용) 300g, 양파 ¼개, 대파 1대, 청고추 1개, 홍고추 1개, 표고버섯 2개, 느타리버섯 50g, 당면 100g

불고기 밑간 마늘 ½큰술, 참기름 1큰술, 후추 약간

불고기 국물 물(또는 소고기 육수) 3컵, 간장 5큰술, 설탕 2큰술, 청주 2큰술

만드는 방법

1 불고기 국물의 재료인 물, 간장, 설탕, 청주가 잘 섞이도록 한 번 끓인 후 식힌다.

2 불고기용 소고기를 0.2cm 두께로 얇게 썰어 핏물을 뺀 후, 다진 마늘, 참기름, 후추를 넣어 밑간한다.

3 당면은 찬물에 2시간 정도 충분히 불린다.

4 표고버섯, 느타리버섯도 먹기 좋게 자른다.

5 홍고추와 청고추는 각각 반으로 갈라 씨를 빼고, 어슷하게 썬다.

6 양파와 대파는 채 썬다.

7 전골냄비에 불고기와 당면, 대파, 홍고추와 청고추, 팽이버섯, 느타리버섯을 보기 좋게 담는다.

8 전골냄비를 불에 올려 끓인 후, 준비해 둔 국물을 보충해 가며 먹는다.

특징

서울식불고기는 국물이 자작한 형태로, 전골처럼 끓여 먹는 것이 특징이다. 양념한 고기를 석쇠에 구워 먹는 언양식이나 광양식 불고기와는 달리, 얇게 썬 소고기를 단맛이 나는 육수와 버섯과 함께 끓이는 방식이다. 가운데가 볼록 튀어나오고 구멍이 뚫린 불판 위에는 얇게 썰어 양념한 고기를 올리고, 주변부에는 육수를 부어 버섯과 당면, 채소를 넣어 함께 익혀 먹는 것이 특징이다.

이러한 육수 불고기는 1960~1970년대에 등장하였으며, 1980년대에 들어서면서 서울에서는 석쇠불고기를 대체하게 되었다.

수원왕갈비

재료 및 분량

쇠갈비 1kg

양념장 간장 6큰술, 설탕 3큰술, 배즙 3큰술, 다진 파 2큰술, 다진 마늘 1큰술, 깨소금 2큰술, 참기름 1큰술, 후춧가루 ¼ 작은술

만드는 방법

1 갈비는 8cm 길이로 자른 후, 기름과 질긴 껍질을 제거한다. 갈비에 붙은 고기를 양쪽으로 나누어 펼친 후, 뼈에서 고기가 떨어지지 않을 정도로 잔칼질을 한다.

2 분량의 양념장 재료를 잘 섞은 후, 손질한 갈비와 섞어 양념이 고루 배도록 재운다.

3 숯불에 석쇠를 올리고 뜨겁게 달군 후, 갈비를 얹어 굽는다.

특징

수원화성과 융건릉은 수원의 대표적인 유적 중 하나이다. 정조(正祖)는 이 유적을 관리하기 위해 둔전(屯田)과 둔우(屯牛) 정책을 펼쳤다. 시간이 흐르면서 수원의 축산정책이 발전함에 따라 우시장의 규모도 커졌고, 소의 거래가 활발해지면서 소를 이용한 음식문화도 함께 발달하였다.

수원화성 갈비의 유래는 1940년대 수원 영동시장의 싸전거리에서 이귀성 씨가 '화춘옥'이라는 음식점을 연 데서 비롯된다. 처음에는 해장국에 갈비를 넣어 주는 것으로 인기를 끌었고, 이후 1956년에 이르러 갈비만을 팔기 시작하였다. 화춘옥 갈비는 값에 비해 갈빗대가 유난히 커, 오늘날 '왕갈비'의 원형이라고 할 수 있다. 수원의 숯불갈비는 소금으로 간을 하고 갈빗대를 크게 해 구워 내며, 간장으로 양념하는 갈비와는 다른 독특한 맛을 낸다. 비록 화춘옥은 사라졌지만, 수원에서는 대규모 갈비 전문점들이 성업 중이다.

갈비구이를 양념하는 방식은 『시의전서』의 〈가리구이〉에도 소개되어 있으며, 간장, 소금 이외에도 새우젓으로 재우는 방법도 포함되어 있다.

홍해삼

재료 및 분량

불린 해삼 200g, 홍합 200g, 다진 쇠고기 300g, 두부 150g, 달걀 2개, 밀가루 ½컵, 식용유 3큰술

양념 간장 1작은술, 소금 1작은술, 다진 파 1큰술, 다진 마늘 ½큰술, 깨소금 1작은술, 참기름 1작은술, 후춧가루 약간

만드는 방법

1 불린 해삼은 갈라진 뱃속의 내장을 깨끗이 훑어 씻은 후, 물기를 제거한다.

2 홍합은 털을 제거하고 손질하여 소금물에 씻은 후, 끓는 물에 살짝 데친다.

3 두부는 면포에 싸서 물기를 꼭 짠 후 으깬 다음, 다진 쇠고기와 섞어 양념하고 잘 치댄다.

4 불린 해삼은 배 안쪽에 밀가루를 뿌린 후, 여분의 밀가루는 털어 내고 **3**의 반 분량으로 속을 채운다.

5 나머지 **3**의 반 분량으로는 1cm 두께의 반대기를 만들어 속에 데친 홍합을 넣고 둥글게 싼다.

6 **4**와 **5**를 각각 밀가루에 여러 번 굴려 모양이 흐트러지지 않게 한 후, 김이 오르는 찜통에 넣어 찐다.

7 달걀을 황·백으로 나누어 홍합에는 노른자, 해삼에는 흰자를 입힌 후, 식용유를 두른 팬에 노릇노릇하게 지진다.

8 식으면 1cm 두께로 썰어 접시에 담고, 초간장을 곁들여 낸다.

특징

옛날에는 해삼을 '미'라고 불렀는데, '미쌈'은 해삼 안에 소를 채워 지진 음식을 말한다. 『시의전서』에서 '쌈'은 "좋은 해삼을 물에 담가 불린 후, 푹 삶아 쪼개고 속의 모래와 해감을 꺼내고 깨끗이 씻는다. 쇠고기, 숙주, 미나리는 다지고 두부를 섞어 갖은양념으로 주물러 해삼 뱃속에 가득 넣은 다음, 밀가루를 묻히고 달걀을 씌워 부친다."고 하였다.

홍합은 『본초강목』에서 '각재', '해폐', '동해부인(東海夫人)' 등으로 기록되어 있으며, '담채(淡菜)'라고도 불렸다. 예전에는 자연산 홍합을 채취하여 먹었지만, 지금은 주로 양식에 의존하고 있다. 특히, 남해안 지방에서 많이 양식되며, 마산 내포지역이 유명하다.

홍해삼은 개성의 제례나 혼례에 반드시 사용되던 음식이다. 제사상에는 해삼을 통째로 대꼬치에 꿰어 올렸으며, 혼례에는 해삼과 홍합이 남녀를 상징하여 부부 화합을 기원하는 의미로 쓰였다.

어채

재료 및 분량

민어살 300g, 소금 1작은술, 흰후춧가루 ⅛작은술, 녹말 4큰술

홍고추 2개, 파잎(푸른 잎이나 오이) 3잎, 표고버섯 2장(10g), 석이버섯 5g, 달걀 1개, 잣 1작은술

초고추장 고추장 1큰술, 설탕 1작은술, 식초 1작은술

겨자즙 발효겨자 ½큰술, 식초 1큰술, 설탕 1작은술, 꿀 ½큰술, 소금 ½작은술

만드는 방법

1 민어(또는 숭어)는 껍질을 벗긴 후, 생선살은 도톰하게 포를 떠서 2.5×6×0.7cm 크기로 썬다. 채반에 펼쳐 소금과 후춧가루를 뿌려 밑간한다.

2 밑간한 민어는 표면의 물기를 제거하고 녹두 녹말을 묻힌 후, 팔팔 끓는 물에 넣는다. 생선이 익어 물 위로 떠오르면 건져 찬물에 재빨리 헹군 후, 채반에 올려 물기를 빼고 차게 식힌다.

3 홍고추, 파잎, 표고버섯은 폭 1cm, 길이 4cm 크기로 썰고 녹두 녹말을 묻혀 팔팔 끓는 물에 데친 후, 찬물에 헹궈 차게 식힌다. 파 대신 오이의 껍질 부분을 사용할 수 있다(오이는 껍질 부분만 소금에 절인 후, 녹말을 묻혀 데친다).

4 석이버섯은 소금으로 문질러 이끼를 제거한 후 깨끗이 씻어 손질하고, 폭 1cm, 길이 4cm 크기로 썰어 녹말을 묻힌 다음, 팔팔 끓는 물에 데친 후 식힌다.

5 달걀은 황·백을 분리하여 각각 소금을 넣고 잘 풀어 황·백지단을 부친 후, 홍고추와 같은 크기로 썬다.

6 접시에 준비한 재료를 색색으로 돌려 담고, 가운데에 잣을 얹는다.

7 초고추장 또는 겨자즙을 곁들여 낸다.

특징

어채는 대표적인 궁중음식으로, 1829년, 1848년, 1873년, 1892년, 1901년, 1902년의 의궤에 기록되어 있다. 생선과 버섯, 채소류 외에도 고기의 내장류와 해산물이 사용된 기록도 있다.

대표적으로 광무(光武) 6년(1902)에 열린 궁중잔치를 기록한 의궤에는 어채 재료로 숭어, 곤자손, 양, 부화, 목이, 황화, 전복, 해삼, 표고, 석이, 도라지, 녹말, 실백자, 계란, 연지, 진유 등이 사용되었다.

보쌈김치

재료 및 분량

배추 1통, 무 ½개, 미나리 100g, 갓 100g, 쪽파 50g, 낙지 1마리, 전복 1개, 밤 10개, 표고버섯 5개, 석이버섯 2개, 굵은소금 1컵, 대추 5개, 잣 2큰술, 실고추 5g, 생강 2톨

김치 양념 고춧가루 ½컵, 새우젓 ½컵, 소금 1큰술, 다진 마늘 2큰술, 다진 생강 1작은술

만드는 방법

1 배추는 반으로 갈라 소금물에 절인 후, 깨끗이 씻어 물기를 뺀다. 바깥쪽의 푸른 잎은 남겨 두고, 속대를 2.5×3.5cm 길이로 썬다.

2 무도 배추와 같은 2.5×3.5×0.3cm 길이로 나박썰기 하여 소금에 절인 후, 물기를 뺀다.

3 미나리, 갓, 쪽파는 다듬어 3cm 길이로 썬다.

4 낙지는 4cm 길이로 썰고, 전복은 얇게 저민다.

5 밤은 속껍질을 벗긴 후 얇게 편으로 썰고, 표고버섯과 석이버섯은 따뜻한 물에 불린 다음 가늘게 채 썬다.

6 마늘과 생강은 곱게 채 썬다.

7 절여 둔 무와 배추에 고춧가루를 넣고 버무려 고춧물을 들인 후, 해물과 나머지 김치 양념을 넣고 다시 버무린다.

8 보시기에 절인 배춧잎을 2~3장 잘 펴고 버무린 김치를 올린 후, 표고버섯, 석이버섯, 밤, 잣, 실고추 등의 고명을 얹는다. 그다음 배춧잎을 덮어 항아리에 차곡차곡 담는다.

9 김치를 버무린 양념 그릇에 물 ½컵을 붓고 소금을 풀어 김칫국을 만든 후, 항아리에 붓는다.

특징

개성의 보쌈김치는 개성상인의 슬기와 지혜가 어우러진 음식이다. 개성배추는 속이 연하고 잎이 길며 맛이 고소한 것으로 유명하다. 그러나 배추를 통째로 따서 김치를 담그면 씨를 받을 수 없기 때문에 상술에 밝은 개성상인들은 배추를 뽑을 때 생장점이 다치지 않도록 배추통 중간을 잘라내는 방법을 고안하였다.

잘라낸 배추로는 김치를 담고, 나머지는 짚을 덮어 월동시킨 후 씨를 받아 팔았다. 이처럼 중간이 잘린 배추는 숭숭 썰어 버무릴 수밖에 없는데, 이는 통김치에 비해 모양이 볼품없어 보일 수 있다. 이에 넓은 배춧잎으로 속재료를 싸서 마치 통김치처럼 보이도록 만든 것이 바로 보쌈김치이다.

보쌈김치는 한 보시기 분량의 김치를 담아 백자 항아리에서 익히기 때문에 꺼내 먹기 편하고, 남는 김치가 없어 번거롭지 않다. 또한 해물을 넣고 간을 싱겁게 하여 금세 물러질 수 있으므로, 적은 양만 담가 오래 두지 않고 금방 먹는 김치이다.

강화순무김치

재료 및 분량

순무 2kg, 소금 5큰술, 실파 100g

김치 양념 고춧가루 1컵, 밴댕이젓국 ½컵, 다진 마늘 4큰술, 다진 생강 2큰술

만드는 방법

1 순무는 껍질을 벗긴 후, 깨끗이 씻어 뿌리 부분은 큼직하게 썬다. 줄기 부분은 4cm 길이로 썰고, 소금을 뿌려 절인다.

2 쪽파는 다듬어 씻고, 4cm 길이로 썬다.

3 밴댕이젓국에 고춧가루, 다진 마늘과 생강을 넣어 김치 양념을 만든다.

4 절여 둔 순무의 물기를 뺀 후, 양념과 함께 버무려 항아리에 담는다. 김치를 버무린 그릇에 물을 붓고 소금을 풀어 김칫국을 만들고 항아리에 붓는다.

특징

순무는 1~2년생의 겨자과에 속하는 식물로, 강화도의 특산물이다. 봄과 가을에 두 차례 파종을 하며, 봄 순무는 3월 하순부터 4월 초순에 파종하여 40여 일간 밭에서 재배한 후, 5월 하순에서 6월 초순경 수확한다. 그리고 가을 순무는 9월 초순에 파종하여 김장철에 맞춰 수확한다.

순무는 모양이 삼각형으로 뾰족하고, 무청의 길이가 긴 것이 특징이다. 순무의 겉은 적자색이나, 속은 흰색이며, 배추꼬리의 달착지근한 맛과 인삼의 쌉싸름한 맛에 특이한 겨자 향이 어우러진다. 무보다 섬유질이 적고, 촉감이 부드러우며, 조직이 곱다. 뿌리의 흰 부분에는 비타민 C가 많고, 잎에는 뿌리보다 더 많은 비타민 C가 함유되어 있다. 이 외에도 비타민 A, 칼슘, 철분, 포도당, 펙틴 등이 들어 있다.

『동의보감』에는 순무에 대해 "맛이 달고 오장에 이로우며 이뇨와 소화에 좋고 종기를 치료한다. 과음으로 인한 숙취와 갈증 해소에 특효가 있고, 특히 눈과 귀를 밝게 하고 눈빛이 영롱해져 건강과 미용에 매우 좋다"고 기록되어 있다.

순무는 보통 김치로 많이 담가 먹으며, 적당한 크기로 썰어 갖은양념과 함께 절이는 순무석박지김치가 일반적이다. 그러나 강화에서는 순무로 배추 속을 넣는 순무배추속김치, 순무를 켜처럼 썰어 무장아찌와 함께 배춧잎으로 싸는 순무비늘김치 그리고 밴댕이젓갈을 넣어 담그는 순무밴댕이김치도 즐겨 먹는다.

여주산병

재료 및 분량

멥쌀가루 4컵, 물 8큰술, 소금 ½큰술,
치자, 백년초 약간

소　거피팥 1컵, 설탕 3큰술, 소금 ½작은술,
계핏가루 ¼작은술

만드는 방법

1 멥쌀가루에 물을 섞어 손으로 비빈 후, 체에 내리고 찜통에서 찐다.

2 쪄낸 떡의 일부에 홍색과 황색 색소를 각각 넣고 쳐서 색떡을 만들어 둔다.

3 쪄낸 흰떡의 나머지를 절구에 넣고 방망이로 쳐서 매끄럽게 만든 후, 꺼내어 개피떡을 만들 듯 방망이로 얇게 민다.

4 **3**의 얇게 민 떡에 팥소를 넣고 큰 보시기와 작은 보시기로 각각 찍는다. 크게 만든 떡을 구부린 후, 그 안에 작게 만든 떡을 구부려 넣고 네 끝을 한테 모아 붙인다.

5 **2**의 색떡을 작은 알맹이로 빚어 떡 위에 장식한다.

특징

'산병(散餠)'이라는 떡은 몇몇 옛 조리서에 등장하는데, 『시의전서』에서는 '꼽장떡'이라고 하여 새끼손가락만큼 떼어 셋씩 붙이고, 반쯤 구부려 만든다고 기록되어 있다. 또한 각색으로 하나씩 떼어 등을 따라 휘게 만든 후, 두 끝을 마주 붙이면 산병이 된다고도 설명하였다.

『조선무쌍신식요리제법』에는 "산병(散餠)은 흰 떡을 개피떡보다 절반쯤 되도록 작게 만든 후, 청·홍·황 삼색을 물들여 셋씩 붙여 떡 위에 얹는다. 성균관에서 많이 만들었다고 하였다. 이는 둘붙이나 셋붙이인 개피떡을 가리키는 것 같다."고 기록되어 있다.

경기도 여주지방은 예로부터 기름진 땅과 좋은 기후, 맑은 물 덕분에 넓은 곡창지대에서 품질 좋은 쌀이 생산되었다. 여주산병은 여주지방의 질 좋은 쌀을 이용하여 만든 떡으로, 주로 큰 잔치 때 이용되었다.

개성주악

재료 및 분량

찹쌀가루 5컵, 밀가루 ½컵, 설탕 ½컵,
막걸리 ½컵, 끓는 물 2~3큰술, 식용유

집청시럽 조청 1컵(290g), 물 ½컵,
생강(껍질 벗긴 것) 10g

만드는 방법

1 찹쌀가루와 밀가루를 고루 섞은 후, 중간체에 내려 설탕을 넣고 섞는다.

2 가루에 막걸리를 넣어 버무린 후, 끓는 물을 넣어 끈기가 나도록 오래 치대어 반죽한다.

3 반죽을 떼어 지름 3cm, 두께 1cm로 빚은 후, 가운데 부분의 위아래를 눌러 준다. 모양낸 반죽은 기름을 바른 쟁반에 서로 달라붙지 않도록 놓는다.

4 조청에 물과 저민 생강을 넣고 거품이 날 때까지 끓인 후 식힌다.

5 대추는 씨를 발라낸 후, 돌돌 말아 얇게 썰어 대추꽃을 만든다.

6 180℃ 기름에 주악이 서로 달라붙지 않도록 넣고, 노릇하게 튀긴 후 모양을 잡는다. 그다음 150℃ 기름에 옮겨 속까지 익도록 튀긴 후, 건져서 기름을 뺀다.

7 기름을 뺀 주악을 집청시럽에 담가 건진 후, 모양낸 대추로 장식한다.

특징

주악은 조약돌처럼 앙증맞게 생겨 붙은 이름이라고 하며 '우메기'라고도 불린다. "우메기 빠진 잔치는 없다"고 하여 개성의 잔칫상에 많이 올렸던 떡이다. 개성주악은 햅쌀이 나올 때 특히 많이 만들어 먹으며, 막걸리로 반죽하는 것이 특징이다.

또한 찹쌀가루에 여러 재료를 섞어 색이나 향을 다양하게 만들기도 하며, 개성에서는 약과, 모약과와 함께 폐백음식 또는 이바지음식으로 사용된다.

개성모약과

재료 및 분량

밀가루 200g, 소금 ½작은술, 후추 약간, 참기름 3½큰술(38g), 설탕시럽 3½큰술(50g), 소주 3½큰술(40g)

설탕시럽 설탕 1컵(170g), 물 1컵, 물엿(꿀) 1큰술

집청시럽 조청물엿 2컵(580g), 물 ½~⅔컵, 생강 20g

고명 대추, 잣, 호박씨

만드는 방법

1 밀가루를 체에 내린 후, 참기름을 조금씩 넣으며 손으로 고루 비벼 다시 한 번 체에 내린다.

2 대추는 씨를 발라낸 후, 돌돌 말아서 얇게 썰어 대추꽃을 만든다.

3 설탕 1컵에 물 1컵을 섞어 끓이다가, 끓기 시작하면 약한 불에서 10분 동안 더 끓인다. 여기에 꿀이나 물엿을 넣어 식혀 반죽용 설탕시럽을 만든다.

4 조청에 물과 저민 생강을 넣고 끓인 후, 약한 불에서 5분간 더 끓이고 식혀 집청시럽을 만든다.

5 분량의 설탕시럽과 소주를 섞는다. 참기름을 섞은 밀가루에 시럽과 소주 섞은 것을 넣어 가루가 보이지 않도록 반죽하여 한 덩어리를 만든다.

6 반죽을 반으로 잘라 겹쳐 눌러 한 덩어리를 만든 후, 다시 잘라 겹치기를 2~3차례 반복한다. 반죽은 0.8cm 두께로 밀고, 사방 3.5~4cm로 잘라 가운데에 칼집을 넣거나 꼬치로 찔러, 튀길 때 속까지 잘 익도록 한다.

7 110℃ 기름에 넣어 위로 떠올라 켜가 일어나도록 튀긴다. 켜가 일어난 약과를 140~160℃의 기름에 옮겨 갈색이 날 때까지 튀겨 건진다.

8 튀겨낸 약과를 집청시럽에 담가 집청한 후, 건져낸 약과에 잣가루를 뿌리거나 고명을 얹어 모양을 낸다.

특징

약과는 밀가루에 꿀과 참기름을 넣고 만드는 유밀과(油蜜菓)의 하나로, 달콤하고 고소하며 부드럽고 맛이 좋아 한과 중에 으뜸으로 꼽힌다. 약과는 크기에 따라 대약과, 중약과, 소약과로 나뉘며, 네모나게 썰어 튀긴 것을 '모약과'라고 한다. 개성모약과는 한입 크기의 사각 형태로 만들며, 바삭한 맛을 내는 것이 특징이다.

약과는 『규합총서』에서 "유밀과를 약과라고 하는데 밀(蜜)은 사시정기(四時精氣)요, 꿀은 온갖 약의 으뜸이요, 기름은 벌레를 죽이고 해독하기 때문이다."라고 전한다.

개성음식은 예로부터 이름이 나 있는데, 한과 중에서도 특히 모약과가 맛있기로 유명하다. 평소에 먹을 것은 마름모꼴로 잘게 만들어 지지지만, 잔치나 제사상에는 큼직하게 만들어 쌓아 올린다. 특히, 개성식 폐백음식에서는 한쪽에 손바닥만 한 모약과를 쌓아 대꼬치로 고정해 놓는다.

강원도

지역적 특징

강원도는 우리나라 중부지방의 동반부에 위치하며, 예로부터 '철령관(鐵嶺關)을 중심으로 동쪽에 있는 지역'이라는 뜻에서 관동지방(關東地方)이라고 불렸다. 강원도는 우리나라의 등줄기를 이루는 태백산맥(太白山脈)을 따라 형성된 산지지역이다. 따라서 태백산맥의 대관령을 중심으로 다시 해양지방의 영동과 내륙지방의 영서로 구분되는데, 두 지역은 자연환경과 인문환경에서 뚜렷한 차이를 보인다. 이러한 지역적 특색은 행정구역의 경계에도 반영되어, 고려시대 말기까지 영서지방은 춘주도(春州道), 동주도(東州道), 교주도(交州道) 등으로, 영동지방은 삭방도(朔方道), 강릉도(江陵道), 강릉삭방도(江陵朔方道) 등으로 명칭이 바뀌면서 분할·통치되었다. 6·25 전쟁 이후 휴전선으로 이남한과 북한지역으로 나뉜 형태이며, 2023년 강원특별자치도로 명칭이 변경되었다.

강원도지역은 전체의 약 80%가 산지이며, 금강산, 설악산, 오대산, 태백산 등의 명산들을 비롯하여, 푸른 동해, 산간을 굽이쳐 흐르는 맑고 깨끗한 하천 등을 바탕으로 여러 곳의 명승지, 자연보호지역 및 여러 종류의 동·식물들이 분포하고 있다.

지형은 대체적으로 동쪽이 높고, 서쪽이 낮아 완만한 경사를 이루고 있다. 평균 높이 1,000m인 태백산맥은 예로부터 동서교통의 장애물이었으며, 영동과 영서지방은 대관령, 진부령, 미시령, 한계령, 화방재 등의 고개를 통해 서로 연결된다.

강원도는 일반적으로 지대가 높기 때문에 같은 위도상의 경기도지역에 비해 약간 한랭한 편이며, 영동과 영서지방 사이에는 기후의 특색이 뚜렷이 구별된다. 즉, 강원도의 산악지역에서는 고랭지 기후가 나타나, 여름은 고온, 겨울은 저온을 나타내며, 영동지방에 비해 영서지방의 기온차가 더 크다. 강수량 분포는 지역에 따라 다양하게 나타나며, 영서지방은 여름철 강수량이, 영동지방은 겨울철 강수량이 많은 편이다.

따라서 산간지방과 해안지방의 기후와 지형이 서로 다르므로, 산맥을 경계로 두 지역의 식생활 구조에 차이가 많이 난다. 영동 해안지방은 생태, 오징어, 미역 등이 풍부하여 이를 가공한 황태, 건오징어, 건미역 등 건어류와 명란젓, 창난젓 등 젓갈류 등을 담가 왔다. 이 외에도 어패류를 이용한 회, 찜, 구이, 탕, 볶음, 식해 등의 음식이 많다. 또한 해조류를 이용한 쌈, 튀각, 무침과 밑반찬에서 상비식품까지 생선이 많이 이용되고 있다. 오늘날 대관령 부근의 횡계에서는 목축이 활발히 이루어지고 있으며, 무, 배추 등의 고랭지 채소와 당근, 셀러리, 씨감자를 공급하고 있다.

영서지방은 깊은 산이 많아 감자, 옥수수, 메밀, 보리 등의 밭작물이 주로 생산되며, 이들을 이용한 음식이 발달하였다. 메밀로 만든 국수, 만두, 떡과 감자, 옥수수, 조, 고구마 등을 섞은 잡곡밥도 먹는다. 또한 산에서 나는 도토리, 칡뿌리, 산채 등은 예로부터 구황식품으로 활용되었으며, 오늘날에는 건강식으로 주목받고 있다.

대표적인 강원도 음식

- 주식류: 강냉이밥, 감자밥, 차수수밥, 어죽, 강릉방풍죽, 토장아욱죽, 메밀국죽, 메밀막국수, 올챙이묵국수, 메밀만두, 채만두, 감자옹심이, 감자수제비, 강냉이범벅, 감자범벅, 콧등치기국수(메밀칼싹두기), 꼴두국수, 곤드레밥, 도토리묵밥
- 부식류: 삼숙이탕, 쏘가리탕, 감자전골, 감자브침, 오징어순대, 오징어불고기, 오징어회, 동태순대, 동태구이, 북어식해, 명란젓, 창난젓, 도토리묵, 메밀묵, 메밀부침, 미역쌈, 취나물, 취쌈, 더덕생채, 더덕구이, 송이볶음, 석이나물, 참죽자반, 능이버섯회, 도토리묵조림, 산초장아찌, 다시마튀각, 주문진 정어리찜, 춘천닭갈비, 황태구이
- 김치류: 서거리김치, 채김치, 해물김치, 배추김치, 창난젓깍두기, 동치미
- 병과류: 메밀총떡, 감자송편, 감자시루떡, 감자뭉생이, 감자투생이, 감자경단, 방울증편, 무소송편, 찰옥수수시루떡, 과줄, 강릉산자, 약과, 송화다식, 평창옥수수엿
- 음청류: 오미자화채, 당귀차, 강냉이차, 치커리 차, 책면, 연엽식혜, 단술감주, 물식혜, 앵두화채, 수정과, 잡곡미숫가루, 메밀차
- 주류: 평창감자술, 금향주, 송설주, 옥선주, 횡성이의인주, 원주엿술, 옥로주, 초피주

강원도 특산물

속초 '도루묵구이'

속초, 양양 등 동북해안의 포구에서는 매년 11월 중순에서 이듬해 1월 중순까지 도루묵잡이가 한창이다. 도루묵은 몸길이가 약 26cm이며, 수심 200~300m 사이에서 서식하는 냉수성 어종이다. 겨울이 되면 산란하기 위해 수심이 얕은 연안 가까이 올라오는데, 이때가 바로 어민들에게 많이 잡히는 시기이다.

'도루묵'이라는 이름이 붙은 데는 흥미로운 이야기가 있다. 조선시대 임란을 맞은 선조 임금이 어느 어촌에서 도루묵을 진상받은 일이 있었다. 당시에는 귀한 생선을 '은어(銀魚)라' 불렀고, 흔하게 잡혀 서민이 즐겨 먹던 생선은 '묵'이라고 불렀다고 한다. 평상

시라면 임금님께 올릴 생선은 아니었지만, 허기가 졌던 선조는 도루묵 맛에 반해 "앞으로 이 생선을 은어라고 부르라"고 명했다. 그러나 난리가 끝난 후 궁으로 돌아간 선조가 다시 도루묵의 맛을 보았을 때, 당시의 처지와 입맛이 달라져 실망한 나머지 "이 생선을 도로 묵이라고 부르도록 하라"고 말하며 내쳤다. 그리하여 '묵'이 '도로 묵'이 되고, 오늘날 '도루묵'이라는 이름이 붙게 되었다.

한때는 동해안에서 개도 물고 갈 만큼 흔했던 도루묵이 이제는 금값이 되어 일본으로 수출되고 있다. 1970년 이후 원자폭탄 피해를 치료하는 데 탁월한 효과가 있다는 소문이 퍼졌고, 백혈병을 예방하는 성분이 있다는 연구 결과가 알려지면서 상당량이 일본으로 수출되고 있다.

도루묵은 생김새가 매끈하고 다른 생선과는 달리 비린내도 거의 나지 않아 찌개나 구이로 모두 인기가 높다. 묵을 석쇠에 올리고 왕소금을 뿌려 앞뒤를 노릇하게 구운 후 통째로 들고 먹으면, 톡톡 터지는 알 맛까지 일품이다.

삼척 '곰칫국'

곰치는 몸길이가 1m에 가까운 대형 어류이다. 메기를 닮았다고 하여 '물메기'라고도 불리며, '물텀벙', '물고미', '물미거지'라는 이름도 있다. 예전에는 그물에 곰치가 걸리면 징그럽다며 그냥 버리기도 했다. 그러나 지금은 비린내가 없고 살이 연해 바닷가 최고의 해장국 재료로 꼽힌다. 국은 흔히 맑게 끓이지만, 묵은 김치를 숭숭 썰어 넣고 얼큰하게 끓여 먹기도 한다. 뱃사람들은 배에서 곰치를 걸어 말린 후 살을 찢어 구워 먹기도 한다.

홍천 '찰옥수수'

옥수수는 일교차가 크고, 배수가 잘되는 지역에서 질 좋은 옥수수가 생산된다. 낮에는 덥고 밤에는 서늘한 곳에서 자란 옥수수는 조직이 치밀하고 당도가 높은데, 그런 점에서 강원도는 일찌감치 옥수수 재배의 적지가 되었다. 대표적인 찰옥수수의 품종은 '미백'으로, 2호가 대표적이다. 삶으면 부드러우면서도 탄력이 있고, 구수하고 진한 향을 내는 것이 특징이다.

강릉 '양미리'

찬바람이 불기 시작하는 10월 초부터 12월 말까지는 양미리 잡이가 한창이다. 강원도 해안, 특히 사천진리 포구가 대표적이다. 양미리는 한류성 어종으로, 한반도 북부지역과 사할린, 오호츠크해, 일본 등에서 볼 수 있다. 길이는 15cm 안팎으로, 둥근 몸통에 배 쪽은 은백색, 등 쪽은 홍·청·갈색을 띠고 있다. 양미리는 바다 밑 모래 속에 숨어 살다가 해가 뜨기 전에 떠올라 먹이 활동을 하는데, 이 틈을 타서 미리 깔아 놓은 그물로 잡는다. 그물코에 걸린 양미리를 일일이 떼어내는 것은 손이 많이 가는 일이지만, 석쇠에 놓고 굵은소금을 뿌려 구워 내는 양미리구이는 겨울철 별미이다.

동해안 '오징어'

오징어는 동해안을 대표하는 수산물이다. 짙푸른 동해 바닷물을 담고 출렁이는 속초, 주문진, 삼척, 동해에는 동해안에서 잡은 싱싱한 오징어가 집결된다. 특히, 최근 지구온난화현상 등으로 한류성 어종인 명태 어획량이 급감하면서 난류성 어종인 오징어가 동해안의 주인공으로 떠오르고 있다. 오징어는 일 년 내내 잡히지만, 7월부터 11월까지가 제철이다. 북상하는 난류를 따라 올라오는 오징어의 어군이 강릉 연근해와 울릉도, 독도 인근에 몰리기 때문이다.

오징어류에는 동해안 오징어 외에도 서남해안에서 잡히는 뱃속에 작은 배 모양의 하얀 뼈를 가진 갑오징어, 다리의 길이가 한 치밖에 되지 않아 이름이 붙여진 제주해역의 한치오징어 등이 있다. 그러나 '오징어' 하면 누구나 동해안 오징어를 떠올린다. 어획량이 압도적으로 많고, 가격 부담이 적어 서민들의 먹거리로 자리를 잡았기 때문이다.

오징어는 제철 회는 물론, 강원도의 향토음식인 오징어순대, 간식으로 인기 있는 마른오징어, 오징어볶음 등 다양한 요리로 활용된다.

강릉 '초당두부'

소나무 숲과 경포호를 끼고 있는 강릉 초당동에는 콩물에 바닷물을 부어 만드는 순두부와 모두부가 유명하다. 두부를 만들 때 간수 대신 깨끗한 동해의 바닷물을 쓰기 때문에 그 맛이 특이하여 강릉을 찾는 관광객뿐만 아니라 전국적으로도 이름나 있다.

초당마을에서는 두부를 만들기 위해 반드시 질 좋은 햇콩을 사용하며, 여름에는 6시간, 봄가을에는 8시간, 겨울에는 12시간 정도 불린다고 한다. 이렇게 불린 콩을 맷돌에 갈고 거른 후, 콩물을 다시 커다란 가마솥에 부어 장작불로 30분 정도 끓인다. 이때 응고제로 바닷물을 부어 두부가 엉기도록 하는데, 들어가는 바닷물의 양에 따라 집집마다의 독특한 맛이 정해진다. 순두부로 그대로 먹기도 하고, 나무틀에 붓고 응고시켜 초당두부를 만들기도 한다. 콩물을 거르고 남은 비지에는 무를 썰어 넣고 푹 끓여 맛 좋은 비지장을 만든다.

강원도 음식 축제

축제명	기간	장소	연락처	인터넷 사이트
인제빙어축제	매년 1월	강원특별자치도 인제군 남면 부평리 555-2번지	인제군문화재단 033-460-8900	http://www.injefestival.co.kr
홍천강 꽁꽁축제	매년 1월	강원특별자치도 홍천군 홍천읍 너브내길 59-1	(재)홍천문화재단 033-439-5853	http://www.hccf.or.kr
화천산천어축제	매년 1월	강원특별자치도 화천군 화천읍	재단법인 나라 1688-3005	http://www.narafestival.com
정선로컬푸드축제	매년 4월	강원특별자치도 정선군 북평면 북평8길 38	북평면체육축제위원회 033-562-3721	http://jsfoodfestival.org/
정선토속음식축제	매년 4월	강원특별자치도 정선군 북평면 북평양지말길 48	북평면체육축제위원회 033-560-2671	http://www.jeongseon.go.kr
태백 천상의 산나물 축제	매년 4월	강원특별자치도 태백시 장성동 159-31	태백 산나물축제 위원회 033-550-2723	https://www.taebaek.go.kr/www/index.do
홍천 산나물 축제	매년 4월	강원특별자치도 홍천군 홍천읍 갈마곡리	(재)홍천문화재단 033-439-5864	http://www.hccf.or.kr
강원한우데이	매년 5월	강원특별자치도 춘천시 시청길 11	전국한우협회 강원특별자치도지회 033-263-3466	https://www.gangwon.to/gwtour
두타산 산나물축제	매년 5월	강원특별자치도 삼척시 하장면 번천리 삼척 하장	하장면사무소 033-570-4842	http://www.samcheok.go.kr
인제 용대리 황태축제	매년 5월	강원특별자치도 인제군 북면 용대3리 삼거리	인제 용대 황태연합회 033-462-4805	황태축제.kr
정선 곤드레 산나물축제	매년 5월	강원특별자치도 정선군 정선읍 정선로 1359	정선군관광진흥협회 033-563-1151	http://www.jeongseon.go.kr
진동계곡 산나물축제	매년 5월	강원특별자치도 인제군 기린면 조침령로 1061	인제군청 033-461-2122	http://www.inje.go.kr
청춘양구 곰취축제	매년 5월	강원특별자치도 양구군 양구읍 상리 양구 레포츠공원	양구문화재단 033-482-9172	https://ygcf.or.kr/Home/index
강릉비치비어페스티벌	매년 6월	강원특별자치도 강릉시 경포로 513	강릉비치비어페스티벌 추진위원회 010-6285-8138	https://www.instagram.com/gn_gbbf/
실향민 문화축제 '아바이'	매년 6월	강원특별자치도 속초시 청호동 1341-1	(사)속초축제위원회 033-635-8827	http://sokchofestival.or.kr/dpcf
춘천막국수닭갈비축제	매년 6월	강원특별자치도 춘천시 중도동 357-39	춘천막국수닭갈비축제 조직위원회 070-8630-5385	https://www.chuncheon.go.kr/culture-leisure/
홍천찰옥수수축제	매년 7월	강원특별자치도 홍천군 태학여내길 27	(재)홍천문화재단 033-439-5800	https://xn--9y5b95fmvab9w.kr/Home/H20000/festival
둔내고랭지토마토축제	매년 8월	강원특별자치도 횡성군 경강로 4708	둔내고랭지토마토축제위원회 033-340-2775	https://www.hsg.go.kr/tour/index.do

(계속)

축제명	기간	장소	연락처	인터넷 사이트
홍천강 별빛음악 맥주축제	매년 8월	강원특별자치도 홍천군 홍천읍 갈마곡리 도시산림공원 토리숲	(재)홍천문화재단 033-439-5853	https://xn--9y5b95fmvab9w.kr/Home/H30000/festival
화천토마토축제	매년 8월	강원특별자치도 화천군 사내면 문화마을1길 6	화천화악산토마토영농조합법인 033-440-2912	http://www.tomatofestival.co.kr/
원주문화의거리 치맥축제	매년 9월	강원특별자치도 원주시 중앙로 59	원주문화의거리상인회 033-734-8881	https://www.wonju.go.kr/sbinfo/www/index.do
횡성더덕축제	매년 9월	강원특별자치도 횡성군 청일면 유동리 1150	횡성더덕축제위원회 033-340-2831~4	https://www.hsg.go.kr/tour/index.do
강릉누들축제	매년 10월	강원특별자치도 강릉시 경강로 2111	강릉시 033-650-2415	http://gwnoodle.com/
강릉커피축제	매년 10월	강원특별자치도 강릉시 난설헌로 131	강릉녹색도시체험센터 033-647-6802	http://www.coffeefestival.net/
안흥찐빵축제	매년 10월	강원특별자치도 횡성군 안흥면 주천강로 1868	안흥찐빵축제위원회 033-340-2742	https://www.hsg.go.kr/tour/index.do
양양송이연어축제	매년 10월	강원특별자치도 양양군 양양읍 일출로 589	양양문화재단 033-671-3803,3802	https://www.yycf.or.kr/contents/main.html
원주만두축제	매년 10월	강원특별자치도 원주시 중앙로 110	원주시 033-737-2941~3	https://mandufestival.co.kr/main.php
철원 오대쌀 축제	매년 10월	강원특별자치도 철원군 동송읍 장흥리 은하수교	철원군 문화관광 033-450-5114	https://www.cwg.go.kr/tour/index.do
홍천 인삼·한우 명품축제	매년 10월	강원특별자치도 홍천군 홍천읍 산림공원2길 31	(재)홍천문화재단 033-435-4350	http://www.hccf.or.kr
횡성한우축제	매년 10월	강원특별자치도 횡성군 횡성읍 북천리 221	횡성문화관광재단 033-808-8007	https://www.happyhanwoofestival.com/
대한민국이 한우먹는날	매년 11월	강원특별자치도 춘천시 시청길 11	한우자조금관리위원회	https://korean.visitkorea.or.kr/kfes/list/wntyFstvlList.do
속초 도루묵 & 양미리 축제	매년 11월	강원특별자치도 속초시 동명항길 26	속초시수산업협동조합 033-639-2347	https://www.sokcho.go.kr/sc/fields
홍천사과축제	매년 11월	강원특별자치도 홍천군 홍천읍 갈마곡리 501	(재)홍천문화재단 033-439-5853	http://xn--9y5b95fmvab9w.kr/Home/H40000/festival
펀치볼 시래기 사과축제	매년 11월	강원특별자치도 양구군 해안면 펀치볼 힐링하우스 앞 성황지	양구군청 문화관광과 033-481-2191	http://www.ygtour.kr
평창송어축제	매년 12~1월	강원특별자치도 평창군 진부면 경강로 3562	평창송어축제위원회 033-336-4000	https://www.festival700.or.kr/

곤드레나물밥

재료 및 분량

마른 곤드레나물 30g, 쌀 2컵, 감자 2개, 들기름 2큰술, 소금 1작은술

양념장 간장 4큰술, 송송 썬 부추 또는 쪽파 2큰술, 참기름 1큰술, 깨소금 1큰술

만드는 방법

1 말린 곤드레는 미지근한 물에 불려 끓는 물에 부드러워질 때까지 삶은 후, 찬물에 헹궈 물기를 짜고 알맞게 썬다.

2 삶은 곤드레는 들기름과 소금으로 무쳐 팬에 살짝 볶는다.

3 쌀은 씻어서 불리고, 감자는 껍질을 벗겨 4등분한다.

4 밥솥 밑에 볶은 곤드레나물을 깔고, 그 위에 불린 쌀과 감자를 넣어 밥을 짓는다.

5 밥이 다 되면 들기름을 약간 뿌려 밥을 고루 섞어 푼 다음, 양념장과 함께 낸다.

특징

곤드레는 국화과에 속하는 여러해살이풀로, 학명은 '고려엉겅퀴', '곤달비'이다. 잎은 달걀형 또는 타원형이며, 끝이 뾰족하고 잎 앞면에는 고운 털이 촘촘하게 나 있다. 강원도 정선이 곤드레로 유명해지면서, 강원도 사투리인 '곤드레'가 그 이름으로 굳어졌다. 곤드레는 향이 진해 "곤드레만드레 취한다"는 말에서 이름이 유래되었다고 전해진다.

곤드레는 구황식품으로, 한국전쟁 때 산속에 숨어 있던 사람들이 죽을 끓여 먹었던 재료이나, 우연히 삶은 곤드레를 넣고 지은 밥의 맛이 훌륭하다는 것을 알게 되면서 유명해졌다. 곤드레나물밥은 곤드레 특유의 향이 밥에 배어 담백하고 구수한 맛이 좋으며, 요즘은 건강식으로 호평을 받고 있다.

또한 곤드레는 생잎으로 쌈을 싸 먹거나, 튀김, 나물 등 어떠한 방식으로 요리해도 맛이 뛰어나다. 곤드레를 말려서 저장하거나 냉동고에 저장하면 1년 내내 맛깔스러운 곤드레나물밥을 지을 수 있다.

춘천막국수

재료 및 분량

메밀국수 200g, 무 100g, 오이 ½개,
배 ¼개, 삶은 달걀 1개, 김가루 약간

무 절임장 소금 1작은술, 설탕 1큰술,
식초 2큰술, 물 ½컵

양념장 고춧가루 1큰술, 간장 2큰술,
식초 2큰술, 설탕 1큰술, 다진 마늘 1작은술, 참기름 1큰술, 발효 겨자 1작은술,
소금 ½작은술

만드는 방법

1 메밀국수는 끓는 물에 넣고 약 7~8분간 찬물을 넣어 가며 삶는다. 면을 건진 후 찬물에 여러 번 헹궈 전분을 제거하고, 물기를 빼 사리를 짓는다.

2 무는 채 썰어 절임장에 30분 정도 절인 후, 물기를 꼭 짠다.

3 오이는 얇게 채 썰고, 배는 껍질을 벗겨 얇게 채 썬다.

4 달걀은 삶아 반으로 자른다.

5 고춧가루, 간장, 식초, 설탕, 다진 마늘, 참기름, 겨자, 소금을 넣고 잘 섞어 양념장을 만든다.

6 그릇에 삶은 메밀국수를 담고, 무, 오이, 배, 삶은 달걀, 양념장, 김가루를 올린다.

특징

막국수라는 이름은 본래 메밀을 맷돌로 갈아 분달로 만들 때 껍질이 잘 벗겨지지 않은 것을 따로 모아 빻은 '막가루'로 만든 국수라는 뜻에서 유래하였다. 강원도 고원지대는 메밀의 생육조건에 적합하여 수확량도 많다. 따라서 질 좋은 메밀국수가 만들어지며, 막국수의 맛도 좋다.

처음에는 칼로 썰어 만들던 국수가 차츰 기계화되면서 국수틀로 간편하게 눌러 만드는 방식으로 바뀌었다. 국수틀이 거의 모든 가정에 있을 만큼 보편화되어 있어 손쉽게 만들 수 있었기 때문에 이 국수는 밤참으로 자주 먹었으며, 점차 낮에도 즐겨 먹는 향토음식이 되었다.

메밀에는 곡류에서 부족하기 쉬운 필수아미노산이 풍부하며, 소화 흡수가 용이하고 혈관을 강화하는 루틴을 함유하고 있어, 고혈압 강하제로 널리 이용된다.

콧등치기국수

재료 및 분량

메밀가루 1컵, 밀가루 1컵, 소금 ¼작은술, 물 7큰술

국물 멸치 20g, 다시마 10g, 물 2L

배추김치 200g, 청장 1큰술, 소금 2작은술, 다진 파 1큰술, 다진 마늘 1작은술

만드는 방법

1 냄비에 멸치와 다시마를 넣고 찬물을 부어 한소끔 끓인 후, 멸치와 다시마를 건져내고 국물을 만든다.

2 메밀가루와 밀가루에 뜨거운 소금물을 넣고 익반죽하여 잘 치댄 후, 밀대로 밀어 칼국수 너비로 썬다.

3 **1**의 국물을 끓이다가 잘게 썬 김치를 넣고, 한소끔 끓어오르면 칼국수를 넣어 끓인다.

4 청장으로 간을 맞추고, 소금, 다진 파, 마늘을 넣는다.

특징

메밀은 우리나라 상고시대부터 있었다. 메밀의 열매는 세모꼴로 모가 난 모양이어서 '모밀'이라고도 부른다. 메밀은 증기로 쪄서 건조한 후, 도정을 거쳐 메밀쌀을 혼식용으로 이용한다. 대부분 제분하여 메밀국수, 냉면, 과자의 원료로 많이 쓰이고, 묵이나 만두를 만들기도 한다. 강원도의 대표작물이며, 개간지의 고산지대 자갈밭에서 수확한 것일수록 품질이 좋다.

'콧등치기국수'라는 이름은 국수가락이 억세, 먹을 때 콧등을 친다고 하여 붙여졌다는 설과, 뜨거울 때 먹으면 땀이 코에 송글송글 맺힌다고 하여 '콧등튀기'라고 부른 데서 유래되었다는 설이 있다. 국수를 칼로 싹둑싹둑 잘라 만든다고 하여 '칼싹두기'라고도 부른다.

올챙이국수

재료 및 분량

말린 옥수수 8컵

양념장 청고추 2개, 간장 2큰술, 고춧가루 1큰술, 다진 마늘 1작은술, 깨소금 1작은술

만드는 방법

1 말린 옥수수를 끓는 물에 불린다(이때 옥수수는 메옥수수를 사용한다).

2 불린 옥수수를 물을 넣어 가며 블렌더에 간다.

3 **2**를 가라앉힌 후 윗물을 따라 버리고, 앙금을 가마솥에 넣어 중불에서 쑨다.

4 구멍 뚫린 바가지에 **3**을 붓고 찬물에서 굳혀 올챙이묵을 만든다.

5 다진 청고추와 분량의 재료를 섞어 양념장을 만든다.

6 그릇에 건져낸 올챙이국수에 양념장을 넣어 먹는다.

🍴 열무김치를 곁들여 먹어도 좋다.

특징

강원도에는 일반적으로 즐겨 먹는 도토리묵이나 메밀묵 외에도, 메옥수수로 만든 독특한 묵이 있다. 덜 여문 메옥수수를 따서 맷돌에 갈아 앙금을 얻은 후, 그 앙금으로 죽을 쑤어 구멍이 뚫린 바가지에 넣고 누르면 똑똑 떨어지는 국물이 묵이 된다. 그 굳은 형태가 마치 올챙이 모양과 비슷하여 '올챙이묵'이라고 불린다. 매끄러운 감촉과 구수한 맛으로 여름철 별미로 사랑받으며, 강원도 사람뿐만 아니라 여러 지역에서도 즐겨 먹는 음식이 되었다.

옥수수는 조선시대에 우리나라에 전래되었으며, 재배가 쉬우면서도 맛이 좋고 소화도 잘되어 산간지방의 주식으로 활용되었다. 또한 열량이 높아 에너지원으로 쓰일 뿐 아니라, 각종 가공식품의 원료로도 사용된다. 옥수수는 구워 먹거나 쪄 먹는 것은 물론, 가루를 내어 국수, 엿, 묵, 죽, 과자, 빵 등에 활용되며, 옥수수전분의 원료로도 쓰인다.

감자옹심이

재료 및 분량

감자 6개(1kg), 애호박 100g, 청고추 1개,
홍고추 1개, 달걀 1개

멸치국물(황태국물) 1L, 청장 1작은술,
소금 ½작은술, 다진 마늘 1작은술

만드는 방법

1 감자는 껍질을 벗기고, 강판에 갈아 면포에 밭친다. 물기를 꼭 짜서 건지는 따로 두고, 물은 가라앉혀 맑은 윗물은 따라 버리고, 아래에 뽀얗게 가라앉은 녹말은 건지와 섞어 옹심이를 지름 3cm 정도로 빚는다.

2 애호박은 4~5cm 길이로 채 썰고, 청·홍고추은 어슷하게 썰어 씨를 턴다.

3 달걀은 황·백으로 나누어 소금을 넣고, 각각 지단을 부쳐 3cm 길이로 곱게 채 썬다.

4 멸치국물이 끓으면 빚어 둔 감자옹심이를 넣는다. 감자옹심이가 떠오르면 애호박과 다진 마늘을 넣고 한소끔 더 끓인 후, 청·홍고추를 넣고 청장과 소금으로 간을 한다.

5 그릇에 담고 황·백지단을 올린다.

특징

옹심이는 '옹시미'라고도 쓰며, 모두 '새알심'의 사투리이다. 감자는 강원도 대관령을 끼고 있는 고랭지에서 많이 생산된다. 특히, 감자 생산량이 가장 많은 강릉 왕산면은 대관령 남쪽 산등 너머의 심산계곡에 위치한 청정지역이다.

이 지역의 대표음식으로는 감자부침, 감자옹심이, 감자국수, 감자떡 등이 있다. 감자옹심이는 감자를 갈아 물기를 꼭 짠 후, 가라앉은 녹말가루와 섞어 새알처럼 빚는다. 이렇게 만든 옹심이는 서늘한 곳에서 물기를 빼두었다가 끓는 육수에 넣고 끓이면 구수한 맛을 낸다. 감자옹심이는 강원도 정선군, 영월군 등지에서 유래한 음식이다.

옥수수범벅

재료 및 분량

말린 찰옥수수 1컵, 붉은팥 ½컵, 강낭콩 ¼컵, 물 10컵, 설탕 5큰술, 소금 1작은술

만드는 방법

1 말린 찰옥수수는 물에 5시간 시간 이상 불린 후, 1시간 이상 푹 삶는다.

2 붉은팥은 첫물은 버리고, 다시 찬물을 붓고 팥알이 터지도록 푹 삶는다.

3 강낭콩은 물에 불린 후, 물을 부어 잘 무를 때까지 삶는다.

4 **1**의 옥수수에 붉은팥과 삶은 강낭콩을 넣고, 잘 섞이도록 저으면서 끓인다.

5 물이 거의 없어지고 팥과 콩이 퍼지도록 익으면, 소금과 설탕으로 간을 맞춘 후 뜸을 들인다.

특징

풋옥수수는 알알이 떼어낸 후, 삶은 팥과 강낭콩을 함께 넣고 삶아 범벅을 끓여야 점성이 생기면서 범벅의 농도를 유지할 수 있다. 범벅은 곡식의 가루데 호박이나 팥 등을 섞어 물기를 적게 만든 해 음식이지만, 옥수수범벅은 곡식 가루는 사용하지 않고, 옥수수를 알알이 천천히 잘 삶아 적정 농도로 범벅을 만들어야 하기 때문에 농도를 잘 조절해야 한다.

초당순두부

재료 및 분량

흰콩(대두) 1kg, 간수 5~6큰술

양념장 간장 2큰술, 고춧가루 1큰술, 다진 파 2작은술, 다진 마늘 1작은술, 참기름 1큰술, 깨소금 1작은술

만드는 방법

1 콩은 깨끗이 씻은 후, 여름에는 6시간, 겨울에는 12~20시간 동안 물에 불린다.

2 불린 콩은 곱게 갈아 솥에 넣고 끓인다. 콩물이 끓으면 넘치므로 콩물 양의 5배 정도 되는 큰솥에서 끓이는 것이 좋다. 콩물이 충분히 끓으면 면포에 걸러 꼭 짜서 비지와 두유를 분리한다.

3 분리한 두유는 다시 새 솥에 붓고 끓여 80℃가 되면 간수를 조금씩 넣어 가며 엉기는 상태를 확인한다. 이때 두유 속 단백질이 응고되어 순두부가 만들어지고, 맑은 윗물이 고인다.

4 분량의 양념재료를 섞어 순두부 양념장을 만든다.

5 순두부가 뜨거울 때 양념장과 함께 곁들여 낸다(순두부에 들어가는 부재료에 따라 다양하게 응용할 수 있다).

6 두부틀에 면포를 깔고 3의 순두부를 부은 후, 위에 면포를 얹고 뚜껑을 덮은 다음 무거운 것을 올려 수분을 빼면 판두부가 된다.

특징

초당두부는 강릉시 초당마을에서 바닷물을 간수로 이용하여 만든 두부이다. 초당마을은 조선시대 허균(許筠)의 생가가 있는 곳으로, '초당(草堂)'은 허균의 아버지 허엽(許曄)의 호에서 유래하였다. 삼척부사를 지낸 허엽이 집 앞의 좋은 물로 콩을 삶고, 깨끗한 동해의 물로 두부를 만들어 즐겼다는 이야기가 전해진다. 이렇게 시작된 초당마을의 두부 제조법은 수공업으로 두부를 만드는 집들이 모이며 더욱 발전했으며, 두부 전문점들도 생겨나게 되었다.

춘천닭갈비

재료 및 분량

닭고기 500g, 양배추 100g, 고구마 80g, 가래떡(떡볶이용) 80g, 양파 ½개(60g), 대파 1뿌리, 깻잎 10장, 식용유 2큰술

고추장 양념장 고추장 2큰술, 고춧가루 1큰술, 청주 1큰술, 간장 1큰술, 설탕 1큰술, 다진 마늘 1큰술, 다진 생강 1작은술, 참기름 1큰술, 후춧가루 ¼작은술

만드는 방법

1 닭고기는 깨끗이 씻어 토막 낸 후, 뼈를 발라낸다.

2 양배추는 2×6cm 크기로 채 썰고, 양파와 깻잎도 같은 크기로 썬다.

3 고구마는 깨끗이 씻어 껍질을 벗기고, 양배추와 같은 크기로 썬다.

4 대파는 깨끗이 씻어 뿌리를 자르고 어슷하게 썬다.

5 손질한 닭에 분량의 고추장 양념을 넣고, 주물러 재워 둔다.

6 달군 팬에 식용유를 두른 후, 양배추, 대파, 고구마, 가래떡을 넣고, 양념한 닭고기를 올린다.

7 채소와 닭고기를 볶다가 닭고기가 익으면 깻잎을 넣고 고루 섞은 후 불을 끈다.

특징

닭갈비는 닭다리, 내장, 머리를 제외한 몸통살로 만든다. 닭 몸통의 뼈를 빨라 9등분한 후, 고추장, 간장, 고춧가루, 참기름, 후춧가루, 마늘, 파 등으로 양념을 하여 재워 둔다. 달군 팬에 양배추, 당근, 고구마, 가래떡 등을 넣고 닭갈비를 올려 물기가 나올 때까지 볶아서 먹는다. 다 먹고 나면 밥을 넣고 볶아 먹는 것도 별미이며, 최근에는 양념에 카레가루를 섞어 먹기도 한다.

닭갈비는 1950~1960년대 춘천 명동의 닭불고깃집에서 시작되었으며, 1970~1980년대에는 30여 개의 업소가 들어서며 닭갈비 골목을 형성하였다. 푸짐한 양과 저렴한 가격 덕분에 군인과 대학생들에게 인기를 끌었고, 현재는 춘천 시내에 400~500여 개의 닭갈비 전문점이 성업 중이다.

송이구이

재료 및 분량

송이버섯 400g

기름장 참기름 2큰술, 소금 1작은술

만드는 방법

1 송이버섯은 겉의 검은 부분은 칼로 살살 긁어내고, 흙이나 모래가 묻어 있는 끝부분을 자른 후, 송이 모양을 살려 얇게 썬다.

2 참기름과 소금을 섞어 기름장을 만든다.

3 석쇠를 뜨겁게 달궈 송이버섯을 올린 후, 반만 익으면 그릇에 담아 기름장을 곁들여 낸다.

특징

송이버섯은 인공 재배가 되지 않는 식품으로, 8월 하순부터 10월 중순이 제철이다. 강원도 인제는 자연산 송이버섯의 산지로 알려져 있으며, 이 지역에서 성산되는 자연산 송이버섯의 양은 기후와 온도에 따라 다소 차이는 있지만, 매년 약 30톤 정도가 생산된다. 인제군의 자연산 송이버섯은 다른 지역에서 생산되는 송이버섯에 비해 식감이 부드럽고 쫄깃하며, 향과 맛이 뛰어나 품질이 우수하다.

송이버섯은 갓이 너무 피지 않은 단단하며 신선한 것이 좋다. 손질한 송이버섯은 얇게 썰어 생으로 기름장에 찍어 먹거나, 살짝 구워 먹는다. 그 외에도 전골, 장아찌, 담금주 등 다양한 방식으로 활용된다.

황태구이

재료 및 분량

황태 2마리

양념장 간장 1큰술, 고추장 4큰술, 식용유 2큰술, 설탕 1큰술, 다진 마늘 2작은술, 참기름 1큰술, 식용유 2큰술, 후춧가루 ⅛작은술

만드는 방법

1 황태는 머리와 꼬리를 제거한 후, 껍질을 벗기고 잔가시를 골라낸다.

2 황태는 물에 잠깐 담가 부드럽게 불린 후, 3등분하여 자르고 물기를 제거한다.

3 손질한 황태는 양념장에 재워 두었다가 석쇠나 팬에 굽는다.

4 구운 황태를 그릇에 담고 통깨를 뿌린다.

특징

명태를 말린 것에는 황태와 북어가 있다. 황태는 북어보다 색이 더 노랗고 살이 폭신폭신하다. 황태를 말리는 작업은 1960년대 이후 함경도 피란민들에 의해 진부령, 미시령, 대관령 일대에서 시작되었다. 인제군 북면 용대리 백담사 입구에서 진부령과 미시령이 갈라지는 북천강변 일대에는 매년 겨울 황태덕장이 들어선다. 이곳에서는 명태가 얼고 녹기를 반복하며 3~4개월 만에 황태로 완성되며, 국내 전체 생산량의 75%를 차지한다.

최상품의 황태를 만들기 위해서는 햇빛, 바람, 추위의 삼박자가 어우러져야 하며, 33번의 손길이 필요하다고 한다. 말리면서 기온이 너무 떨어져 껍질이 희게 바래면 '백태', 반대로 기온이 너무 높아 수분이 한꺼번에 빠지면 '강태', 검은빛이 나면 '먹태', 얕은 곳에서 말린 것은 '바닥태'라고 부른다. 황태는 구이, 찜, 국, 무침 등 다양한 요리에 활용된다.

더덕구이

재료 및 분량

더덕 300g

유장 간장 2작은술, 참기름 2큰술

고추장 양념장 고추장 2큰술, 고운 고춧가루 ½작은술, 설탕 ½작은술, 물 1작은술, 다진 파 1큰술, 다진 마늘 ½큰술, 깨소금 1작은술, 참기름 ½작은술

만드는 방법

1 더덕은 껍질을 벗긴 후, 연한 소금물에 담가 쓴맛을 우려낸다. 그다음 물기를 제거하고 반으로 갈라 방망이로 두드려 넓고 평평하게 편다.

2 분량의 양념을 섞어 고추장 양념장을 만든다.

3 석쇠에 더덕을 펴놓고, 유장을 발라 애벌구이를 한다.

4 3에 고추장 양념장을 바르고, 타지 않게 굽는다.

특징

더덕은 '사삼', '백삼'이라고도 부르며, 주로 숲속에서 자란다. 전국적으로 자생하지만, 자연 채취만로는 수요를 충족하기 어려워 재배가 활발하게 이루어지고 있으며, 가격은 다소 비싼 편이다. 뿌리는 도라지처럼 굵고, 자르면 흰색의 즙액(汁液)이 나온다. 봄에는 어린잎을, 가을에는 뿌리를 식용한다. 생약의 사삼(沙蔘)은 뿌리를 말린 것이며, 한방에서는 치열(治熱), 거담(祛痰) 및 폐열(肺熱) 제거 등에 사용한다.

좋은 더덕은 껍질을 벗기면 섬유결이 보풀보풀하게 드러난다. 이러한 특성 때문에 겨울철에 얼리며 말린 북어를 '더덕북어'라고 부르기도 한다. 더덕은 생채, 튀김, 구이 등 다양한 요리로 활용되며, 더덕술이나 장아찌로 담그기도 하고, 누름적이나 섭산삼을 만드는 데도 쓰인다.

오징어순대

재료 및 분량

오징어 2마리, 밀가루 1큰술

순대소 쇠고기 100g, 두부 100g, 숙주 100g, 표고버섯 2개, 청고추 1개, 홍고추 ½개, 달걀 ½개

소 양념 소금 1작은술, 다진 파 1큰술, 다진 마늘 1큰술, 깨소금 1큰술, 참기름 1큰술, 후춧가루 ⅛작은술

꼬치 2개

만드는 방법

1 오징어는 배를 가르지 않고 다리만 떼어낸 후, 내장을 빼낸 다음 속을 깨끗이 씻는다.

2 오징어다리는 끓는 물에 데친 후 잘게 다진다.

3 쇠고기는 곱게 다지고, 두부는 물기를 짜서 곱게 다진다.

4 숙주는 삶아서 송송 썬 후 물기를 꼭 짜고, 표고버섯은 불려서 다진다.

5 홍고추, 청고추는 잘라서 씨를 빼고 굵게 다진다.

6 **2**, **3**, **4**, **5**를 섞고 소 양념을 넣어 버무린 다음, 달걀을 넣고 고루 주물러 섞는다.

7 오징어의 몸통 속을 마른행주로 잘 닦은 후, 밀가루를 넣고 흔들어 남은 가루를 털어낸다. 그다음 **6**의 소를 ⅔ 정도만 채운 후 꼬치를 이용해 입구를 봉하고, 몸통 군데군데를 바늘로 찔러준다.

8 뜨거운 김이 오르는 찜통에 소를 채운 오징어를 넣고 찐다.

9 쪄낸 오징어순대는 식힌 후 1cm 두께로 썰어 낸다.

특징

오징어는 머리, 몸통, 다리의 세 부분으로 나뉜다. 10개의 다리가 붙어 있는 곳에 머리가 숨겨져 있어 '두족(頭足)'이라고도 부르며, 한자어로는 '오적어(烏賊魚)', '묵어(墨魚)'라고 부른다. 우리나라에서는 동해안에서 많이 잡히며, 신선한 오징어는 생회로 먹거나 끓는 물에 살짝 데쳐 숙회로 즐기기도 한다. 이 외에도 구이, 볶음, 찌개, 조림, 튀김 등 다양한 요리에 활용된다.

오징어순대를 찔 때는 몸통 군데군데를 바늘로 찔러야 내용물이 팽창하면서 오징어가 터지는 것을 방지할 수 있고, 가열하면서 생긴 수분이 빠져나와 속과 오징어가 분리되지 않는다. 또한 쪄낸 오징어순대는 식은 후에 잘라야 단단해져 속이 흩어지지 않는다. 오징어순대는 동그랗게 잘라 그대로 내기도 하며, 자른 것을 밀가루와 달걀물을 입혀 팬에 기름을 두르고 앞뒤로 부쳐 전(煎)처럼 먹기도 한다.

오징어순대는 마른오징어로도 만들 수 있다. 마른오징어를 불린 후 물기를 없애고, 밀가루에 파, 마늘, 참기름, 설탕, 간장을 섞어 반죽한 것을 발라 돌돌 만 다음, 실로 꽁꽁 묶어 찜통에 쪄낸다.

메밀부침·총떡

메밀부침 재료 및 분량

메밀가루(메밀 부침가루) 2컵(250g), 물 3컵(750mL)

묵은 배추김치 50g(또는 절임 배추), 실파 30g, 소금 1작은술, 물, 식용유

양념장 간장 2큰술, 물 2큰술, 고춧가루 1작은술, 다진 파 1큰술, 다진 마늘 ½작은술, 참기름 1작은술, 깨소금 1작은술

총떡 재료 및 분량

메밀가루 2컵(250g), 물 3컵(600mL), 무 200g, 식용유

소 양념 소금 ¾작은술, 다진 파 2작은술, 다진 마늘 1작은술, 깨소금 1작은술, 참기름 1작은술, 고춧가루 2작은술

김치소 양념 김치(또는 갓김치) 200g, 다진 파 2작은술, 다진 마늘 1작은술, 참기름 1작은술, 깨소금 1작은술

위쪽 총떡 **아래쪽** 메밀부침

메밀부침

1 메밀가루는 물을 붓고 거품이 일도록 휘저어 끈기 있게 만든다.
2 묵은 배추김치를 길게 찢고, 실파는 한 줄씩 떼어 놓는다. 묵은 김치 대신 절임 배추를 사용하기도 한다.
3 달군 팬에 식용유를 두른 후, 묵은 배추김치와 실파를 2~3줄기씩 놓는다.
4 3에 갈아 놓은 메밀을 한 국자 떠, 가장자리부터 둘러 아주 얇게 편다.
5 윗면이 익어서 거의 마르면 뒤집어 뒷면도 노릇하게 지진 후 양념장을 곁들여 낸다.

총떡

1 메밀가루에 분량의 물을 붓고, 거품이 일도록 고루 섞어 끈기 있는 반죽을 만든다.
2 무는 곱게 채 썰어 기름에 볶다가 물을 넣고 뚜껑을 덮어 살짝 익힌다. 무가 숨이 죽으면 뚜껑을 열고 나물 양념하여 볶다가, 마지막에 고춧가루를 넣어 색을 내준다.
3 김치를 넣을 경우 갓김치를 양념해서 사용하기도 한다. 김치는 속을 털어내고 물기를 꼭 짠 후, 송송 썬다. 썬 김치에 다진 파, 다진 마늘, 참기름, 깨소금을 넣고 양념하여 소를 만든다.
4 뜨겁게 달군 팬에 식용유를 두른 후, 메밀 반죽을 한 국자씩 떠 지름 15cm로 얇게 부쳐낸다.
5 전병을 뒤집은 후, 팬 위에 준비한 소를 올려 말아낸다. 2~3cm 두께로 썰어 접시에 담는다.
6 기호에 따라 양념장에 찍어 먹는다.

특징

메밀은 조선 세종 때 편찬된『구황벽곡방』에 구황작물로 기록될 만큼 오래전부터 재배되어 온 작물로, 고산지대 자갈밭에서 재배된 메밀은 품질이 뛰어나 다양한 음식에 활용되어 왔다. 특히, 강원도와 경상북도에서 가장 많이 생산된다. 메밀을 활용한 대표적인 음식으로는 메밀부침과 총떡이 있다.

총떡은 메밀가루를 반죽해 기름을 두른 팬에 얇게 부친 후, 나물이나 김치 등을 속으로 넣어 돌돌 만 음식이다. '총떡'이라는 명칭은 1938년『조선요리』에 처음 등장했으며, 1600년대 말『주방문』에는 '겸절병법', 1680년『요록』에는 '견전병'으로 기록되어 있다. 제주도에는 이와 유사한 음식으로 '빙떡'이 있다.

총떡은 주로 잔치나 제사에 올리는 음식으로, 특히 제사상에는 빠지지 않고 올라간다. 소는 지역에 따라 다양하며, 강원도에서는 무나물, 양념한 김치, 능쟁이나물, 말린 고춧잎 등을 사용한다. 최근에는 배추김치와 돼지고기를 섞어 넣거나, 명절에는 만두소를 넣어 먹는 경우도 있다. 집집마다 다른 소를 사용하는 것이 총떡의 큰 특징이다.

서거리깍두기

재료 및 분량

명태 아가미(서거리) 8컵, 무 800g(1개), 대파 200g(6뿌리), 양파 80g(½개), 청고추(매운 것) 30g(2개), 홍고추 30g (2개), 부추 20g, 쪽파 20g

김치 양념 고춧가루 2컵, 소금 3큰술, 다진 마늘 3큰술, 다진 생강 2큰술, 멸치액젓 1큰술, 새우젓 1큰술, 찹쌀풀 2큰술

만드는 방법

1 명태에서 아가미를 분리한 후, 표면을 소금으로 부드럽게 문질러 씻고 소금에 절여 밑간한다.

2 절인 아가미(서거리)에 고춧가루를 넣어 버무린다.

3 무는 2cm 크기의 깍둑 모양으로 썰어 소금을 뿌려 살짝 절이고, 물기를 제거한다.

4 양파는 0.3cm 두께로 채 썰고, 대파는 같은 두께로 어슷하게 썬다. 부추와 쪽파는 다듬어 씻은 후 5cm 길이로 썬다.

5 찹쌀풀에 고춧가루를 풀고, 다진 고추와 손질한 채소, 마늘 등 나머지 양념 재료를 모두 넣어 양념장을 만든다.

6 서거리, 절인 무, 양념장을 골고루 섞어 항아리나 김치통에 꼭꼭 눌러 담는다. 실온에서 약 2일 동안 삭히면 무에서 자연스럽게 수분이 배어나와 촉촉하게 발효된다.

특징

서거리는 '명태의 아가미'를 의미한다. 명태가 많이 잡히는 강원도지역에서는 서거리로 식해나 김치를 담가 밑반찬과 막걸리의 안주로 이용하였다.

서거리깍두기는 동해에서 많이 잡히는 명태의 아가미를 썰어 넣고, 고산지역인 강릉의 고랭지에서 재배된 무를 이용해 담근 깍두기로, 시원한 맛이 일품인 음식이다.

감자송편

재료 및 분량

감자전분 5컵

송편소 거피팥 1컵, 설탕 3큰술, 소금 1작은술, 참기름 1작은술

만드는 방법

1 감자전분은 끓는 소금물로 익반죽한 후, 젖은 행주로 덮어 둔다.

2 거피팥은 푹 삶아 방망이로 으깬 후, 설탕과 소금을 섞어 송편소를 준비한다.

3 1의 반죽을 떼어 지름 5cm 정도의 모양을 만든 후, 준비한 소를 넣고 송편을 빚는다.

4 김이 오른 찜통에 깨끗한 베보자기를 깔고, 송편을 얹어 찐다.

5 쪄낸 송편에 참기름을 발라 서로 달라붙지 않게 한다.

특징

강원도에서는 여름철 감자가 많이 나는 시기에, 상처가 나 오래 보관하기 힘든 감자를 썩혀 자주 물을 갈아주며 앙금을 가라앉혀 감자전분을 만든다. 이렇게 만든 감자전분은 익반죽하여 팥, 고구마, 콩 등을 소로 넣고 송편을 빚는다. 강원도 감자송편은 손가락 자국을 여러 개 내어 빚은 소박한 음식으로, 쫄깃한 맛이 특징이다.

송편에 사용할 감자는 수분이 적은 밭 감자가 좋으며, 하지에 거두어 두었던 것을 쓰기도 한다. 색이 약간 검고 투명한 정선지방의 감자가 유명하다. 강릉에서는 떡을 빚을 때 네모나게 손자국을 내어 한층 소박한 멋을 내기도 하며, 북쪽에서는 언 감자를 녹여 만들기도 한다. 회색의 감자녹말은 가정에서 만든 것으로, 시판되는 흰색 감자녹말보다 맛이 더 좋다. 감자송편을 만들 때는 익반죽을 약간 질게 해야 잘 뭉쳐지며, 빚을 때는 꼭꼭 주물러야 찐 뒤에 터지지 않는다.

충청도

지역적 특징

충청도는 한반도의 중앙부에 위치하여 예로부터 영남과 호남으로 통하는 삼남의 관문으로, 서울, 부산, 목포로 통하는 1번국도, 경부·호남선의 철도, 경부·호남 고속도로, 경부·호남고속철도와 서해안 고속도로 등이 통과하고 있는 우리나라 교통의 요지이다.

충청남도는 선사시대부터 사람들이 정착했던 땅으로, 마한의 중심지였으며 삼국시대에는 백제에 속한 지역이었다. 백제의 수도를 한성(서울)에서 웅진(공주)과 사비(부여)로 천도한 후, 660년 나당 연합군에 의해 백제가 멸망할 때까지 찬란한 문화를 꽃피웠다.

고려시대에는 충청남도 일대를 '하남도', '양광도', '충청주도', '충청도' 등으로 불렀다. 조선 태조 4년(1396)에는 양광도가 충청도와 경기도로 분리되었고, 선조 31년(1598)에는 감영이 충주에서 공주로 이전되었다. 이후 충청도의 명칭은 '공청도', '충청도', '공홍도', '충홍도', '공충도' 등으로 여러 차례 바뀌다가, 순조 34년(1834)에 다시 '충청도'로 확정되었다. 고종 33년(1896) 13도제 시행에 따라 충청남도와 충청북도로 분리되었으며, 이 중 충청북도는 우리나라에서 바다와 접하지 않은 유일한 내륙도이다.

충북은 동남쪽의 소백산맥과 북서쪽의 차령산맥 사이에 위치해 있으며, 서쪽은 구릉과 평야를 지나 충청남도로 이어지고, 서해와 접해 있다. 기후는 사계절이 뚜렷한 중위도 온대 계절풍 기후로, 기온이 온화하다.

충청도는 충북처럼 바다에 접하지 않은 지역과 충남처럼 서해에 면한 지역으로 나뉘지만, 전반적으로는 농업이 주요 생업이다. 특히, 충남의 예당평야와 백마강 유역에 펼쳐진 지역은 농경에 적합하여 곡물이 풍부하며, 서해에는 좋은 어장이 형성되어 있다. 삼국시대 당시 신라는 보리, 고구려는 조를 주식으로 하던 시절에도 백제는 쌀을 주곡으로 삼았던 것으로 보아, 충청도는 일찍부터 쌀 생산이 활발했던 것으로 추정된다. 쌀밥이 주식으로 귀하게 여겨졌지만, 보리밥도 많이 먹었다. 보리를 잘 닦으면 먹을 때의 촉감이 흰쌀밥처럼 부드럽게 짓는 솜씨가 뛰어났으며, 그 맛이 구수하고 담백하였다. 이는 충청도 사람들의 소박하면서도 숙련된 조리 기술을 보여준다.

충청도의 음식은 대체로 간이 짜지도 맵지도 않다. '청풍명월', '충청도 양반'이라는 표현처럼, 충청도 사람들은 성품이 느리고 유순한 편이라 음식 맛에도 강한 특성은 없고,

구수하며 순하다.

충북지방의 충주와 청주에서는 칼국수를 즐겨 먹는다. 밀가루에 날콩가루를 넣어 반죽한 후, 얇게 밀어 썬 국수에 애호박을 넣어 끓인 칼국수는 국물이 걸쭉하지 않고 담백하다. 또한 올갱이국은 별미로 꼽히며, 괴산이나 대청댐 유역에서 잡히는 민물새우로 끓이는 새뱅이 매운탕도 유명하다. 이 매운탕은 구를 넉넉히 넣고 깻잎, 냉이, 미나리 등의 채소를 곁들여 얼큰하게 양념하여 끓여 내며, 새우의 각질이 씹히면서 향긋한 흙내음이 입안에 가득하여 맛이 싱그럽다.

충남지방에서는 금산, 옥천, 홍성, 예산지방의 어죽(魚粥)이 예로부터 유명하다. 어죽은 메기, 숭어, 천어 등을 넣고 끓인 보양식으로, 오늘날에도 점심에 어죽을 끓여 먹을 만큼 보편화되어 있다.

충청도 음식에서 빼놓을 수 없는 것이 바로 충남 서산의 어리굴젓이다. 굴젓을 담는 시기는 11월 초부터 이듬해 3월까지가 적기이며, 소금에 절인 배추를 다시 양념하는 방식으로 만든다. 충청도에서는 이러한 배추절임을 '얼절이 김치'라고 부르며, '어리굴젓'이라는 이름도 여기에서 유래했다고 전해진다.

충청도에는 이 외에도 수제비, 범벅 등이 있으며, 늙은 호박을 많이 쓴다. 늙은 호박은 영양가가 높아 죽이나 범벅으로 자주 활용되며, 이는 다른 지역과 구별되는 충청도 음식의 특징이다. 또한 국물을 내는 데는 고기보다는 여름에는 닭과 소합, 겨울에는 굴 등의 해물을 사용하며, 특히 된장으로 끓인 국이 매우 구수하다. 음식의 넉넉한 양과 순한 맛은 충청도 인심을 잘 드러낸다.

대표적인 충청도 음식

- 주식류: 공주장국밥, 콩나물밥, 보리밥, 찰밥, 칼국수, 날떡국, 호박범벅, 녹두죽, 팥죽, 보리죽, 장국밥, 금산어죽
- 부식류: 굴냉국, 넙치아욱국, 충주내장탕, 청포묵국, 시래깃국, 호박지찌개, 청국장찌개, 장떡, 말린도토리묵볶음, 호박고지적, 웅어회, 상어찜, 호두장아찌, 새뱅이지짐이, 조개젓, 홍어어시욱, 올갱이국, 찌엄장, 열무짠지, 무지짐이, 가죽나물, 김자반, 게장, 소라젓, 고추젓, 굴비구이, 애호박나물, 참죽나물, 어리굴젓, 조개젓, 두부두루치기, 박속낙지탕, 도리뱅뱅이, 병천순대, 게국지
- 김치류: 열무김치, 가지김치, 박김치, 보쌈김치, 쪽파김치, 섞박지, 총각김치, 호박김치, 새우젓깍두기, 굴깍두기, 동치미, 호박게국지
- 병과류: 쇠머리떡, 꽃산병, 햇보리떡, 약편, 곤떡, 도토리떡, 무릇곰, 모과구이, 무엿, 수삼

(계속)

정과, 호두과자, 해장떡, 막편, 수수팥떡, 칡개떡, 햇보리떡, 호박송편, 볍시쑥버무리, 사과버무리
- 음청류: 찹쌀미수, 복숭아화채, 호박꿀단지, 감잎차
- 주류: 면천두견주, 한산소곡주, 금산인삼백주, 아산연엽주, 계룡백일주, 보은송로주, 청원신선주, 중원청명주

충청도 특산물

서산 '주꾸미'

주꾸미는 발이 8개 달린 문어과의 연체동물로, 우리나라 서남해안의 얕은 바다에서 많이 나온다. 주꾸미를 잡는 방식으로는 소라 껍데기를 이용하여 잡는 방식과, 낭장망 어업의 두 가지 방식이 있다. 산란기를 앞둔 3~4월이 가장 많이 잡히고 맛도 좋다. 주꾸미는 5월 이후 깊은 바다로 이동해 어획량이 줄고, 산란을 마친 뒤라 살이 질기고 맛도 떨어진다.

주꾸미의 맛은 알에 있다. 흔히 '머리'라고 불리는 몸통에 알이 들어 있는데, 알 모양이 잘 익은 밥알을 닮았다고 하여 현지인들은 이를 '주꾸미쌀밥'이라고 부른다. 몸통을 잘라 통째로 입에 넣고 씹으면, 마치 밥을 먹는 듯한 느낌이 든다.

홍성 남당항 '새조개'

새조개는 조개껍데기 안의 육질이 새의 부리와 비슷하게 생긴 조개로, 이 새조개가 주인공이 되어 충남 홍성에서는 매년 축제가 열린다.

새조개는 조갯살이 부드러워, 조개 중에서도 명품으로 꼽힌다. 갯벌에서 잡는 일반 조개와는 달리, 새조개는 바다로 나가 바닥을 긁어 잡으며, 양식이 되지 않아 100% 자연산이라고 한다. 겨울에만 먹을 수 있는데, 초겨울에는 속살이 차지 않아 맛이 떨어지고, 3월이 되면 살이 질겨지므로 1~2월이 적기이다.

현지 사람들은 새조개를 날것으로 먹기도 하고, 구워 먹거나 무쳐 먹기도 하는데, 그 중에서도 제철 채소와 함께 뜨거운 물에 데쳐 먹는 것이 가장 맛있다.

보령 천북 '굴'

해마다 초겨울부터 초봄까지 이어지는 천북의 굴 단지에는 굴을 까먹는 사람들의 재미가 한창이다. 천수만의 굴은 바다의 경사가 완만하고 조수 간만의 차가 크며, 드넓은

갯벌과 바닷물, 민물이 경계를 이루는 곳이라 굴이 자라기에 천혜의 조건을 갖추고 있다. 이러한 기름진 갯벌의 영양분을 흡수하며 자란 덕분에, 이곳의 굴은 맛과 향이 뛰어나다.

최근 주변의 오염으로 인해 자연산 굴 생산이 줄어 양식굴도 함께 팔리고 있으며, 이를 이용한 굴 구이, 굴 칼국수, 굴밥이 있다. 양식굴은 자연산에 비해 알이 더 굵은데, 물속에서만 자라 성장 속도가 빠르기 때문이다. 자연산은 갯벌에서 물과 햇볕을 고루 받으며 자라 성장 속도는 느리지만, 맛과 향이 뛰어나 젓갈용으로 제격이다.

보령 오천항 '키조개'

동해의 미인 '홍합'에 견주는 것이 서해의 미인 '키조개'이다. 키조개는 우리나라의 전 해역에서 잡히지만, 특히 서해 오천항에서 전국 물량의 약 60%가 생산된다. 한때 어획량의 90%가 일본으로 수출되었으나, 현재는 내수 비중이 약 70%에 달한다.

'키조개'라는 이름은 곡식의 쭉정이를 골라 버릴 때 쓰는 '키'를 닮았다고 하여 붙여졌다. 길이가 20~30cm에 이르는 대형 조개로, 갯벌에서 잡는 일반 조개와는 달리, 근해 수심 30m 이상의 깊은 바다 속 모래에 박혀 있는 것을 잠수하여 채취한다.

상품이 되기 위해서는 5년 정도 자라야 하므로, 하루 채취량을 4,000마리로 제한하여 물량과 가격을 조절하고 있다. 이처럼 채취 작업이 어려워, 키조개는 어패류 중 최고가 품목으로 꼽힌다.

키조개의 맛은 산란기인 4~5월이 가장 좋으며, 7~8월에는 포획이 금지된다. 모든 부위가 쫄깃쫄깃하고 맛이 있는데, 특히 '가이바시(패주, 貝柱)'라고 불리는 관자 부분이 으뜸이다. 이 관자는 어린아이 손목만 한 굵기로 둥근 모양을 살려 얇게 썰어 회로 먹거나 살짝 익혀 먹는다.

안면도 '대하'

'왕새우'로도 불리는 대하는 1년생으로, 5월에 산란하여 9월이면 먹음직스럽게 자란다. 대하의 맛은 날씨가 쌀쌀해지는 늦가을이 가장 좋다. 대하는 수컷보다 암컷이 더 크고 맛있어 값도 비싸며, 주로 소금구이와 회, 튀김, 찜 등으로 이용된다.

금산 '인삼'

금산 인삼은 몸체는 비교적 작지만, 희고 단단하며 향이 진하다는 평가를 받는다. 대표 성분인 사포닌(saponin)이 외국산 인삼에 비해 2배 이상 들어 있으며, 종류도 30여 종에 이른다.

금산에서는 해방 이후 전국 인삼의 95%가 생산되었으나, 풍기, 강화 등 다른 지역에서도 인삼 재배가 점차 늘고, 연작이 불가능한 인삼 재배의 까다로운 특성 등으로 인해 수확량이 줄어, 현재는 전국 인삼의 10% 정도만 생산된다. 그러나 오늘날에도 2일과 7일에 인삼 5일장이 열리며, 전국 인삼의 80%가 금산에서 거래되는 국내 최대의 단일 인삼시장으로 옛 명성을 이어가고 있다.

강경 '젓갈시장'

국내 젓갈 생산량의 50% 이상이 강경에서 숙성·발효되어 도소매를 통해 유통되고 있다. 새우젓, 조개젓, 황석어젓, 멸치젓, 오징어젓, 어리굴젓 등 국내 대부분의 젓갈이 전시되어 있어, '젓갈의 메카'라고 불릴 만하다.

서해와 금강의 접경에 자리 잡은 강경장은 20세기 초까지만 해도 대구시장, 평양시장과 함께 3대 시장으로 꼽혔다. 당시 서해 해산물들이 모두 강경에 몰렸고, 이에 따라 염장법과 수산 가공업이 발달하면서 젓갈시장도 번창하였다.

서천 '전어'

다양한 어족자원을 자랑하는 서천의 앞바다에서 가을의 주인공은 전어이다. 원래 전어는 남해안에서 많이 잡히는 어종이었지만, 최근 몇 년 사이 부산에서도 서천 홍원항으로 전어를 사러 올 정도로 생산량이 늘었다.

『임원십육지』에는 "가을 전어 대가리에는 참깨가 서말"이라 기록될 만큼, 가을 전어는 고소한 맛이 일품이다. 전어는 겨우내 남쪽에서 월동을 하고, 4~6월에는 남해와 서해를 따라 북상하면서 산란을 하는데, 9월경이면 살이 통통하게 오르고 몸길이도 20cm 정도가 된다. 이때 지방질이 많아져 온몸에 기름기가 흐른다.

전어는 회, 구이, 젓갈로도 담가 먹는데, 회로 먹을 경우에는 뼈째 먹는 '세꼬시'가 맛과 영양 면에서 으뜸이다. 그러나 가을 전어의 진가는 역시 구이에 있다. "전어 굽는 냄새를 맡으면 집 나간 며느리도 돌아온다."는 말처럼, 고소한 냄새로 사람을 불러 모으며, 꼬리부터 머리까지 버릴 것 없이 입맛을 돋운다. 또한 전어 내장 중 완두콩만 한 '밤'으로 담근 전어밤젓은 귀한 젓갈로, 미식가들이 손꼽는 별미이다.

천안 '호두과자'

천안 광덕의 호두는 고려 충렬왕 16년(1290년) 영밀공 류천신이 원나라로부터 왕가(王

駕)를 모시고 들어올 때, 열매와 묘목을 가져와 묘목은 광덕사 경내에, 열매는 광덕면 매당리 고향집 뜰 앞에 심었다고 전해진다. 현재 광덕사 보화루 앞에는 수령 400년이 넘는 호두나무가 천연기념물로 지정되어 그 역사를 보여준다.

호두는 고단백, 고칼로리 식품으로, 비타민과 무기질이 풍부하다. 천안의 호두는 다른 지역과는 달리 껍질이 얇고 속이 꽉 차 있으며, 맑고 깨끗한 광덕산 자락의 사질양토와 적당한 일조량 덕분에 최적의 자연조건을 갖췄다. 호두과자는 밀가루, 꿀, 호두를 이용하여 호두 모양으로 만든 과자로, 천안 광덕의 호두로 고소한 맛이 더해져 전국적인 인기를 얻고 있다.

충청도 음식 축제

축제명	기간	장소	연락처	인터넷 사이트
겨울공주 군밤축제	매년 1월	충청남도 공주시 산성동 181-82	겨울공주군밤축제조직위원회 1899-0088	https://www.gongjugunbam.com
영동곶감축제	매년 1월	충청북도 영동군 영동읍 계산리 867-1	영동군축제추진위원회 043-745-8922	http://www.ydfesta.com/
홍성 남당항 새조개축제	매년 1월	충청남도 홍성군 서부면 남당항로 213	남당항축제추진위원회 010-5433-8196	http://tour.hongseong.go.kr
논산딸기축제	매년 3월	충청남도 논산시 시민로 270	논산딸기축제위원회 041-730-2973	https://www.nonsan.go.kr/nsfestival/
무창포 신비의 바닷길 주꾸미 도다리 대잔치	매년 3월	충청남도 보령시 웅천읍 열린바다1길 28 무창포해수욕장 잔디광장	무창포어촌계 041-936-3510	http://muchangpo.org/
서천 동백꽃 주꾸미축제	매년 3월	충청남도 서천군 서면 서인로 58	서면개발위원회 041-952-9123	http://tour.seocheon.go.kr
홍성 남당항 바다송어 페스티벌	매년 4~5월	충청남도 홍성군 서부면 남당항로213번길 1-1	홍성남당항어촌계 041-634-0104	https://www.hongseong.go.kr/tour/
면천읍성·진달래 민속축제	매년 4월	충청남도 당진시 면천면 면천서문1길 69	향토발전진달래회 041-360-8351~2	https://www.dangjin.go.kr/tour.do
부여세도 방울토마토 & 유채꽃축제	매년 4월	충청남도 부여군 세도면 가회리 573번지	부여군 041-830-6748	http://sedotomato.com/
장고항 실치축제	매년 4월	충청남도 당진시 석문면 장고항로 324	실치축제위원회 041-353-4561	http://www.dangjin.go.kr
대한민국와인축제	매년 5월	충청북도 영동군 영동읍 부용리	(재)영동축제관광재단 043-745-8917	http://ydft.kr
서천 자연산 광어 도미 축제	매년 5월	충청남도 서천군 서면 서인로 56	서면개발위원회 041-952-9123	http://tour.seocheon.go.kr

(계속)

축제명	기간	장소	연락처	인터넷 사이트
장항항 수산물 꼴갑축제	매년 5월	충청남도 서천군 장항읍 장산로 312	(사)서천군어민회 041-956-7383	http://tour.seocheon.go.kr
팔봉산 감자축제	매년 6월	충청남도 서산시 팔봉면 양길리 827	팔봉산 감자축제추진위원회 041-660-3451	https://tour.chungnam.go.kr/
금산 삼계탕축제	매년 7월	충청남도 금산군 금산읍 인삼광장로 30	금산축제관광재단 041-750-2310	https://www.insamfestival.co.kr/html/kr/
세계조롱박축제	매년 7월	충청남도 청양군 정산면 천장호길 223-35	알프스마을 041-942-0797	http://www.alpsvill.com
향수 옥천 포도 복숭아축제	매년 7월	충청북도 옥천군 옥천읍 문정리 옥천공설운동장	옥천군포도연합회 043-730-3263	https://www.oc.go.kr/
홍성 남당항 대하축제	매년 8~10월	충청남도 홍성군 서부면 남당항로213번길 1-1	홍성남당항축제추진위원회 010-5433-8196	http://tour.hongseong.go.kr
서천 홍원항 자연산 전어·꽃게 축제	매년 8~9월	충청남도 서천군 홍원길 88	홍원항 마을 축제추진위원회 010-5900-6900	http://tour.seocheon.go.kr
삼길포 우럭축제	매년 8월	충청남도 서산시 대산읍 삼길포1로 72-2	삼길포축제위원회 010-6645-4835	http://www.samgilpo.co.kr
영동포도축제	매년 8월	충청북도 영동군 영동읍 영동황간로 122	(사)영동포도연합회 043-745-8918	http://www.ydft.kr
무창포 가을 대하 전어 대잔치	매년 9~10월	충청남도 보령시 웅천읍 열린바다1길 10	무창포어촌계 010-7936-3504	http://muchangpo.org/
괴산고추축제	매년 9월	충청북도 괴산군 괴산읍 임꺽정로 90	괴산군청 043-830-3461~3	http://www.goesan.go.kr/festival
안면도 백사장 대하축제	매년 9월	충청남도 태안군 안면읍 백사장1길 91	안면도 백사장대하축제 추진위원회 010-2433-2283	http://www.taean.go.kr
음성명작페스티벌	매년 9월	충청북도 음성군 금왕읍 무극리 519-4 금왕금빛근린공원	음성명작페스티벌 기획실무위원회 043-873-0107	http://www.esmjf.com/
입장거봉축제	매년 9월	충청남도 천안시 서북구 입장면 하장4길 19	입장거봉포도축제 위원회 041-521-6841	http://www.cheonan.go.kr/tour.do
청양고추구기자 문화축제	매년 9월	충청남도 청양군 청양읍 은천동길 16-6	청양군 041-940-2302	칠갑마루.com/_festa
강경젓갈축제	매년 10월	충청남도 논산시 강경읍 금백로 45	논산문화관광재단 041-730-2983	https://www.nonsan.go.kr/ggfestival/
광천토굴새우젓·광천김대축제	매년 10월	충청남도 홍성군 광천읍 광천로285번길 8-16, 광천토굴마을	광천김축제추진위원회 041-630-9251	http://tour.hongseong.go.kr
금산인삼축제	매년 10월	충청남도 금산군 금산읍 인삼광장로 30	금산군축제추진위원회 041-750-2411	http://www.insamfestival.co.kr

(계속)

축제명	기간	장소	연락처	인터넷 사이트
논산강경젓갈축제	매년 10월	충청남도 논산시 강경읍 금강 둔치 일원	강경젓갈축제 추진위원회 041-746-5662	https://www.nonsan.go.kr/ggfestival/
보은대추 축제	매년 10월	충청북도 보은군 보은읍 뱃들로 54 보은읍 뱃들공원 및 속리산 일원	보은군 축제추진위원회 043-540-3392	https://www.boeunjujube.com/
세종대왕과 초정약수축제	매년 10월	충청북도 청주시 청원구 내수읍 초정약수로 851	(사)청주예총 043-223-4030	http://www.cjart21.org/
연산대추축제	매년 10월	충청남도 논산시 연산면 연산4길 10-7	연산대추축제 추진위원회 041-746-8744	http://www.nonsan.go.kr/tour/
예산장터 삼국축제	매년 10월	충청남도 예산군 예산읍 예산리 338-1	(사)예산군개발위원회 041-332-4317	https://blog.naver.com/samgukfestival
증평인삼골축제	매년 10월	충청북도 증평군 증평읍 송산리 649-45	증평인삼골축제추진위원회 043-836-3400	http://www.jeungpyeongfestival.com
천안 호두축제	매년 10월	천안천안시 동남구 광덕면 광덕리 광덕산	천안호두축제 추진위원회 041-521-4706	https://www.cheonan.go.kr/tour
천안성환배축제	매년 10월	충청남도 천안시 서북구 성환읍 성진로 15	성환청년회의소 041-581-1771	http://www.cheonan.go.kr/tour.do
청주 디저트 · 베이커리 페스타	매년 10월	충청북도 청주시 청원구 상당로 314	청주시 043-201-2056	https://www.cheongju.go.kr/ktour/index.do
한산소곡주 축제	매년 10월	충청남도 서천군 한산면 전통시장	한산소곡주홍보추진위원회 041-950-6883	http://www.seocheon.go.kr/tour.do
보령 김축제	매년 11월	충청남도 보령시 신흑동 대천해수욕장	(사)보령 김생산자 협의회 041-930-6761	https://www.brcn.go.kr/tour.do
괴산김장축제	매년 11월	충청북도 괴산군 괴산읍 임꺽정로 113	괴산군축제위원회 043-830-3463	https://www.goesanfestival.com
홍성글로벌바비큐 페스티벌	매년 11월	충청남도 홍성군 홍성읍 아문길 27	(재)홍주문화관광재단 041-634-8706	https://hongju.or.kr/
양촌곶감축제	매년 12월	충청남도 논산시 양촌면 인천리 132-2	양촌곶감축제 추진위원회 041-746-8792	https://www.nonsan.go.kr/tour/

도토리묵밥

재료 및 분량

도토리묵 800g, 밥 2공기, 배추김치 200g, 오이 1개, 김 2장

멸치국물 4컵, 청장 1작은술, 다진 마늘 1작은술, 통깨 1작은술, 깨소금 ½작은술, 참기름 1작은술

만드는 방법

1 도토리묵은 1×1×6cm의 크기로 굵게 썬다.

2 배추김치는 속을 털어 내고 송송 썰어 참기름과 깨소금을 넣고 무친다.

3 오이는 소금으로 문질러 씻은 후, 어슷하게 썰고 가늘게 채 썬다.

4 김은 구워서 가늘게 썬다.

5 멸치국물을 끓인 후, 청장과 다진 마늘을 넣어 간을 맞추고 차게 식힌다.

6 그릇에 밥을 담고, 도토리묵, 배추김치 무친 것, 채 썬 오이를 차례대로 올려 담은 후, 식혀 둔 장국을 붓고 김과 통깨를 뿌린다.

특징

도토리는 선사시대부터 한반도에서 유용하게 식량원으로 애용했던 식품으로, 우리나라 산야에 널리 분포하고 있으며, 특히 강원도에서 많이 난다. 도토리는 흉년에는 끼니를 이어주는 구황식품이었기 때문에, 예로부터 수령이 새 고을에 부임하면 기근에 대비해 떡갈나무를 심는 것이 관례였으며, 떡갈나무를 '한목(韓木)'이라고 부르기도 했다. 이처럼 도토리는 과거에는 구황식품으로, 현대에는 다이어트용 건강식품으로 널리 이용되고 있다.

도토리의 떫은맛 성분인 탄닌은 수용성이기 때문에 가루를 내서 물에 담가 두면 대부분이 밖으로 빠져나와, 그릇 바닥에 전분(앙금)이 가라앉는다. 이 도토리 전분가루에 물을 붓고 저어 가며 끓인 후, 소금으로 간을 하고 틀에 부어 굳힌 것이 도토리묵이다.

도토리묵은 수분이 약 90%, 칼로리는 100g에 43kcal 정도로 낮다. 지방의 흡수를 억제하며, 배설을 촉진하므로 다이어트 식품으로 좋다. 또한 강한 수렴작용을 하며, 떫은맛과 쓴맛을 가진 탄닌을 함유하고 있어 혈중 중성지방 흡수를 억제하고, 체내 콜레스테롤 농도를 감소시키며, 항산화작용을 하여 체내 과산화물 생성을 억제한다. 도토리묵밥은 탱글탱글하게 쑨 묵에 밥과 육수를 넣어 먹는 음식으로, 여름에는 찬 육수를, 겨울에는 따뜻한 육수를 부어 먹는다.

금산어죽

재료 및 분량

민물고기 400g, 쌀 2컵, 물 7컵, 밀가루 1컵, 파 1뿌리, 쑥갓 50g, 깻잎 20장, 인삼(수삼) 2뿌리

양념 고춧가루 ½큰술, 된장 ½큰술, 고추장 ½큰술, 다진 마늘 1큰술

만드는 방법

1 민물고기는 비늘과 내장을 제거하고 손질한 후, 물을 붓고 푹 삶아 체에 거르고 뼈를 제거한다.

2 쌀은 미리 씻어 30분쯤 물에 담가 불렸다가 소쿠리에 건져 물기를 뺀다. 밀가루는 미리 수제비 반죽을 하여 깨끗한 비닐팩 안에 넣어 둔다.

3 파는 씻어 5cm 길이로 썰고, 쑥갓과 깻잎은 연한 것을 준비해 깨끗이 씻어 파와 같은 길이로 썬다.

4 수삼은 흙을 털어 내고 깨끗이 씻은 후, 물기를 닦고 가늘게 채 썬다.

5 **1**의 생선을 거른 물에 고춧가루, 된장, 고추장을 풀고, 불린 쌀을 넣어 끓인다.

6 쌀이 어느 정도 퍼지면 수제비를 떼어 넣고 다시 끓인다.

7 끓고 있는 죽에 채 썬 수삼 일부와 다진 마늘을 넣고, 약한 불에서 나무주걱으로 고루 저어 준다.

8 쌀알이 끓어 충분히 퍼지면 쑥갓, 깻잎, 파를 넣고 불을 끈다. 그릇에 담고, 채 썬 수삼을 고명으로 얹어 낸다.

특징

금산은 맑은 물로 유명하며, 금산군 제원면과 부리면 등의 민가에서는 예로부터 민물고기를 이용한 다양한 음식이 발달해 왔다. 그중에서도 가장 널리 알려진 것이 금산어죽이다. 금산어죽은 금산의 인삼과 금강의 쏘가리, 메기, 잉어, 붕어, 빠가사리 등의 민물고기가 어우러진 음식이다. 얼큰하고 개운하며, 인삼의 향이 민물고기 특유의 비린내를 잡아주어, 담백하고 소화가 잘된다. 선조들은 냇가에서 멱을 감은 후 즐겨 먹었다.

생선을 갈아 만든 어죽에는 철분과 단백질이 풍부하게 들어 있어, 빈혈, 노화 방지, 원기 회복, 숙취 해소에 효과가 있고, 한 끼 식사로도 손색없는 영양식이다.

생떡국

재료 및 분량

멥쌀가루 1컵, 찹쌀가루 1컵,
끓는 물 3~4큰술

육수 국물용 멸치 1컵(180g), 물 6컵,
파 1뿌리, 달걀 2개, 청장 2큰술, 다진
마늘 1큰술

만드는 방법

1 멥쌀과 찹쌀을 5시간 이상 불려 건져 소금 간을 한 후, 가루로 빻는다. 멥쌀만으로도 만들지만, 찹쌀을 섞으면 떡이 더 부드럽다.

2 쌀가루에 끓는 물을 넣어 가며 오래 치대 익반죽한다. 떡 반죽이 말랑해지면 가늘고 길게 비빈 후, 둥글게 자른다.

3 국물용 멸치는 내장을 제거하고 찬물을 부어 15분 정도 끓인 후, 면포에 밭쳐 멸치국물을 만든다.

4 파는 다듬어 어슷하게 썬다.

5 끓는 멸치국물에 청장으로 간을 한 후, 다진 마늘과 떡을 넣어 끓인다, 한소끔 끓으면 어슷하게 썬 파를 넣어 다시 끓이고, 달걀을 풀어 줄알을 친다.

쇠고기장국, 바지락, 생굴로 국물을 내기도 한다.

특징

충청도 생떡국은 충청지역에서 전해 내려오는 독특한 떡국이다. 일반적으로 떡국은 가래떡을 만든 후, 살짝 굳힌 다음 얇게 썬 떡을 사용하지만, 생떡국은 익히지 않은 생떡 반죽을 바로 국물에 넣어 끓이는 것이 특징이다.

호박범벅

재료 및 분량

늙은 호박 ½개(1kg), 단호박 ½개, 찹쌀가루 2컵, 고구마 1개, 물 5컵, 팥 ½컵, 강낭콩 ½컵, 소금 2작은술

만드는 방법

1 늙은 호박과 단호박은 껍질을 벗기고 씨를 제거한 후 토막 내어 냄비에 담고, 물을 부어 푹 삶는다.

2 팥과 강낭콩은 깨끗이 씻은 후 한소끔 끓어오르면 물을 따라 버리고, 다시 새 물을 부어 삶는다.

3 고구마는 껍질을 벗기고, 사방 2cm 크기로 썬다.

4 푹 무르게 삶은 호박을 냄비 속에서 나무주걱으로 으깨고, 썰어 놓은 고구마를 넣어 끓인다.

5 고구마가 익으면 삶아 놓은 팥과 강낭콩을 넣고 잘 어우러지도록 끓인다.

6 찹쌀가루는 물에 갠 후, 끓고 있는 죽에 넣어 가며 농도를 맞춘다.

7 죽이 눋지 않도록 냄비바닥을 나무주걱으로 저어 가며 끓인 후, 뜸을 들이고 소금으로 간을 맞춘다. 찹쌀가루를 물에 개어 넣거나, 새알심을 빚어 넣기도 한다.

범벅은 한 숟가락씩 떠서 콩고물이나 팥고물을 묻혀 먹기도 한다.

특징

충청도에는 어린 애호박에서 늙은 청둥호박에 이르기까지, 호박을 이용한 음식이 많다. 이처럼 충청도에서 호박을 이용한 요리가 발달한 이유는, 호박은 중국을 통해 전래되었고 충청도의 해안지방은 옛 중국과의 교역지역이었기 때문이다.

호박은 껍질이 단단하여 저장해 두고 오랫동안 사용할 수 있으며, 겨울철에는 호박죽이나 간식을 만들어 먹는다. 호박의 주성분은 탄수화물로, 비타민 A, C가 풍부하고 잘 익을수록 단맛이 진해진다. 영양가가 높고 구수하며 소화가 잘되어, 산후 보양식이나 환자의 회복식으로도 많이 먹는다.

범벅은 죽의 일종으로, 곡식가루에 감자, 옥수수, 호박 등을 섞어 풀처럼 되게 쑨 음식이다. 강원도에서는 감자범벅, 옥수수범벅 등이 대표적이다.

올갱이국

재료 및 분량

올갱이 2컵, 물 4컵, 쌀뜨물 1컵,
아욱 100g, 부추 100g, 실파 2뿌리

양념 된장 2큰술, 고추장 1큰술,
밀가루 2큰술, 다진 파 ½큰술, 다진 마늘 ½큰술

만드는 방법

1 올갱이는 물에 담가 해감한 후, 끓는 물에 넣어 살짝 삶아 건져 바늘로 올갱이 살을 빼낸다. 이때 나온 국물은 따로 받아 둔다.

2 아욱과 부추, 실파는 깨끗이 다듬어 4cm 길이로 썬다.

3 올갱이 삶은 국물에 쌀뜨물을 섞고 된장과 고추장을 풀어 끓이다가, 썰어 놓은 아욱, 부추, 실파를 넣고 끓인다.

4 쟁반에 밀가루를 얇게 깔고, **1**의 올갱이를 올린 다음 굴려 밀가루 옷을 입힌 후, 끓는 국에 넣는다.

5 **4**에 다진 파, 다진 마늘을 넣는다.

특징

올갱이는 '다슬기'를 부르는 충청도 사투리로, 경상도에서는 '고디', 전라도에서는 '대사리', 강원도에서는 '꼴부리'라고 부르며, 우리나라의 맑은 강 어디에서나 맛볼 수 있다.

『동의보감』에 따르면, 올갱이는 차가운 성질이 있어 열독(熱毒)을 풀고 갈증을 없애며, 간(肝)의 열을 내리고 대소변이 잘 나가게 한다고 기록되었다. 숙취 해소에 좋으며, 간을 상징하는 푸른 빛깔을 띠고 있어 간경화 등 만성 간질환의 민간요법에도 활용된다.

올갱이는 왕성한 먹이 활동을 시작하는 봄철이 가장 맛이 좋다. 느릿느릿한 몸짓으로 이끼류 속의 플랑크톤을 찾아 끊임없이 이동하기 때문에 올갱이 살점에는 영양분이 많고, 식감도 더 쫄깃하다. 올갱이를 이용한 음식은 올갱이국를 비롯하여 올갱이덮밥, 올갱이수제비, 올갱이칼국수, 올갱이전골, 올갱이무침, 올갱이전, 올갱이술 등 다양하다.

박속낙지탕

재료 및 분량

세발낙지 3마리, 감자 1개, 박속 100g, 홍고추 1개, 대파 1뿌리, 다진 마늘 2작은술, 소금 1작은술

만드는 방법

1 세발낙지는 통째로 소금물에 바락바락 주물러 깨끗이 씻는다.

2 박은 껍질을 벗겨 속의 씨를 긁어낸 후, 살은 2.5×2.5×0.3cm 크기로 썬다. 감자도 같은 크기로 썬다.

3 홍고추와 대파는 어슷하게 썬다.

4 썰어 놓은 박에 물을 부어 맑게 끓인 후, 다진 마늘, 대파, 홍고추를 넣어 다시 한소끔 끓인다.

5 **4**에 세발낙지를 넣어 살짝 데친 후, 소금으로 간을 한다.

이 국물에 칼국수를 넣어 해물칼국수로 먹을 수도 있다.

특징

낙지는 충청남도 끝자락에 위치한 태안군, 안면도를 비롯하여 태안을 둘러싼 서해안의 바닷가에서 초여름만 되면 지천으로 나오기 시작한다. 그중에서도 우리나라 서남해안에서 잡히는 펄낙지는 기름진 갯벌 덕분에 맛과 영양의 결정체라 할 수 있다.

이 지역에서는 바닷가라는 지리적 특성 때문에 예로부터 쌀이 귀해 쌀 대신 낙지를 삶아 허기를 채웠다. 낙지가 한창인 초여름은 마침 박이 나는 철이기도 하여, 하얀 박속을 탕에 넣고 끓여 먹어 보니 국물 맛이 시원하고 든든해 그때부터 함께 즐기게 되었다고 한다. 호남지역에서 낙지와 채소만을 넣어 담백하게 즐기는 연포탕이나, 갈비를 넣은 갈낙탕과는 대조적이다.

박은 주로 바가지를 만들기 위해 키웠지만, 어린 박은 나물로 무쳐 먹고 늙은 박은 갈라 바가지를 만들었으며, 남은 박속은 무침으로 먹었다. 잘 익은 박의 껍질은 끈처럼 길게 돌려가며 얇게 깎아 말려 박고지를 만들었다.

게국지

재료 및 분량

늙은 호박(중) ⅓통, 게젓국 1컵, 무청 4개, 배추 ½포기, 생새우 3큰술, 능쟁이 1컵

대파 1뿌리, 마늘 3쪽, 고춧가루 2큰술, 청고추 5개, 소금 ¼큰술

만드는 방법

1 무청과 배추는 깨끗이 씻어 소금물에 6시간 정도 절인 후, 다시 씻어서 소쿠리에 건진다.

2 무청과 배추를 10cm 길이로 썰고, 늙은 호박은 껍질을 벗겨 5cm 크기로 얄팍하게 썬다.

3 생새우는 소쿠리에 담아 깨끗이 씻고, 능쟁이도 소금물에 깨끗이 씻는다.

능쟁이: 바닷가에 사는 작은 게의 한 종류이다.

4 대파와 청고추는 어슷하게 썬다.

5 절인 무청과 배추, 썰어 둔 대파와 청고추에 다진 마늘, 생새우, 능쟁이, 게젓국, 고춧가루를 넣고 고루 버무린 후, 항아리에 담아 숙성시킨다.

게젓국: 꽃게로 간장게장을 담갔다가 건져 먹은 다음 남는 젓국을 말한다. 이는 두었다가 게국지의 간을 맞추거나, 다시 꽃게를 담글 때는 간장을 달여 사용한다.

6 3~4일이 지나 맛이 들면 뚝배기에 담아 끓여 먹는다.

특징

게국지는 충청남도 서산, 태안, 보령 등 서해안지역에서 전해 내려오는 향토음식이다. 서해안지역에서는 간장게장을 담근 후, 남은 게 간장(게국)을 버리지 않고 활용하였다. 이 국물에 배추와 묵은지를 넣고 끓인 것이 게국지의 유래이며, 오늘날에는 간장게장의 국물 대신 꽃게나 바지락 등을 직접 넣고 끓이는 방식으로 발전하였다.

두부두루치기

재료 및 분량

두부 1모, 대파 1대, 양파 ½개, 청고추 2개,
물 1컵(또는 멸치육수)

양념 고춧가루 1큰술, 고추장 1큰술,
국간장 1큰술, 다진 마늘 1큰술,
설탕 1작은술, 참기름 1큰술, 소금 약간

만드는 방법

1 두부는 반으로 갈라 1.5cm 두께로 두툼하게 썬다. 숟가락으로 먹기 좋은 크기로 떠서 사용하기도 한다.

2 양파는 굵게 채 썰고, 대파와 청고추는 어슷하게 썬다.

3 전골 팬에 양파와 두부를 담은 후, 만들어 놓은 양념과 국물을 자작하게 붓고 끓인다.

4 대파, 청고추를 얹고 한 번 더 끓여 마무리한다.

특징

두루치기는 대전지역을 대표하는 향토음식이다. 과거 대전의 중구지역은 도청, 시청, 법원 등 여러 행정 기관이 밀집해 있었으며, 1970년대 말부터는 '선화동 음식거리'가 형성되었다. 이 거리에서는 두부두루치기, 오징어두루치기, 칼국수 등을 주로 판매하였다.

두부두루치기는 두부에 미나리, 당근, 대파 등을 넣고 고춧가루 양념을 듬뿍 넣어 국물이 거의 없게 바특하게 끓인 음식으로, 찌개와 볶음의 중간 형태이다. 두루치기는 충청도뿐만 아니라 전라도와 제주도 등 다른 지방에도 있지만, 충청도식 두루치기는 반드시 두부를 넣는다는 점이 특징이다. 칼칼하고 감칠맛 나는 양념 덕분에 밥반찬은 물론, 술안주로도 사랑받는 서민 음식이다.

도리뱅뱅이

재료 및 분량

민물고기(빙어 또는 피라미) 300g,
식용유 ½컵, 실파 2뿌리, 통깨 1작은술

고추장 양념장 간장 1작은술, 고추장 3큰술, 고춧가루 1작은술, 설탕 2작은술, 다진 마늘 1큰술, 후춧가루 ¼작은술, 생강즙 1작은술

만드는 방법

1 빙어나 피라미 등의 작은 민물고기를 깨끗이 씻고 물기를 제거한다.

2 분량의 양념을 섞어 고추장 양념을 만든다.

3 둥근 팬에 민물고기를 돌려 담은 다음, 식용유를 넉넉하게 붓고 튀긴 후 여분의 기름을 따라 낸다.

4 튀긴 민물고기 위에 고추장 양념장을 바른 후, 살짝 조린다.

5 상에 낼 때는 송송 썬 실파와 통깨를 뿌린다.

특징

'도리뱅뱅이'란 이름은 민물고기를 둥근 팬에 뱅뱅 돌려 담는다고 하여 붙여졌으며, '빙어조림'이라고도 한다. 8~10cm 정도로 작은 민물고기를 사용하여 한 마리씩 통째로 먹는 재미가 있고, 제천 의림지, 대청댐, 금산군 제원면 등지에서 유명하다. 진한 고추장 양념을 넣어 민물고기 특유의 냄새가 나지 않으며, 바삭하고 고소한 맛이 특징이다.

호박고지적

재료 및 분량

호박고지 50g, 쇠고기(우둔) 100g, 실파 80g, 찹쌀가루 1컵, 식용유

소고기 양념 간장 1작은술, 소금 ⅓작은술, 다진 파 1작은술, 다진 마늘 ½작은술, 깨소금 ½작은술, 참기름 ½작은술, 후춧가루 ⅛작은술

호박고지 양념 간장 1작은술, 깨소금 ½작은술, 참기름 ½작은술

꼬치 6개

만드는 방법

1 호박고지는 주황색을 띠고 윤기가 흐르며 붉은 것으로 골라 물에 불린 후, 6cm 길이로 썰어 양념한다.

2 쇠고기는 결의 반대 방향으로 1×1×7cm 크기로 썰어 칼끝으로 두드린 후, 양념에 재워 둔다.

3 실파는 뿌리를 자르고 손질하여 깨끗이 씻고, 6cm 길이로 썬다.

4 꼬치에 호박고지, 쇠고기, 실파를 순서대로 꿰되, 양 끝에는 호박고지가 오도록 한다.

5 재료를 끼운 꼬치에 찹쌀가루를 앞뒤로 묻히고, 뜨거운 김이 오르는 찜통에 살짝 찐다.

6 달군 팬에 식용유를 두르고 **5**를 노릇노릇하게 지져 낸다.

특징

호박고지적은 호박고지와 부재료를 꼬치에 꿰그 찹쌀가루를 묻혀 지진 적으로, '호박오가리누르미'라고도 부른다. 과거 생채소의 보급이 원활하지 않던 겨울철을 대비하기 위해, 애호박, 가지, 무, 늙은 호박, 박, 산나물 등의 채소들을 갈무리해 두었다가 반찬으로 만들어 먹었다.

나물의 갈무리는 주로 볕이 좋은 가을에 말리는데, 햇볕이 잘 드는 날에 말려야 빛깔도 좋고 영양, 향기, 맛이 그대로 보존된다. 이 방식으로 나물을 건조하면 채소를 말리는 동안 수분이 빠져나와 색과 맛이 진해지고, 상하는 것을 막을 수 있다.

호박고지는 호박의 껍질을 벗긴 후에 씨를 제거하고 말린다. 이때 한쪽을 완전히 말린 다음 뒤집어 말려야 파랗고 깨끗하다. 호박고지는 찹쌀가루와 섞어 호박떡을 만들기도 한다.

말린도토리묵볶음

재료 및 분량

말린 도토리묵 80g, 쇠고기 50g, 양파 ½개, 청·홍고추 각 1개, 식용유 1큰술, 참기름 1작은술

고기 양념 간장 ½큰술, 설탕 ½작은술, 다진 파 ½작은술, 다진 마늘 ¼작은술, 깨소금 ¼작은술, 참기름 ¼작은술, 후춧가루 ⅛작은술

양념장 간장 1큰술, 설탕 ½큰술, 다진 파 1작은술, 다진 마늘 ½작은술, 깨소금 1작은술, 참기름 1작은술

만드는 방법

1 말린 도토리묵은 따뜻한 물에 불린 후, 부드러워지면 건져 물기를 뺀다.

2 쇠고기는 고깃결의 반대 방향으로 묵과 같은 크기로 납작하게 썰고, 간장, 참기름, 후춧가루로 밑간을 해둔다.

3 양파는 0.5~1cm 굵기로 채 썰고, 청·홍고추는 씨를 빼고 양파와 같은 크기로 썬다.

4 달군 팬에 식용유를 두르고 고기를 볶다가, 불린 도토리묵과 채소를 넣고 양념장을 넣어 볶은 후, 참기름을 넣어 윤기를 낸다.

특징

도토리는 신석기 시대부터 이용된 식품으로, 조상들도 일찍부터 먹어 왔을 것으로 추정되며, 흉년에는 끼니를 이어주는 중요한 구황식품이었다. 묵은 노화가 빨라 먹고 남은 도토리묵은 적당한 크기로 썰어 말려 두었다가 물에 불려 볶거나 조리면 식감이 꼬들꼬들한 별미가 된다. 계절에 따라 봄에는 녹두묵, 여름에는 올챙이묵, 가을에는 도토리묵, 겨울에는 메밀묵이 제맛이다.

도토리묵은 두껍게 썰면 마르는 데 시간이 걸리고 곰팡이가 생기기 쉽다. 소금을 약간 넣고 팔팔 끓인 물에 썰어 둔 도토리묵을 넣어 1~2분 뒤에 꺼낸 후, 채반에 펼쳐놓고 햇볕이 잘 드는 곳에서 말린다. 완전히 마를 때까지 하루에 두 번 정도 뒤집어 준다. 6~7일이 지나면 색이 짙어지고 단단해지면서 완전히 마른다.

병천순대

재료 및 분량

돼지 창자 300g, 굵은소금 1큰술, 밀가루 1큰술

돼지 선지 200g, 당면 100g, 양파 1개, 양배추 100g

양념 소금 2큰술, 다진 파 1컵, 다진 마늘 ½컵, 다진 생강 1작은술, 육수 2L, 생강 1톨, 마늘 5쪽, 새우젓 1큰술

만드는 방법

1 돼지 창자는 뒤집어 소금과 밀가루로 깨끗이 씻은 후, 다시 뒤집어 놓는다.

2 당면은 더운 물에 불린 후 2~3cm 길이로 썰고, 양파와 양배추는 잘게 다진다.

3 돼지 선지에 **2**를 넣은 후, 다진 파, 다진 마늘, 다진 생강, 소금을 넣고 버무려 간이 고루 배도록 잠시 둔다.

4 돼지 창자의 한쪽 끝을 실로 묶고 다른 한쪽 끝에는 깔때기를 끼운다. 준비한 소를 밀어 넣어 창자 속이 꽉 차도록 채운 후, 끝을 실로 묶어 마무리 한다.

5 육수에 순대와 생강, 마늘을 넣고 중불에서 30분 정도 삶은 후, 순대의 곳곳을 뚫어 주고 더 삶는다.

6 익은 순대는 건져 한 김 식으면 1.5cm 두께로 썰어 담고, 새우젓과 함께 낸다.

특징

병천(竝川)은 유관순 열사의 3·1독립만세운동으로 유명한 '아우내장터'가 있는 곳이다. 병천에서 순대가 유명해진 것은 약 60년 전, 이곳에 돈육 가공공장이 들어서면서부터이다. 부산물 처리에 고심하던 중 채소와 돼지피를 듬뿍 넣은 순대를 만들어 시골 장꾼들에게 제공했는데, 그 맛이 소문나면서 천안의 명물로 자리 잡게 되었다.

병천순대는 다른 지역의 순대와 달리, 돼지 창자 부위 중 가장 가늘고 육질이 부드러운 소창을 사용하며, 돼지 특유의 누린내가 적고 맛이 담백한 것이 특징이다.

장떡

재료 및 분량

밀가루 1컵, 물 1컵, 부추 50g, 깻잎 10장, 고추장 1큰술, 된장 1큰술, 청고추 1개, 홍고추 1개, 식용유 5큰술

만드는 방법

1 물에 햇된장과 고추장을 고루 풀어 체에 내린다.

2 부추와 깻잎은 깨끗이 씻고, 2cm 길이로 썬다.

3 청·홍고추는 깨끗이 씻고, 송송 썬다.

4 **1**에 밀가루를 넣어 반죽한 후, 썰어 놓은 부추와 깻잎을 섞는다.

5 달군 팬에 식용유를 두르고 반죽을 지름 5cm 정도로 떠 올린 후, 위에 청·홍고추를 얹어 지져 낸다.

특징

장떡에는 부추나 깻잎 대신 애호박을 썰어 넣기도 한다. 노란 햇된장에 찹쌀가루와 고기를 섞어 반죽한 후 말렸다가 구워 먹기도 하는데, 한꺼번에 많이 만들어 두면 밥반찬으로 요긴하다.

장떡은 예전에 흔히 '장땡이'라고도 불렀으며, 여행할 때 가지고 다니는 행찬(行饌)으로 많이 이용되었다. 『증보산림경제』의 〈장병법(醬餠法)〉에는 "달고 맛있는 장을 체에 쳐서 찹쌀가루와 여러 가지 양념, 기름, 물을 고루 섞고 반죽하여 떡을 만들어 솥뚜껑에 구워 1치 크기로 잘라서 먹는다"라고 기록되어 있다. 『조선요리제법』에는 '장떡', 『조선무쌍신식요리제법』에는 '장병'으로도 소개되어 있다.

호두장아찌

재료 및 분량

호두 200g, 쇠고기 100g, 물 2컵

소고기 양념 간장 1작은술, 다진 파 1작은술, 다진 마늘 ½작은술, 깨소금 1작은술, 참기름 ½작은술, 후춧가루 ⅛작은술

조림장 간장 3큰술, 설탕 ½큰술, 물엿 1큰술, 물 3큰술, 참기름 2작은술

만드는 방법

1 호두는 끓는 물에 넣고 살짝 데쳐 떫은맛을 없앤다.

2 쇠고기는 곱게 다진 후, 쇠고기 양념으로 양념하여 볶는다.

3 냄비에 간장, 설탕, 물엿, 물을 넣고 끓어오르면 호두를 넣어 조린다.

4 호두가 어느 정도 조려지면 볶아 놓은 쇠고기를 넣고 고루 섞어 다시 조린 후, 참기름을 넣어 마무리한다.

특징

호두는 중국에서 전래되었으며, 우리나라에서는 충청도, 강원 남부지역에서 주로 재배된다. 호두는 껍데기의 외피가 깨끗하고 골이 얕은 것이 좋다. 알호두는 속피가 노랗고 윤기가 있는 것이 좋으며, 떫은맛이 강하므로 끓는 물에 살짝 데친 후 사용한다.

호두는 지방 함량이 높으며, 특히 불포화지방산과 필수지방산이 풍부하여 혈청 내 콜레스테롤 수치를 낮추고, 각종 성인병을 예방하는 데 도움이 된다. 그러나 지방 함량이 높기 때문에 오래 보관하면 불포화지방산으로 인해 빨리 산패되므로 냉암소에 보관하는 것이 좋다. 또한 DHA가 풍부하여 두뇌 건강에 좋고, 민간에서는 각종 피부병과 탈모증 치료에도 이용한다. 이 외에도 호두는 피부 미용, 노화 방지 및 강장 효과가 매우 뛰어난 것으로 알려져 있다.

어리굴젓·조개젓

어리굴젓 재료 및 분량

굴 1.8kg, 찹쌀밥 1컵, 소금 ⅔컵,
고춧가루 1컵, 마늘채 1컵, 파채 2큰술,
생강채 1큰술

조개젓 재료 및 분량

조갯살 1kg, 소금 100g

왼쪽 어리굴젓 **오른쪽** 조개젓

어리굴젓

1 굴은 깍지를 제거하고 소금물에 씻어 소쿠리에 건진 후, 굵은소금을 뿌려 둔다.

2 찹쌀밥은 분마기에 넣고 방망이로 간 후, 고춧가루를 넣고 한 번 더 간다.

3 되직한 죽이 되면 생강채, 마늘채, 파채를 넣고, 소금을 넣어 간을 맞춘다.

4 3에 굴을 넣고 부드럽게 섞은 후, 그릇에 담아 삭힌다.

조개젓

1 싱싱한 조개를 골라 해감한 후, 살만 발라 내고 소금물에 씻어 물기를 뺀다.

2 물기를 뺀 조갯살에 분량의 소금을 넣고 버무린다.

3 버무린 조갯살을 항아리에 담고, 위에 조갯살이 보이지 않도록 소금을 충분히 뿌린다.

4 뚜껑을 덮고 서늘한 곳에서 약 20일간 삭힌다.

먹을 때는 잘 익은 조개젓에 다진 마늘, 고춧가루, 통깨, 식초를 넣어 양념해 먹는다.

특징

어리굴젓

서산의 어리굴젓은 광해군 때 영의정을 지낸 월탄(月灘) 한효순(韓孝純) 집안의 음식 솜씨 덕분에 유명해졌다. 굴은 바닷물과 민물이 뒤섞이는 곳에서 잘 자라기 때문에 민물이 서해를 만나는 충청도의 간월도는 천혜의 굴 양식장이라고 할 수 있다. 굴은 해안의 조수 간만의 차에 따라 맛이 다르며, 어리굴젓은 크기가 작은 서해안 굴로 담가야 맛있다.

어리굴젓은 찹쌀풀을 넣어 버무리면 굴 송이가 흐트러지지 않고, 양념이 잘 배어 구수한 맛이 난다. 파, 마늘, 밤 등을 넣고 간을 약하게 하여 담근 후 2~3일이 지나면 먹을 수 있으며, 10일 이상은 보관하지 않는 것이 좋다.

조개젓

조개젓은 이른 봄에 입맛이 없을 때 고춧가루와 식초를 넣어 입맛을 돋운다. 식초를 넣을 때는 참기름을 사용하지 않는다. 조개젓에서 수분을 제거한 후 푹 삭히면 비린내가 없고 맛도 뛰어나다. 조개젓에는 칼슘, 인, 비타민 A가 풍부하게 들어 있다.

쇠머리떡

재료 및 분량

찹쌀가루 5컵, 검은콩 ½컵, 대추 10개, 곶감 5개, 밤 5개, 호박고지 30g, 팥 ½컵 (삶은 것 1컵), 소금 1작은술, 설탕 ½컵, 물 2큰술

만드는 방법

1 찹쌀은 깨끗이 씻어 3시간 이상 물에 불렸다가 건져 물기를 뺀 후, 소금을 넣고 빻아 체에 내린다.

2 밤은 껍질을 벗겨 큰 것은 반으로 가르며, 곶감도 씨를 빼고 같은 크기로 썬다.

3 대추는 씨를 제거하여 2~3등분하고, 호박고지는 물에 불렸다가 4~5cm 길이로 썬다.

4 검은콩은 씻어 불린 후, 잠길 정도로 물을 붓고 삶아 건진다.

5 붉은팥은 씻어서 물을 넉넉히 붓고 끓인다. 끓어오르면 첫물은 따라 버리고, 다시 물을 넉넉히 부어 팥이 터지지 않도록 무르게 삶는다.

6 찹쌀가루에 검은콩, 밤, 대추, 곶감, 호박고지, 팥, 설탕, 물 등을 넣고 골고루 버무린다.

7 떡을 안쳐 흰 가루가 묻어나지 않을 때까지 약 30분간 찐다.

8 떡이 익으면 틀에 기름을 바른 비닐을 깐 후, 익은 떡반죽을 넣고 꼭꼭 눌러 모양을 잡는다.

특징

쇠머리떡은 굳힌 뒤에 썰어 놓은 모습이 쇠머리편육을 닮았다고 하여 그 이름이 붙여졌다. 부산에서는 쇠머리떡을 '모두배기떡'이라고 부르며, 장마 전에 묵은 곡식을 전부 털어 만들어 먹는다. 경북에서는 땅콩이나 잣을 넣기도 하며, '망립떡', '만능떡', '만경떡' 등으로 불리기도 한다.

전라도

지역적 특징

전라도는 이 지역의 대표적인 고을인 전주와 나주의 이름을 따서 만든 합성어이다. 마한과 백제의 중심지였던 전라도는 고려 현종 9년(1018) 전국을 5도 양계(兩界)로 크게 나누면서 강남도(江南道, 지금의 전라북도)와 해양도(海陽道, 지금의 전라남도)를 합하여 '전라도'라 칭하고, 전주에 안찰사를 두었다. 그 후 조선 태종 13년(1413), 전국 행정구역을 8도제로 정비하면서 전주에 관찰사를 두고 현재의 전라도와 제주도를 합하여 1부(府), 4목(牧), 4도호부(都護府), 12군(郡), 31현(縣)의 광활한 지역을 관할하였다. 이후 고종 33년(1896), 전국을 13도로 나누면서 전라도는 전라남·북도로 분리되었다. 광주는 1988년 전라남도에서 분리되어 광주직할시로, 다시 1995년 광주광역시로 승격되었고, 전라북도는 2024년 전북특별자치도로 개칭되었다.

전라도의 지형은 동고서저와 북고남저의 계단식을 이루고 있으며, 남서쪽으로는 리아스식해안이 발달되어 있다. 영산강, 섬진강, 탐진강 유역의 평야가 잘 발달되어 있어, 전북의 호남평야와 전남의 나주평야는 우리나라 굴지의 곡창지대를 형성하고 있다.

전라북도는 국내 주요 벼농사 지역으로, 지형은 노령산맥을 경계로 하여 황해 연안에서 노령산맥의 산기슭에 이르기까지를 서부평야권으로, 진안고원, 장계·장수분지, 남원·오수분지 등의 노령산맥에서 소백산맥까지를 동북산악권으로 나눌 수 있다. 만경강과 동진강 유역에 펼쳐지는 전라북도 평야는 한국에서 손꼽히는 쌀 생산지 중 하나로, 백제시대에 이미 벽골제가 구축되었을 정도로 예로부터 국가적으로 중요시되어 왔다.

기후는 지형적인 원인으로 인해 남북의 차이보다는 동서의 차이가 크다. 동쪽은 산악지대로 높고, 서쪽은 평야지대로 낮은 지형적 영향 때문이다. 또한 해안선이 길고 바다에 접한 면적이 넓기 때문에 대체로 해양성 기후의 특성을 나타낸다.

농업은 넓고 기름진 전라북도의 호남평야를 중심으로 논농사가 행해져, 전라남도와 함께 한국 최대의 곡창지대를 형성하고 있다. 쌀의 주요 산지는 서부평야지대인 호남평야에 속한 김제시, 부안군, 정읍시, 군산시, 익산시 등이다. 식량작물 외에도 생강, 무, 메밀, 땅콩, 들깨, 수박, 자두, 배추, 고구마 등 전국 생산량의 10% 이상이 이 지역에서 생산되고 있으며, 고창군의 수박, 무, 땅콩, 완주군의 생강, 전주시의 복숭아, 진안군의 인삼, 정읍시·임실군의 고추 등은 전국적으로 품질을 인정받고 있다.

기름진 호남평야에서 나는 풍부한 곡식과 각종 해산물, 산채 등으로 인해 다른 지방에 비해 산물이 많아 음식의 종류가 다양하며, 음식에 대한 정성이 유별나고 사치스러운 편이다. 특히, 전주는 조선왕조 전주 이씨(李氏)의 본관이자, 광주, 해남 등 각 고을마다 부유한 토박이들이 대를 이어 살아오며 좋은 음식을 가정에서 대대로 전수해 왔기 때문에 풍류와 맛이 개성과 어깨를 나란히 하는 지역이라 할 수 있다.

전라도지방의 상차림은 음식의 가짓수가 전국에서 단연 많기로 유명하며, 상 위에 가득 차려진 모습을 본 외지인들은 놀라는 경우가 많다. 남해와 서해에 접해 있어 특이한 해산물과 젓갈이 많고, 콩나물과 고추장은 재배 방식이 독특하여 맛이 좋다.

대표적인 전라도 음식

- 주식류: 전주비빔밥, 콩나물국밥, 깨죽, 대합죽, 대추죽, 피문어죽, 합자죽, 냉국수, 고동칼국수, 팥칼국수, 담양대통밥
- 부식류: 콩나물냉국, 보릿국, 꽃게미역국, 토란탕, 천어탕, 남원추어탕, 용봉탕, 두루치기, 붕어조림, 꼬막무침, 진안애저찜, 홍어어시욱, 죽순채, 죽순회, 홍어회, 산낙지회, 장어구이, 죽순찜, 양애저, 꽃게장, 꼴뚜기젓, 각종 젓갈류, 겨자잡채, 머위나물, 나주집장, 부각, 산채나물, 김자반, 김치느르미, 매생잇국, 머위들깨탕, 홍어삼합(홍삼합), 영광굴비구이, 세발낙지호롱, 벌교꼬막찜, 영암어란, 감장아찌, 양하장아찌
- 김치류: 배추김치, 검들김치, 나주반지, 파래김치, 양파김치, 고들빼기김치, 돌산갓김치, 해남갓김치, 우엉김치, 파김치, 굴깍두기, 동치미, 고구마김치, 가지김치, 고춧잎김치
- 병과류: 나복병, 수리취떡, 호박고지시루떡, 감인절미, 감단자, 차조기떡, 전주경단, 복령떡, 섭전, 유과, 감시리떡, 감고지떡, 삐삐떡(삘기송편), 모시떡, 밀기울떡, 섭전, 동아정과, 연근정과, 고구마엿, 광주백당, 장성수수엿, 창평엿
- 음청류: 유자화채, 곶감수정과
- 주류: 전주이강주, 김제송순주, 복분자주, 완주모주, 해남진양주, 구기자주, 진도홍주, 송화백일주, 송죽오곡주, 머루주

전라도 특산물

남해안 '삼치'

삼치는 백도 근방, 거문도와 제주도 사이에 어군이 형성되어 늦가을에서 초봄까지 잡히는 생선이다. 도시에서는 가을무를 아래에 깔고 푹 조린 삼치조림으로 즐기지만, 진도, 해남, 완도, 고흥, 여수 등 먼바다에 접한 남도의 해안지역에서는 삼치를 횟감으로 즐긴다. 살짝 얼려 횟감으로 썬 삼치를 김으로 싸서 겨자장에 찍어 먹거나 묵은 김치를 얹어 먹으면 입안에서 살살 녹는다. 두툼한 살의 식감은 연하면서도 고소하다.

그러나 옛날 사대부들은 삼치를 '마어(痲魚)' 또는 '망어(亡魚)'라 하여 즐겨 먹지 않았다고 한다. 기름지고 살이 두터운 삼치는 온도가 높거나 소금 간이 고루 배지 않으면 쉽게 상하기 때문에, 냉장시설이 없던 시절에는 먹기 어려운 생선이었기 때문이다. 하지만 잔뼈가 없고 불포화지방산과 무기질이 풍부한 삼치는 고된 여름 노동의 대가로 누리는 겨울철 별미이다.

계화도 '백합'

변산 일대에서 잡히는 바지락, 노랑조개, 피고막, 동죽, 백합 등의 다양한 조개류 중에서도 백합은 별미 중의 별미이다. 백합은 계화도 앞바다 갯벌에서 채취하며, '조개의 여왕'이라고 불릴 만큼 귀한 조개이다. 같은 갯벌이라도 백합은 포구에서 멀고 수심이 깊은 곳에 서식하며, 대부분의 어패류가 얕은 갯벌에 사는 것과는 대조적이다.

백합은 사리물이 드나드는 시기, 즉 물이 많이 들어오고 나가는 시기의 간조 무렵을 전후한 약 일주일 동안 집중적으로 채취한다. 봄부터 늦가을까지 잡히며, 한겨울에는 갯벌 깊숙이 숨기 때문에 채취하기 어렵다. 크기에 따라 대합, 중합, 소합 등으로 나뉘며, 계화도 현지에서는 '백합' 또는 '생합'으로 불린다. 백합은 구이, 탕, 죽 등으로 활용된다.

벌교 '꼬막'

보성군 벌교읍 갯벌은 전국 최대의 꼬막 산지이다. 10월부터 이듬해 5월까지 보성천하구와 여자만갯벌에서 연간 약 2,000톤의 꼬막이 생산된다. 꼬막은 자연산 참꼬막, 양식 새꼬막, 피꼬막 등으로 나뉘며, 회, 무침, 전, 된장국 등 다양한 요리에 사용된다. 쫄깃하면서도 부드러운 맛이 일품이다.

지리산 '고로쇠액(骨利水)'

고로쇠액은 2~3월에 고로쇠나무에 천공을 내어 받는 수액으로, 계절식품이다. 한 그루의 나무에서 두 달 동안 약 4L의 수액이 나오며, 험한 바위나 깊은 골짜기가 있는 산에서 주로 채취된다. 지리산을 비롯해 설악산, 운악산, 화악산, 축령산 등이 주요 산지이다.

고로쇠는 오래전부터 민간요법에 사용되어 왔다. 삼국시대 지리산에서 신라와 백제 전투를 벌이던 중, 병사들이 갈증에 시달리다가 화살이 꽂힌 나무에서 뚝뚝 떨어지는 물을 마시고 갈증을 해소했다고 한다. 이후 사람들은 고로쇠 수액에 관심을 갖게 되었다.

현재는 산림청의 엄격한 규제하에 고로쇠액이 생산된다. 20년 이상 된 나무에서 나무 1그루당 구멍은 1개만 허용된다. 채취량은 한 나무가 가지고 있는 수액의 1 / 40 수준이며, 늦겨울부터 초봄까지 기온에 따라 수액이 채취된다. 고로쇠액은 천연 이온음료로 특유의 향과 단맛을 지니며, 체내 노폐물 배출에 효과가 있다. 그러나 쉽게 변질되므로 장기 보관 시에는 서늘한 곳이나 냉동실에 보관해야 한다.

완주 동상면 '곶감'

'고종시'로 불리는 이 감은 크기는 다소 작지만 씨가 없고, 단맛이 매우 뛰어나며, 육질이 연해 최고의 맛을 자랑한다. '고종시'라는 이름은 고욤나무와 감나무의 접목에서 유래했다는 설과, 고종 황제에게 진상했다는 데서 비롯되었다는 설이 있다.

동상 감으로 만든 곶감은 조선시대 임금의 진상품이었으며, 조선 중기 연산군은 이곳의 곶감을 즐겨 먹었다고 한다. 이 일대의 감나무들은 대부분 60~120년 전에 고욤나무와 접목되어 자란 나무로, 울퉁불퉁한 것이 특징이며 농약 없이 자라는 무공해 야생 감이다. 고종시의 꼭지에는 쐐기 모양의 홈이 1~2개씩 파여 있어 다른 감과 구별된다.

감나무는 돌무더기가 흩어진 고지대의 골짜기에서 자라며, 일교차가 크고 배수가 잘 되는 조건이 곶감 제조에 적합하다. 수확한 감은 손으로 껍질을 벗기고, 감꼭지를 줄에 꿰어 40~60일간 자연 건조한 후, 햇볕에 일주일 정도 숙성시켜 출하된다.

순천 '장뚱어탕'

장뚱어는 우리나라 서남해안에 서식하는 바닷고기로, 농어목 망둥어과에 속한다. 몸이 거무튀튀하고 눈이 위로 튀어나와 있으며, 눈꺼풀이 아래에서 위로 감긴다. 겨울에는 갯벌 속에 들어가 겨울잠을 자며, 아가미와 폐로 호흡한다.

4월부터 11월까지 활동하며, 잠에 빠져들기 때문에 '잠둥이'라고 불리던 것이 '장뚱어'로 변했다는 설이 있다. 주로 갯벌에 나와 머리를 들고 기어다니거나 펄쩍펄쩍 뛰어다닌다. 과거에는 전남 영암군 삼호면의 갯벌에서 많이 잡혔지만, 방조제 공사 이후에는 여수, 순천, 보성, 강진, 해남 일대의 바닷가에서 주로 채취된다. 여름부터 잡히기 시작하나, 겨울잠에 들기 전인 가을철이 가장 맛이 좋다. 구수한 탕이나 전골, 쫄깃한 구이로 즐겨 먹는다.

거문도 '은갈치'

은갈치는 거문도 갈치만의 별칭으로, 이는 조업 방식에서 비롯되었다. 거문도에서는 갈치를 한밤중에 여러 개의 바늘이 매달린 낚싯줄로 물고기를 잡는 채낚기 어법으로 잡기 때문에 갈치의 은빛 광택이 그대로 유지된다.

갈치의 조업 시기는 6월 초부터 11월 사이이다. 여름철에는 씨알이 가늘고 크기가 작은 '풀치'가 주로 잡히지만, 찬바람이 불기 시작하는 9월부터는 최상등품으로 치는 '댓갈치'가 잡혀 올라온다. 갈치는 산지에서는 회로도 먹고, 구이, 조림, 탕 등으로 활용된다.

곰소 '천일염과 젓갈'

곰소는 국내 최고의 천일염 산지로, 약 15만 평에 이르는 광활한 염전에서 질 좋은 소금이 생산된다. 곰소 소금은 서해안의 갯벌을 거쳐 들어오는 바닷물을 증발시켜 만들기 때문에 은은한 단맛이 배어 있고, 소금 특유의 쓴맛이 없는 것으로 유명하다. 특히, 송홧가루가 날리는 4~5월에 생산되는 소금을 최상품으로 꼽는다.

곰소 포구에는 싱싱한 해산물이 들어오며, 곰소 소금으로 발효되어 다양한 젓갈로 탄생한다. 최고의 소금과 신선한 해산물이 있으니 젓갈이 만들어지는 것은 지극히 자연스러운 일이다. 특히, 젓갈 맛의 핵심은 소금에 달려 있다고 해도 과언이 아닐 만큼, 숙성 과정에서 소금의 역할은 매우 중요하다. 따라서 곰소의 젓갈 문화는 필연적으로 형성되었다.

곰소는 현재 인천의 소래포구, 충남 홍성의 광천, 논산의 강경 등과 함께 국내에서 손꼽히는 젓갈시장 중 하나이다. 그중에서도 곰소 젓갈은 담백하면서도 고소한 맛이 특징이다. 새우젓 외에도 멸치젓, 밴댕이젓, 갈치젓, 오징어젓, 꼴뚜기젓, 창난젓, 명란젓, 아가미젓 등 다양한 젓갈이 김장철마다 성황을 이룬다.

전라도 음식 축제

축제명	기간	장소	연락처	인터넷 사이트
설맞이 작은문화축전	매년 2월	전북특별자치도 전주시 완산구 쑥고개로 249	국립전주박물관 063-223-5651	http://jeonju.museum.go.kr
영암 고구마 달빛축제	매년 2월	전라남도 영암군 영암읍 서남리 971	(재)영암문화관광재단 010-2408-9262	https://yacf.or.kr/index.cs
구례 산수유 축제	매년 3월	전라남도 구례군 산동면 온천관광지	구례군청 문화관광실 061-780-2390	https://www.gurye.go.kr/tour/main.do
진안고원 운장산 고로쇠축제	매년 3월	전북특별자치도 진안군 주천면 대불리 75-1	진안고원 운장산고로쇠축제 추진위원회 063-430-2393	https://www.jinango.kr/
완주삼례딸기대축제	매년 3월	전북특별자치도 완주군 삼례읍 동학로 42	삼례농협 063-291-2711	https://www.wfac.or.kr/2023/inner.php?sMenu=main
고창 청보리밭축제	매년 4~5월	전북특별자치도 고창군 공음면 학원농장길 150	고창문화관광 063-560-8554	https://tour.gochang.go.kr/
곡우사리 영광굴비축제	매년 4월	전라남도 영광군 법성면 법성포로3길 26-10	곡우사리 영광굴비축제 추진위원회 061-350-5972	http://tour.yeonggwang.go.kr
순창 장 담그는 날 '장날'	매년 4월	전북특별자치도 순창군 순창읍 장류로 55	순창발효관광재단 063-652-6519	https://www.sftf.or.kr/
영산포 홍어축제	매년 4월	전라남도 영상포둔치 시민 체육공원	영산포홍어축제추진위원회 061-337-0123	https://blog.naver.com/najusipr
군산 꽁당보리축제	매년 5월	전북특별자치도 군산시 미성동 서부체육공원 부지	군산시청 063- 454-4000	https://www.gunsan.go.kr/farm
김제 지평선 추억의 보리밭 축제	매년 5월	전북특별자치도 김제시 진봉1길 15-3	진봉면사무소 063-540-4783	https://tour.jb.go.kr/index.do
담양대나무축제	매년 5월	전라남도 담양군 담양읍 죽녹원로 119	담양군 관광레저과 061-380-3152,3155	http://www.bamboofestival.co.kr
무안 황토 갯벌축제	매년 5월	전라남도 무안군 해제면 황토갯벌길 88	무안군축제추진위원회 061-450-5474	https://tour.muan.go.kr/
보성다향대축제	매년 5월	전라남도 보성군 보성읍 녹차로 775	보성다향대축제추진위원회 061-850-5211~4	https://www.teafestival.kr/
영광 찰보리문화축제	매년 5월	전라남도 영광군 군남면 군불로 70	영광찰보리문화축제 추진위원회 061-350-4950	http://tour.yeonggwang.go.kr
완도 장보고수산물축제	매년 5월	전라남도 완도군 완도읍 해변공원로 52	장보고수산물축제 추진위원회 061-550-5431	https://www.wando.go.kr/tour/index.cs
정남진장흥 키조개 축제	매년 5월	전라남도 장흥군 안양면 수문1길 58 (수문항)	키조개 축제 추진위원회 061-860-5992	http://www.jangheung.go.kr/tour

(계속)

축제명	기간	장소	연락처	인터넷 사이트
고창 복분자와 수박축제	매년 6월	전북특별자치도 고창군 아산면 선운사로 242-86	고창 복분자와 수박축제 위원회 063-560-2531	https://tour.gochang.go.kr/
군산 수제맥주 & 블루스 페스티벌	매년 6월	전북특별자치도 군산시 해망로 224	군산시 063-454-5252	http://gunsanbnbfesta.co.kr/
영광법성포단오제	매년 6월	전라남도 영광군 법성면 진굴비길 154-13	법성포단오제 제전위원회 061-356-4331	http://bspdanoje.or.kr/
전주단오	매년 6월	전북특별자치도 전주시 덕진구 권삼득로 390-1 전주덕진공원	문화체육관광국 문화정책 063-281-2532	https://blog.naver.com/jeonju_festival
하소백련축제	매년 7월	전북특별자치도 김제시 청하면 월현4길 70-13	하소백련축제제전위원회 063-542-8943	https://www.gimje.go.kr/tour/index.gimje
강진하맥축제	매년 8월	전라남도 강진군 군동면 종합운동장길 60	강진군축제추진위원회 061-430-3357	https://www.gangjin.go.kr/culture
고창해풍고추축제	매년 8월	전북특별자치도 고창군 고창읍 녹두로 1265	고창해풍고추축제위원회 063-560-2695	https://tour.gochang.go.kr/
광양전어축제	매년 8월	전라남도 광양시 진월면 망덕포구 무접섬광장	광양전어축제추진위원회 061-797-3679	http://www.gwangyang.go.kr/tour_culture
전주 가맥축제	매년 8월	전북특별자치도 전주시 덕진구 기린대로 451 전주종합경기장	전주가맥축제 추진위원회 1544-1821	http://gamaek.com/
고창메밀꽃잔치	매년 9월	전북특별자치도 고창군 공음면 학원농장길 158-6	보리나라 학원농장 063-564-9897	http://www.borinara.co.kr/index.html
곰소젓갈발효축제	매년 9월	전북특별자치도 부안군 진서면 곰소7길 16	곰소젓갈발효축제제전위원회 063-583-4490	https://www.buan.go.kr/tour/index.buan
두승산 청정메밀축제	매년 9월	전북특별자치도 정읍시 고부면 덕안리	정읍농업정책과 063-539-5043	http://www.jeongeup.go.kr/index.jeongeup
순천 푸드·아트 페스티벌	매년 9월	전라남도 순천시 중앙로 93	순천시 061-749-5502	https://www.suncheon.go.kr/food/
장수한우랑사과랑축제	매년 9월	전북특별자치도 장수군 장수읍 한누리로 393	장수한우랑사과랑축제 추진위원회 063-350-2351	https://www.jangsufestival.com/index.php
장평명품호두축제	매년 9월	전라남도 장흥군 장평면 장평체육공원	장흥문화관광 061-863-7071	https://www.jangheung.go.kr/tour
광양 전통숯불구이축제	매년 10월	전라남도 광양시 광양읍 남등길 6	광양시 061-797-3333	https://blog.naver.com/gwangyangsi
광주세계김치축제	매년 10월	광주광역시 서구 내방로 111 광주광역시청	광주김치축제 사무국 062-613-3992	http://kimchi.gwangju.go.kr
군산짬뽕페스티벌	매년 10월	전북특별자치도 군산시 장미1길 41	군산시청/(주)한국레저마케팅 063-454-3413	https://www.facebook.com/profile.php?id=61567433820975

(계속)

축제명	기간	장소	연락처	인터넷 사이트
남도음식문화큰잔치	매년 10월	전라남도 강진군 강진읍 남포리 510	(재)남도음식문화큰잔치 061-286-5352	https://www.namdofood.or.kr/
목포항구축제	매년 10월	전라남도 목포시 삼학로92번길 6	목포시축제추진위원회 061-270-8441	https://korean.visitkorea.or.kr/kfes/list/wntyFstvlList.do
순창장류축제	매년 10월	전북특별자치도 순창군 순창읍 민속마을길 6-3	순창장류축제추진위원회 063-650-1624	http://www.jangfestival.co.kr
완주 와일드 & 로컬푸드축제	매년 10월	전북특별자치도 완주군 고산면 고산휴양림로 89	와일드 & 로컬푸드축제추진위원회 063-290-3976~8	http://www.wanjufestival.kr/
임실N치즈축제	매년 10월	전북특별자치도 임실군 성수면 도인2길 50	임실N치즈축제제전위원회 063-643-3900	http://www.imsilfestival.com
전주국제발효식품엑스포	매년 10월	전북특별자치도 전주시 덕진구 장동 531-8	재단법인 전북특별자치도생물산업진흥원 063-210-6590	http://www.iffe.or.kr
전주비빔밥축제	매년 10월	전북특별자치도 전주시 덕진구 기린대로 451	(사)문화상상 온 063-282-5979	https://bibimbabfestival.com/
진안홍삼축제	매년 10월	전북특별자치도 진안군 진안읍 마이산로 160	진안홍삼축제추진위원회 063-430-2393	https://www.jinan.go.kr/festival/
해남 초의문화제	매년 10월	전라남도 해남군 해남읍 군청길 4	해남다인회 061-535-0986	http://hntea.kr
고흥유자축제	매년 11월	전라남도 고흥군 풍양면 한동리 701-7번지	고흥군축제추진위원회 061-830-5658	http://www.goheungyuja.com/
벌교꼬막축제	매년 11월	전라남도 보성군 벌교읍 벌교천1길 19	벌교꼬막축제추진위원회 061-857-7676	https://www.boseong.go.kr/tour
순창 떡볶이 페스타	매년 11월	전북특별자치도 순창군 순창읍 장류로 55	순창발효관광재단 063-653-1827	https://www.sftf.or.kr/
익산시 김장체험한마당	매년 11월	전북특별자치도 익산시 황등면 석재단지길 10	익산시농촌활력지원센터 063-861-0003	https://www.xn--980b28jo0hcqa38dtuj46ak9j86i86k8jo.com/index.do
진안고원 김치보쌈축제	매년 11월	전북특별자치도 진안군 진안읍 진무로 1166	진안YMCA 063-433-6613	https://www.jinankimchi.kr/
보성차밭빛축제	매년 12월	전라남도 보성군 보성읍 녹차로 775	보성군 061-850-5211~4	http://www.boseong.go.kr/tour
부안 설(雪)숭어 축제	매년 12월	전북특별자치도 부안군 부안읍 서외리 55-3	부안상설시장상인회 063-580-4118	https://www.buan.go.kr/tour/index.buan
완주 곶감 축제	매년 12월	전북특별자치도 완주군 운주면 장선천 든치 일원	완주군 문화와 관광 063-290-2114	https://blog.naver.com/wanjugun/223726400975

전주비빔밥

재료 및 분량

쌀 2컵(4인분), 사골국물 900mL, 콩나물 100g(밥용), 쇠고기(우둔) 100g, 콩나물 160g(나물무침용), 미나리 40g, 소금 ½ 큰술, 도라지 40g, 소금 1작은술, 고사리 60g, 표고버섯 60g, 애호박 80g, 소금 1작은술, 무 60g, 오이 80g, 당근 60g, 황포묵 60g, 다시마 10×10cm, 은행 12알, 식용유 2큰술, 달걀노른자 4개, 볶음 고추장 120g(4큰술)

쇠고기 양념 배즙 1큰술, 청주 1작은술, 청장 1작은술, 다진 마늘 ½작은술, 참기름 1작은술, 깨소금 ½작은술, 잣가루 ½작은술

콩나물·미나리 양념 다진 마늘 ⅔작은술, 참기름 1⅓작은술, 깨소금 ⅔작은술, 소금 ⅔작은술

도라지 양념 다진 마늘 ½작은술, 참기름 1 / 4작은술, 깨소금 ¼작은술, 소금 ¼작은술

고사리·표고버섯 양념 청장 1작은술, 다진 마늘 ½작은술, 참기름 ½작은술, 깨소금 ½작은술

애호박 양념 다진 마늘 ½작은술, 참기름 ⅓작은술, 깨소금 ⅓작은술

오이 양념 다진 마늘 ½작은술, 참기름 ⅓작은술, 깨소금 ⅓작은술

당근 양념 다진 마늘 ½작은술, 참기름 ⅓작은술, 깨소금 ⅓작은술

무 양념 고춧가루 ½작은술, 소금 ⅓작은술, 다진 마늘 ¼작은술, 다진 생강 ⅛작은술

만드는 방법

1 쌀은 씻어 물에 불렸다가 사골 국물을 부어 밥을 짓는다. 밥물이 끓어오르면 불을 줄이고 깨끗이 씻어 놓은 콩나물을 얹어 뜸을 들인다. 밥이 다 되면 밥과 콩나물을 고루 섞어 놓는다.

2 쇠고기는 4cm 길이로 채 썰어 배즙과 청주를 넣어 먼저 주무르고, 나머지 육회 양념을 넣고 무친다.

3 미나리는 잎을 다듬어 끓는 물에 소금을 넣고 살짝 데친 후, 재빨리 찬물에 헹구어 물기를 꼭 짠다. 데친 미나리를 나란히 두고, 4cm 길이로 잘라 양념을 넣고 무친다.

4 콩나물은 콩깍지와 꼬리를 떼어 내고 손질하여 깨끗하게 씻은 후, 끓는 물에 소금을 넣고 삶는다. 삶은 콩나물의 ¾은 건져 양념을 넣어 무치고, ¼은 삶은 국물과 함께 소금으로 간을 한 후, 실파를 송송 썰어 넣어 콩나물국으로 비빔밥에 함께 곁들인다.

5 도라지는 가늘게 찢어 소금을 넣고 주물러 씻어 쓴맛을 제거한 후, 다진 마늘과 소금을 넣고 볶다가 깨소금, 참기름을 넣어 마무리한다.

6 고사리는 끓는 물에 삶아 쓴맛을 우리고, 다진 마늘과 청장으로 무쳐 팬에 볶다가 뚜껑을 덮어 잠시 뜸을 들이고 깨소금과 참기름을 넣는다.

7 마른 표고버섯은 미지근한 물에 불려 사용하고, 생표고버섯은 그대로 사용한다. 버섯의 기둥을 떼어 내고, 갓 부분만 4cm 길이로 채 썰어 양념하여 무친 후, 팬에서 살짝 볶아 낸다.

8 애호박과 오이는 4cm 길이로 토막 내어 돌려 깎기한 후, 곱게 채 썬다. 소금에 절였다가 물기를 제거한 후, 다진 마늘을 넣고 팬에서 살짝 볶다가 참기름과 깨소금을 넣는다.

9 당근은 4cm 길이로 잘라 곱게 채 썬다. 팬에 기름을 두르고 당근과 소금, 다진 마늘을 넣어 살짝 볶고, 참기름과 깨소금을 넣는다.

10 무는 4cm 길이로 잘라 무의 결을 살려 곱게 채 썰고, 양념하여 무친다.

11 황포묵은 1×0.3×4cm 크기로 썰어 놓는다.

12 다시마는 물기를 꼭 짠 젖은 행주로 닦은 후, 170℃의 기름에 튀겨 잘게 부순다.

13 은행은 팬에 식용유를 조금만 두르고 흔들어 가며 파랗게 볶은 후, 종이타월로 속껍질을 제거한다.

14 그릇에 콩나물밥을 담고, 그 위에 나물을 색감 있게 돌려 담는다. 가운데에 육회를 올리고 달걀노른자를 얹은 후, 다시마튀각과 은행으로 장식한다.

특징

전주비빔밥은 사골국물로 지은 밥에 뜸을 들일 때 콩나물을 얹어 만든 콩나물밥을 사용한다. 이때 사용하는 콩나물은 전주 팔미(八味) 중 하나인 '서목태(鼠目太)'라고 불리는 쥐눈이콩으로 키운 것이다. 여기에 육회, 오목대(梧木臺)에서 나는 녹두로 만든 황포묵, 맛 좋은 순창고추장, 참기름, 계절마다 나는 푸성귀가 어우러져 진미(珍味)를 이룬다.

비빔밥의 유래에 대해서는 농번기 음식설, 제사 음복설, 궁중음식설, 섣달그믐날의 묵은 음식 처리설, 임금몽진설, 동학혁명설 등 다양한 이야기가 전해지고 있다.

전주콩나물국밥

재료 및 분량

밥 4인분, 물 10컵, 콩나물 400g

김치(잘게 썬 것) 5큰술, 삶은 오징어(잘게 썬 것) 5큰술, 청양고추 1개, 달걀 8개

육수 북어 1마리, 멸치 100g, 다시마 1조각(8×15cm), 대파 1뿌리, 양파 ½개, 무 100g

소금 2작은술, 다진 마늘 1큰술, 후춧가루 약간

만드는 방법

1 콩나물은 끓는 물에 삶아 건져 놓는다.

2 콩나물 삶은 물에 북어, 다시마, 멸치, 대파, 양파, 무를 넣고 육수를 끓여 체에 걸러 놓는다.

3 뚝배기에 밥과 삶아 놓은 콩나물을 담고, 2의 뜨거운 육수를 부어 2~3번 토렴한다.

4 김치, 삶은 오징어, 청양고추 등을 송송 썰어 얹어 낸다.

🍴 콩나물국에는 반숙한 달걀을 함께 낸다. 새우젓은 따로 내어 개인의 식성에 맞춰 간을 조절한다.

🍴 기호에 따라 곁들여 먹을 수 있도록 구이김과 모주(母酒)를 따로 준비한다.

특징

전주의 콩나물은『조선상식문답(朝鮮相識問答)』에 따르면, 조선의 이름난 먹거리인 개성의 엿과 저육, 해주의 승가기, 평양의 냉면, 의주의 대만두, 강릉의 방풍죽 등 10여 가지 중 하나로 꼽힌다. 질 좋은 서목태와 교동, 노송동의 좋은 물이 만나 콩나물의 줄기가 통통하고 곧게 뻗어 있으며, 잔뿌리가 적당하여 다른 지역의 콩나물과 차별화된다.

『향약구급방(鄕藥救急方)』에는 콩나물이 한약재로 사용되었다는 기록이 있으며, 콩은 싹을 틔우는 과정에서 비타민 C와 아스파르트산이 풍부해져 숙취 해소에 효과적인 것으로 알려져 있다.

전라도에서는 콩나물밥을 먹을 때, 막걸리에 대추, 계피, 흑설탕을 넣고 끓인 모주를 곁들여 마시기도 한다.

담양대통밥

재료 및 분량

멥쌀 ½컵, 찹쌀 ½컵, 흑미 ¼컵, 검정콩 ¼컵, 은행 6알, 밤 2개, 잣 2작은술, 대추 2개, 소금 ⅛작은술, 식용유

대나무통 2개

만드는 방법

1 멥쌀, 찹쌀, 흑미, 검정콩은 깨끗이 씻어 물에 불린다.

2 은행은 팬에 식용유를 조금만 두르고 흔들어 가며 파랗게 볶은 후, 종이타월로 속껍질을 제거한다.

3 밤은 속껍질을 벗겨 4등분하고, 잣은 고깔을 제거한다.

4 대추는 씨를 발라내고 길이로 4등분한다.

5 대나무통 2개에 **1**의 불린 쌀과 콩을 나누어 담고, 그 위에 은행, 밤, 대추, 잣을 올린다. 이때 내용물이 통의 ½을 넘지 않도록 담고, 소금 간을 한 물을 재료 위에 2cm 정도로 붓는다.

6 **5**의 대나무통 입을 한지로 덮고 종이끈으로 묶어 압력솥에 넣은 후, 대나무통의 ¼까지 물을 붓고 찐다. 김이 나면서 압력솥의 종이 25분간 돌면 불을 끄고, 10분간 뜸을 들인다.

특징

담양은 우리나라 최대의 대나무 산지이다. 이는 담양의 토양과 기후가 대나무의 생육조건에 적합하기 때문이다. 담양지역에서 주로 자라는 대나무의 종류는 왕죽, 분죽, 맹종죽으로, 크기가 크며 결이 곧고 단단하다.

3년 이상 자란 왕대의 대통을 잘라 밥을 짓기도 하는데, 대나무 향을 밥에 배게 하려면 대통을 한 번만 사용해야 한다. 대나무의 죽력과 죽황이 밥에 스며들어, 이를 먹으면 기를 보하는 데 도움이 된다.

피문어죽

재료 및 분량

피문어 1마리(90g), 찹쌀 2컵(180g), 대추 5개, 물 10컵, 소금 2작은술, 다진 마늘 1작은술, 참기름 1큰술

만드는 방법

1 피문어는 끓는 물에 잠길 정도로 살짝 데친 후, 그 물은 따라 버린다. 새 물을 붓고 대추를 넣어 약한 불에서 30분 정도 삶는다.

2 찹쌀은 깨끗이 씻어 충분히 불린 후, 체에 밭쳐 물기를 뺀다.

3 삶은 문어는 건져서 굵게 다지고, 삶은 국물은 밭쳐 둔다.

4 냄비에 참기름을 두르고 불린 찹쌀을 넣어 볶다가, 쌀알이 투명해지면 문어 삶은 물을 붓고 푹 끓인다. 이때 물은 쌀 양의 5~6배를 넣으며, 문어 삶은 물을 먼저 쓰고, 나머지는 새 물로 보충한다.

5 죽이 어느 정도 끓으면 다진 피문어를 넣고 끓이다가, 쌀알이 고루 퍼지면 다진 마늘을 넣고 소금으로 간을 한다.

특징

피문어는 문어의 껍질을 벗기지 않고 말린 것을 말하는데, 껍질을 벗기지 않으면 마르면서 붉은색이 되기 때문에 '피문어'라고 부른다. 문어는 말릴 경우 감칠맛과 함께 단맛이 나며, 말리기 전보다 살이 부드러워 식감이 좋다. 문어는 단백질과 타우린이 풍부해, 피문어를 삶은 물은 숙취 해소에 도움이 된다.

정약전의 『자산어보』에는 문어에 대해 "맛이 달고 전복과 비슷하여 회로 먹기에 좋고, 말려 먹어도 좋으며 종기에 효능이 있다."고 기록되어 있다. 또한 『규합총서』에는 "맛이 깨끗하고 담백하며, 구토와 설사에 도움이 된다."고 전한다. 문어는 찜이나 숙회 등으로도 조리된다.

남원추어탕

재료 및 분량

미꾸라지 400g, 굵은소금 2큰술, 호박잎 2장, 우거지 50g, 토란대 50g, 숙주 50g, 대파 50g, 깻잎 50g, 홍고추 8개, 청양고추 2개

물 2L, 생강(대) 2톨, 된장 2큰술, 청장 6큰술, 후춧가루 1작은술, 산초가루 1작은술

만드는 방법

1 살아 있는 미꾸라지는 그릇에 담고 소금과 호박잎을 함께 넣고 뚜껑을 덮어 5분쯤 둔다. 잠시 후 소금을 뿌린 호박잎으로 문질러 헹군다.

2 말려 둔 우거지와 토란대는 끓는 물에 삶은 후, 여러 번 물을 갈아 쓴물을 제거하고 물기를 꼭 짜서 5~6cm 길이로 썬다.

3 숙주는 거두절미한 후 삶고, 대파는 5cm 길이로 썬 후, 끓는 물에 살짝 데쳐 낸다.

4 깻잎은 작고 연한 것을 준비해 줄기 부분을 제거하고 깨끗이 씻는다.

5 청양고추는 길이로 잘라 씨를 털어 내고 굵게 다진다.

6 솥에 참기름을 두르고 손질해 둔 미꾸라지를 넣어 볶은 후, 물을 부어 푹 고아 낸다. 잘 익은 미꾸라지 몇 마리는 남기고, 나머지는 가는 체에 부어 나무주걱으로 밀어 살과 뼈를 분리한 후, 걸러진 살과 국물을 합한다.

7 블렌더에 홍고추, 생강, 된장, 청장을 넣고 간다.

8 준비해 둔 우거지, 토란대, 숙주에 7을 넣고 주물러 둔다.

9 솥에 6의 통미꾸라지와 걸러 놓은 미꾸라지 국물과 함께 8을 넣고 푹 끓인다. 여기에 데친 대파, 깻잎, 다진 마늘을 넣은 다음 다시 한소끔 끓인다.

10 소금으로 간을 하고, 그릇에 낼 때는 청양고추 썬 것과 산초가루를 함께 낸다.

특징

미꾸라지는 미꾸리와 미꾸라지로 나뉜다. 튀김이나 숙회에는 주로 미꾸리가 통째로 쓰이고, 추어탕에는 미꾸라지가 쓰인다.

미꾸라지는 단백질 함량이 높고, 특히 필수지방산의 조성이 뛰어나다. 또한 칼슘과 철분 등의 무기질 및 비타민 A, B, D가 풍부하다. 뼈와 내장까지 먹을 수 있기 때문에 성장기 어린이와 골다공증이 염려되는 중년 여성들에게도 좋은 음식이다.

가을의 별미인 추어탕을 만들 때, 전라도에서는 미꾸라지를 통째로 넣고 끓이는 반면, 경상도에서는 미꾸라지를 끓여 체에 밭친 후 여러 채소를 넣어 끓인다.

매생잇국

재료 및 분량

매생이 200g, 굴 50g, 청장 1작은술,
소금 ½작은술, 참기름 1작은술

만드는 방법

1 매생이는 고운체에 밭쳐 흐르는 물에 씻어 놓는다.

2 굴은 해감한 후 물기를 제거하고, 냄비에 참기름을 두른 다음 살짝 볶는다.

3 2에 매생이를 넣고 물을 자작하게 부어 끓인 후, 청장과 소금으로 간을 한다.

뜨거울 때 탕에 밥을 말아서 먹거나, 차게 먹어도 좋다.

특징

매생이는 얕은 바닷가에 자생하는 갈파랫과의 녹조식물로, 파래와 비슷하나 발이 훨씬 가늘고 부드럽다. 매생이는 청정지역의 암석 표면에 머리카락처럼 자라며, 주로 1~2월경에 채취된다. 우리나라에서는 남해안의 일부 지방에서만 맛볼 수 있는 정월대보름의 시식이었다.

남해안 중에서도 장흥, 완도, 고흥, 강진, 해남 등이 매생이 주산지이다.『자산어보』와『신증동국여지승람』에는 매생이가 '매산태'와 '매산'으로 기록되어 있으며, 조선시대 장흥지방의 진상품이었다.

매생이는 김과 파래를 골라낸 후, 갯물에서 헹궈 긴 머리카락처럼 곱게 뭉쳐 400g씩 '1재기' 단위로 판매한다. 파래보다 단맛이 있고 맛이 좋아 국을 끓이는 데 많이 쓰이며, 숙취 해소는 물론 위궤양이나 변비 예방, 혈압 강하에도 효과가 있는 것으로 알려져 있다.

매생이는 오래 가열하면 녹아 물처럼 되기 때문에 약한 불에서 잠깐만 끓여야 한다.

홍어삼합

재료 및 분량

홍어 1마리, 돼지고기(삼겹살) 600g, 대파 1뿌리, 마늘 3쪽, 생강 2쪽, 통후추 10알, 묵은 김치 ¼포기, 새우젓 2큰술

만드는 방법

1 홍어는 배를 갈라 내장을 제거한 후, 대강 씻고 크게 토막 낸다.

2 항아리에 토막 낸 홍어와 볏짚을 켜켜이 담아 삭힌다. 알맞게 삭으면 톡 쏘는 향이 난다.

3 돼지고기는 삼겹살 부위를 찬물에 30분 정도 담가 핏물을 뺀다.

4 끓는 물에 돼지고기 삼겹살, 대파, 마늘, 생강, 통후추를 넣고 삶는다. 삶는 동안 떠오르는 거품은 걷어 내고, 꼬챙이로 찔러 핏물이 나오지 않을 때까지 익힌다.

5 삶은 삼겹살은 젖은 베보자기로 싸서 도마로 눌러 모양을 반듯하게 만든 후, 도톰하게 썬다.

6 삭힌 홍어는 먹기 좋은 크기로 썬다.

7 그릇에 삭힌 홍어, 삼겹살, 묵은 김치, 새우젓을 함께 담아낸다.

특징

전라도에서 홍어는 잔치에 빠지지 않는 단골음식으로, "홍어가 빠진 잔치는 잔치도 아니다"는 말이 있을 정도로 즐겨 먹는다. 우리나라 서남해안에 주로 서식하는 홍어는 흑산도산을 최고로 치며, 겨울철이 제철이다. 홍어는 동지(冬至)가 지난 후부터 잡히기 시작하며, 입춘 무렵에 살이 올라 가장 맛이 좋다. 그러나 2~4월이 되면 마르고 맛도 떨어진다.

홍어를 삭혀서 먹기 시작한 것은 고려시대부터이다. 흑산도를 비롯한 서남해안에 왜구들이 자주 출몰하자, 흑산도 주민들을 호남의 중심지인 나주관할로 이주시켰다. 그러나 주민들은 여전히 물때와 조류 흐름, 어장 정보에 익숙한 고향 인근 바다에서 고기잡이를 계속하였다. 이렇게 흑산도에서 잡은 홍어를 영산포까지 싣고 오는 과정에서 자연발효가 되어, 갓 잡은 홍어보다 맛이 훨씬 좋았다고 한다.

홍어는 신선할 때보다 약간 묵혀서 톡 쏘는 발효미와 향이 생겼을 때 진정한 맛을 느낄 수 있다. 홍어의 꼬들꼬들한 살은 삭힐수록 부드러워진다. 봄, 여름, 가을철에는 항아리에 볏짚을 한 켜씩 깔고, 공기가 통하도록 바구니를 덮은 후, 18~20℃ 정도의 온도에서 2~3일간 삭힌다. 겨울철에는 두꺼운 비닐을 여러 겹 싸고 그 위에 다시 가마니를 덮은 후, 두엄더미에 묻으면 제맛이 나게 삭힐 수 있다.

톡 쏘는 홍어회는 돼지고기 편육과 묵은 김치가 천생연분의 궁합을 이루며, 이를 '삼합(三合)'이라고 부른다. 여기에 곁들여지는 한 사발의 막걸리는 그 맛을 한층 더 돋워 준다. 또한 홍어는 아무리 많이 먹어도 배탈이 나지 않을 정도로 소화가 잘되는 식품으로 알려져 있다.

영광굴비구이

재료 및 분량

굴비 3마리, 식용유 적량

만드는 방법

1 굴비는 비늘을 긁고 흐르는 물에 씻은 후, 물기를 제거한다.

2 뜨겁게 달군 석쇠나 그릴에 굴비를 올리고, 앞뒤가 노릇노릇하도록 굽는다.

간장, 다진 파, 마늘, 생강즙, 청주, 후춧가루, 참기름, 깨소금 등을 넣고 양념장을 만들어 굴비에 바르고 20분 정도 재운 후, 달궈 놓은 석쇠에 굽기도 한다.

특징

조기는 '머리에 단단한 뼈가 있다'는 뜻에서 한자어로 '석어(石魚)' 또는 '석수어(石首魚)'라고 한다. 또한 조기(助氣)에는 '기운을 돕는다'는 의미가 담겨 있으며, 우리나라의 관혼상제에 빠지지 않고 오르는 양반 생선이다.

조기를 염건한 것이 굴비이다. 고려 인종 때 세도정치를 일삼았던 이자겸이 난을 일으켰다가 실패하고, 지금의 전라도 영광으로 귀양을 오게 되었다. 당시 그 지역에는 조기 어획량이 많았으며, 조기에 소금 간을 하고 말렸다가 먹는 굴비의 맛이 좋아 유배생활의 시름을 잊을 정도였다고 전한다. 이자겸은 이 굴비를 궁궐로 보내 임금께도 맛을 보였는데, 임금이 그 맛에 감탄하여 이자겸을 유배에서 풀어주었다고 한다. '굴비'는 당시 이자겸이 자신의 뜻을 굽히지 않고 비굴하게 살지 않겠다는 뜻으로 붙인 이름이라고 한다.

'영광굴비'라고 알려진 굴비는 정확히 전남 영광군 법성, 염산, 불갑지역에서 만들어진다. 법성포(法聖浦)는 백제 침류왕 때 한 인도인 승려가 중국으로부터 이곳으로 배를 타고 건너와 '성자(聖子)가 불경(法)을 가지고 찾아온 곳'이라는 의미에서 붙여진 지명이다. 불갑(佛甲)은 '가장 먼저(甲) 지은 절(佛)'이라는 뜻이며, 염산(鹽山)은 '소금이 생산되는 산'이라는 의미를 지닌다.

서해 칠산 앞바다에서 잡은 조기를 법성으로 운반해 오고, 염산에서 생산된 소금으로 굴비를 만들어 다시 배를 이용해 전국으로 팔려 나갔으므로, 영광은 원료인 조기와 부재료인 소금 그리고 유통망을 모두 갖추고 있었다.

이러한 굴비 제조에는 법성포만의 비법이 있다. 첫째, 염장법이다. 1년 이상 간수를 뺀 천일염으로 조기를 한 마리씩 켜켜이 재우는데, 이 과정에는 많은 시간과 노력이 필요하다. 둘째, 법성포의 바람이다. 조기를 말려야 하는 여름철, 법성포에는 북서풍의 해풍이 불어와 굴비 건조에 천혜의 조건을 제공한다. 저장할 때는 통보리 속에 넣어 두면 보리가 굴비의 기름기를 흡수하여 냉동 보관보다 더 좋은 품질을 유지할 수 있다.

굴비는 구이로 먹어도 좋고, 입맛이 없을 때는 꼬리 부분을 잡고 찢어 고추장에 찍어 먹거나 지져 먹어도 맛있다. 성장 발육과 심신 안정에 효과가 있으며, 눈을 밝게 하고 소화가 잘되게 한다.

풍천장어구이

재료 및 분량

장어 2마리, 생강채 약간

양념장 1 간장 6큰술, 설탕 2큰술, 물엿 1큰술, 건고추 2개, 파 ½대, 마늘 3쪽, 생강즙 2큰술, 청주 3큰술, 참기름 1큰술

양념장 2 간장 2큰술, 고추장 3큰술, 고춧가루 1작은술, 물엿 1큰술, 파 ½대, 마늘 3쪽, 생강즙 2큰술, 청주 3큰술, 참기름 1큰술

만드는 방법

1 살아 있는 장어를 깨끗이 씻은 후, 등 쪽을 갈라 내장과 뼈를 제거하고 머리를 자른다.

2 냄비에 간장, 설탕, 물엿, 건고추, 파, 마늘, 생강즙, 청주, 참기름 등을 넣어 달인 후, 양념장 1 또는 양념 2를 만들어 둔다.

3 몸통의 살을 반으로 펼친 후, 숯불에 올려 애벌구이한다.

4 애벌구이한 장어에 준비해 둔 양념장을 앞뒤로 발라가며 굽는다.

5 장어를 윤기 나게 구운 후, 먹기 좋은 크기로 잘라 그릇에 담고 곱게 썬 생강채를 올린다.

특징

장어는 여름철 기력 보충에 좋은 대표적인 보양식이다. 예로부터 영산강 유역에는 장어가 풍부하여 무안, 나주, 광주지역의 장어요리가 특히 유명하다. 장어구이에는 소금구이와 양념간장구이가 있으며, 풍천장어구이는 고추장 양념구이로 조리하는 점이 다른 지역과 구별되는 특징이다. 장어는 뼈째 갈아 끓인 장어탕으로도 즐긴다.

세발낙지호롱

재료 및 분량

낙지 5마리, 소금 5큰술

양념장 간장 5큰술, 고추장 1큰술, 설탕 3큰술, 다진 파 1큰술, 다진 마늘 2작은술, 깨소금 2작은술, 참기름 1작은술, 후춧가루 ⅛작은술

만드는 방법

1 낙지는 소금을 넣고 문질러 먹통을 제거한 후, 몸통을 손으로 죽죽 훑어 내며 깨끗이 씻는다.

2 분량의 양념장 재료를 잘 섞어 양념장을 만든다.

3 깨끗한 짚을 20cm 길이로 뭉친 후, 한쪽 끝에 손질해 둔 낙지의 머리를 끼우고 다리 부분을 돌돌 감는다.

4 석쇠를 달군 후, 낙지를 올려 애벌구이한다.

5 애벌구이한 낙지에 **2**의 양념장을 바른 후, 앞뒤로 돌려 가며 굽는다.

특징

낙지호롱은 해산물이 신선한 전라도 남해안지방의 향토음식이다. 낙지를 통째로 짚에 돌돌 말아 구운 음식으로, 모양이 재미있고 짚을 풀어 가며 먹는 방식이 특징이다. 제사상에 발이 여러 개인 낙지를 보기 좋게 올리기 위해 짚에 감았던 것이 유래이며, 숯불에 구워야 제맛이 난다.

낙지는 가을이 제철인데, 특히 9~10월에는 뻣속에 밥풀처럼 생긴 알이 들어 있다. 낙지는 '소팔초어(小八梢魚)'라고도 하며, 『자산어보』에는 "빛깔은 하얗고 맛은 감미로우며, 회, 국 및 포로 먹기에 좋다. 이를 먹으면 사람의 원기를 돋우고, 마른 소에게 낙지 서너 마리를 먹이면 금세 힘을 얻는다."고 기록되어 있다. 이는 낙지가 영양가가 높은 보양음식이라는 사실과 함께, 오래전부터 생낙지를 먹어 왔음을 보여 준다.

세발낙지는 다리가 가는 낙지로, 서해의 갯벌 어디서나 잡히지만, 달고 맛있는 세발낙지는 전라남도 영암군 미암면, 무안군 현경면·해제면, 해남군 산이면에서 나는 것이 최고로 꼽힌다. 낙지요리는 담백하고 개운한 맛을 살리는 것이 중요하므로, 양념을 많이 하지 않는 것이 좋다.

벌교꼬막찜

재료 및 분량

꼬막 400g, 소금

양념장 꼬막 삶은 물 3큰술, 청고추 ½개, 홍고추 ½개, 간장 1큰술, 설탕 ½작은술, 다진 파 1작은술, 다진 마늘 ½작은술, 깨소금 1작은술, 참기름 1작은술, 후춧가루 ⅛작은술

만드는 방법

1 꼬막은 옅은 소금물에 담가 해감한 후, 깨끗한 물이 나올 때까지 비벼 가며 씻는다.

2 끓는 물에 꼬막을 넣고 한 방향으로 저어 가며 삶는다. 꼬막 2~3개가 입을 벌리면 바로 건져 식힌 후 껍질을 벗기고, 삶은 물은 따로 받아 둔다.

3 청·홍고추는 곱게 다져 둔다.

4 다진 청·홍고추에 꼬막 삶은 물, 나머지 양념을 섞어 양념장을 만든다.

5 그릇에 꼬막을 담고 양념장을 끼얹어 낸다.

특징

보성군 벌교읍 갯벌은 전국 최대의 꼬막 산지이다. 꼬막은 자연산 참꼬막, 양식 새꼬막, 피꼬막 등으로 나뉘며, 벌교 꼬막은 껍데기의 골이 크고 깊은 참꼬막이다. 반면, 골이 가늘고 잔털이 난 새꼬막은 맛이 다소 떨어진다. 참꼬막은 보성, 순천, 고흥에 걸친 여자만갯벌에서 10월부터 이듬해 5월까지 전국 생산량의 60%인 연간 2,000톤의 꼬막이 생산된다.

꼬막은 회, 무침, 전, 된장국 등으로 조리되며, 쫄깃하고 부드러운 식감이 일품이다.

머위들깨탕

재료 및 분량

불린 머윗대 400g, 마른 보리새우 100g, 들기름 2큰술, 청장 1큰술, 다진 파 1큰술, 다진 마늘 2작은술, 참기름 1작은술

들깨즙 들깨 ¼컵, 불린 쌀 1큰술, 물 1컵

만드는 방법

1 말린 머윗대는 물에 삶아 충분히 불린 후 사용한다. 생머윗대는 소금으로 문질러 끓는 물에 삶은 후, 껍질의 섬유질을 벗기고, 6cm 길이로 썬다.

2 들깨는 불린 쌀과 물을 넣어 블렌더로 곱게 간 후, 고운체에 밭쳐 들깨즙을 만든다.

3 마른 보리새우는 기름을 두르지 않은 뜨거운 팬에 말리듯이 재빨리 볶은 후, 마른행주로 비벼 잔가시를 손질한다.

4 냄비에 들기름을 두른 후, 썰어 놓은 머윗대와 보리새우를 넣고 볶는다.

5 4에 들깨즙을 붓고 끓이다가 다진 파와 마늘을 넣고, 청장으로 간을 맞춘 후 참기름을 넣어 마무리한다.

특징

머위는 주로 봄부터 여름까지 먹을 수 있다. 봄철 머위잎은 쌉싸름한 맛이 있어 삶아서 쌈을 싸거나 무쳐 먹으면 입맛을 돋우는 데 제격이다. 여름 이후에는 말려 두었던 머윗대를 삶아 불려서 된장무침이나 머위국, 머위간장조림 등을 만들어 먹는다.

머윗대는 무공해 자연식품으로 단백질, 칼슘 등 영양가가 풍부하며, 거담·진해·해독 작용을 통해 신경 안정에 도움이 되는 약리 효과도 있다. 머위들깨탕은 부드러운 머위와 고소한 들깨가 어우러져 별미로 꼽힌다. 고비나 버섯 등도 들깨즙을 넣어 비슷하게 조리할 수 있다.

죽순회

재료 및 분량

죽순 600g, 쌀뜨물 2L

초고추장 고추장 1½큰술, 고춧가루 1작은술, 설탕 1큰술, 다진 파 1작은술, 다진 마늘 2작은술, 깨소금 2작은술, 식초 1큰술

만드는 방법

1 냄비에 죽순을 껍질째 넣고 쌀뜨물을 부어 푹 삶아 낸 후, 겉껍질을 벗긴다.

2 죽순의 하얀 살을 세로로 자른 후, 빗살 사이에 낀 흰 알갱이를 제거한다.

3 손질한 죽순은 빗살무늬를 살려 0.3cm 두께로 썬다.

4 분량의 재료를 섞어 초고추장을 만든다.

5 썰어 놓은 죽순에 초고추장을 넣고 살짝 무쳐 낸다.

🍴 데친 우렁이나 오이를 섞어 무쳐도 좋다.

특징

죽순은 대나무의 땅속줄기 마디에서 돋아나는 어린순이다. 4~5월 중순경 땅에서 순이 돋아날 때 30~40cm 크기로 자란 죽순을 채취해 껍질을 벗기고 하얀 알맹이 부분을 식용한다. 죽순은 우리나라는 물론, 중국과 일본에서 즐겨 사용하는 고급 식재료이다.

죽순은 단백질과 식이섬유, 비타민 B_1이 풍부하며, 특히 식이섬유 함량이 23%에 달해 변비 해소, 숙변 제거, 대장암 예방에 효과가 있다. 또한 스트레스와 불면증을 완화하고, 이뇨작용을 돕는 데도 유익하다.

생죽순은 떫고 아린 맛이 있어, 하루 이상 물에 담근 후 사용해야 하며, 햇죽순은 염장해 보관하면 일 년 내내 활용할 수 있다. 죽순은 굵은소금에 재워 두었다가 먹을 때 꺼내 맑은 물에 씻고, 끓는 물에 살짝 데친 후 다시 2~3시간 맑은 물에 담가 염분을 우려낸 다음 사용한다. 죽순은 아삭한 식감과 담백한 맛, 은은한 향이 어우러져 회, 구이, 나물 등 다양한 요리에 활용된다.

콩나물잡채

재료 및 분량

콩나물 200g, 무 80g, 고사리 80g, 당근 80g, 미나리 50g, 다시마 10g, 고춧가루 약간, 소금 약간

겨자 양념 불린 겨자 2큰술, 식초 2큰술, 설탕 1큰술, 소금 ½작은술, 간장 약간, 통깨 1큰술

만드는 방법

1 콩나물은 거두절미한 후, 끓는 소금물에 넣고 뚜껑을 덮어 살짝 데친다.

2 무는 곱게 채 썰어 고춧가루를 약간 넣고 무쳐 붉은색을 들인다.

3 고사리와 미나리는 5cm 길이로 썰고, 당근은 곱게 채 썰어 데친다.

4 다시마는 물에 불린 후, 5cm 길이로 곱게 채 썬다.

5 겨잣가루에 미지근한 물을 넣어 되직하게 갠 후, 뚜껑을 덮어 따뜻한 곳에 둔다. 발효되면 설탕, 식초, 다진 마늘, 소금, 통깨를 넣고 겨자 양념을 만든다.

6 준비한 콩나물, 고사리, 당근, 미나리, 무, 다시마에 겨자 양념을 넣고 고루 버무린다.

특징

콩나물잡채는 전주를 포함한 전북지역의 대표적인 향토음식으로, 세찬음식, 잔치음식, 손님 접대용으로 애용되었다. 콩나물잡채는 콩나물에 무채, 고사리, 당근채, 다시마채 등을 함께 넣고, 고운 고춧가루, 설탕, 식초 등을 넣어 무쳐 낸다. 겨잣가루를 넣기도 하며, 매운맛, 신맛, 단맛이 어우러져 오묘한 맛을 내어 입맛을 돋운다.

콩나물잡채는 설을 앞두고 가정에서 반드시 준비하는 세찬이었으며, 통통하게 기른 콩나물로 만들어 항아리에 넣어 두고, 설부터 정월대보름까지 살걸음과 함께 즐겨 먹었다.

영암어란

재료 및 분량

참숭어알 2쪽, 재래식 간장 2컵, 생수 5컵,
참기름 1큰술

만드는 방법

1 산란기를 앞둔 참숭어의 알을 터지지 않게 조심해서 꺼내 실핏줄을 제거한 후, 재래식 간장에 24시간 동안 담가 둔다.

2 간장에 담가 둔 알을 꺼내 물에 1시간 정도 우린 후, 건져서 채반 위에 올려 그늘에서 말린다.

3 알을 말릴 때는 참기름에 설탕을 녹여 붓으로 여러 차례 바른다.

4 알이 꾸덕꾸덕하게 마르면 깨끗한 면포에 싸서 무거운 돌로 하루 정도 눌러 모양을 잡는다.

5 다시 채반에 알을 널어 참기름을 발라 가며 건조하며, 완성하는 데는 약 1달이 걸린다.

6 먹을 때는 뜨겁게 달군 칼로 얇고 투명하게 편으로 썬다.

특징

어란은 임금께 올리던 진상품으로, 내로라하는 양반가에서나 맛볼 수 있었던 최고급 안주였다. 잘 만든 어란은 반투명한 호박색의 곱고 윤기 있는 빛깔을 지니며, 혀끝을 자극한다. 19세기 초『난호어목지(蘭湖漁牧志)』에는 이를 '건란(乾卵)'이라고 하여, 숭어의 황금빛 알을 햇볕에 말리면 빛깔이 호박 같고 맛이 뛰어나다고 기록되어 있다.

숭어의 종류는 다양하나, 그중에서도 몽탄 인근에서 잡히는 숭어는 기름진 감탕과 미생물을 많이 먹고 자라 살이 통통하고 알이 찰지며, 단맛이 뛰어나기로 유명하다. 숭어의 맛은 계절에 따라 달라 봄과 겨울에는 단맛이 강하고, 여름에는 담백하며, 가을에는 기름져 고소하다. 어란을 제대로 만들려면 먼저 통통한 알배기 숭어를 잘 고르는 것이 중요하다.

숭어는 음력 3월경 강물을 거슬러 올라오는데, 이 시기에 영산강을 뛰어오르는 숭어가 장관을 이룬다. 이로 인해 일 년에 한 번, 5월경에만 어란을 만들 수 있다.

감장아찌 · 양하장아찌

감장아찌 재료 및 분량

땡감 20개, 굵은소금 5컵, 물 8L

양하장아찌 재료 및 분량

양하 1kg, 소금 2컵, 식초 1컵, 물 4L

위쪽 감장아찌 **아래쪽** 양하장아찌

감장아찌

1 감은 노르스름하고 단단한 땡감 중 상처 없는 것을 골라 깨끗이 씻은 후, 소쿠리에 건져 물기를 뺀다.

2 소금 5컵에 물 8L를 붓고 잘 녹여 소금물을 만든다.

3 단지에 감을 차곡차곡 담고, 위에 깨끗한 돌로 감이 떠오르지 않게 눌러 준 후, 소금물을 부어 5~6개월간 저장한다. 감이 소금물 위로 떠오르면 색이 누렇게 변한다.

4 먹을 때는 설탕물에 삭힌 감을 넣고 2~3일 정도 둔다. 감을 꺼내 꼭지와 씨를 제거한 후 썰어 먹으면 색이 곱고, 식감도 더욱 아삭아삭하다.

양하장아찌

1 양하는 잎을 제거하고, 인경(비늘줄기)만을 골라 깨끗이 손질하여 씻은 후, 물기를 제거한다.

2 소금 2컵에 물 4L를 부어 잘 녹이고, 여기에 식초 1컵을 섞는다(절임액에 식초를 넣으면 양하의 밝은 보라색을 유지할 수 있다).

3 항아리에 손질한 양하를 담고 위에 깨끗한 돌로 누른 후, 소금물을 부어 저장한다.

4 먹을 때는 절여진 양하를 꺼내 물에서 2시간 정도 우린 후, 물엿이나 매콤한 양념에 무친다.

특징

감장아찌는 가을철에 감을 저장해 두었다가 3~4월에 먹으면 맛이 좋다. 감을 된장이나 고추장에 박아 보관할 수도 있다.

양하는 색이 곱고 독특한 맛과 향을 지닌 식재료로, 가을철에 주로 전라도와 제주도에서 생산된다. 고기와 함께 산적으로도 만들 수 있으며, 고추장이나 된장 항아리에 넣어 장아찌로 담가도 좋다. 양하는 진통 완화와 거담 효과가 있는 것으로 알려져 있다.

돌산갓김치

재료 및 분량

돌산갓 1단, 소금 1컵, 쪽파 300g

김치 양념 멸치액젓 1컵, 생새우 1컵, 생조기 1마리, 고춧가루 ⅔컵, 마늘 6쪽, 생강 2톨, 양파 1개, 찹쌀풀 ½컵

만드는 방법

1 신선하고 연한 갓은 썰지 않고 그대로 소금에 4시간 정도 절인 후, 물에 헹궈 물기를 뺀다.

2 생새우는 손질하여 깨끗이 씻은 후, 소쿠리에 담아 소금물에 흔들어 씻는다. 조기는 비늘을 긁고 내장과 지느러미를 제거한다.

3 블렌더에 멸치액젓, 생새우, 조기, 생강, 마늘, 양파, 고춧가루를 넣고 간다.

4 쪽파는 5cm 길이로 썬다.

5 **3**과 **4**를 섞고 찹쌀풀을 넣어 다시 섞은 후, 절여 놓은 갓을 넣어 버무리고 2~3줄기씩 묶음을 만든다.

6 버무린 갓김치를 항아리에 차곡차곡 눌러 담는다. 버무렸던 그릇에 물을 ½컵 붓고 소금 간을 하여 김칫국을 만든 후, 항아리에 붓는다.

특징

동백꽃으로 유명한 여수의 '돌산'이라는 섬에서는 따뜻한 해양성 기후 덕분에 품질 좋은 갓이 생산된다. 갓은 특유의 향과 매운맛을 가진 식물이며, 갓의 씨가 겨자이다. 우리나라의 재래종 갓은 적색 빛이 나며, 특유의 향과 매운맛이 강할 뿐만 아니라 물김치를 담으면 예쁜 보라색을 낸다. 그러나 지금은 재래종 갓을 찾아보기 어렵다. 1950년대 일본에서 들여온 '만생평경대엽고채' 품종의 청색 갓이 주로 재배되고 있기 때문이다.

돌산갓은 톡 쏘는 매운맛이 덜하고 잎의 섬유질이 거의 없어 부드러우며, 독특한 향을 지니고 있다. 적색 갓김치는 담근 후 사흘쯤 지나야 먹을 수 있고, 누렇게 숙성되었을 때 가장 맛있다. 그러나 청색 갓김치는 담그자마자 먹을 수 있으며, 잘 익은 갓김치의 톡 쏘는 매운맛은 잃었던 입맛을 되살리는 데 안성맞춤이다.

고들빼기김치

재료 및 분량

고들빼기 2단, 쪽파 ½단, 굵은소금 ½컵

찹쌀풀 찹쌀가루 2큰술, 물 ⅔컵

김치 양념 멸치젓 1컵, 고춧가루 ½컵, 고추씨 2큰술, 설탕 1큰술, 다진 마늘 1큰술, 다진 생강 1작은술, 통깨 1큰술

만드는 방법

1 연한 자연산 고들빼기를 골라 뿌리의 잔털을 털어내고 시든 잎을 다듬는다. 큰 그릇에 굵은소금을 넣고 손질한 고들빼기를 담은 후, 재료가 잠길 만큼 물을 부어 돌로 눌러준다. 하루에 한 번씩 물을 갈아주며, 약 1주일간 삭힌다.

2 절여진 고들빼기는 소쿠리에 건져 물을 빼고, 꾸덕꾸덕해질 때까지 말린다.

3 쪽파는 뿌리를 자르고 깨끗이 다듬어 반으로 자른다.

4 찹쌀가루 2큰술에 물 ⅔컵을 넣고, 걸쭉하게 찹쌀풀을 쑤어 식혀 둔다.

5 김치 양념에 찹쌀풀을 섞어 둔다.

6 절여진 고들빼기에 쪽파와 5를 섞어 버무린 후, 한 두름씩 단지에 넣는다.

특징

고들빼기는 전라도 동부 산간지역, 특히 순천에서 생산되는 것이 가장 맛이 좋다. 쌉쌀한 맛과 향이 인삼과 비슷하며, 봄철에는 어린잎을 따서 생채로 먹거나 쌈 재료로 활용한다.

『동의보감』에는 고들빼기를 '고채(苦菜)', '고돗바기'라 하였고, 『명물기략』에서는 고채를 '고도'라 하였으며, 이것이 '고독바기'로 변한 것으로 전해진다.

고들빼기김치를 담글 때는 고들빼기를 잘 삭혀야 쓴맛이 빠지고 양념의 감칠맛이 살아나 입맛을 돋운다. 김치용 고들빼기는 뿌리가 굵고, 잎이 연한 것이 좋다.

나주반지

재료 및 분량

배추 4포기, 소금 2컵, 무 1개, 새우젓 2컵, 간 돼지고기 150~200g, 청고추 5개, 홍고추 5개, 양파 ½개, 배 ½개, 대나무잎

찹쌀풀 찹쌀가루 ½컵, 물 3컵

김치 양념 1 실파 100g, 미나리 100g, 붉은 갓 100g, 청각 100g, 배 1개, 밤 5개, 청·홍고추 각 7개, 생강 50g, 마늘 30g, 석이버섯 20g

김치 양념 2 배 1개, 양파 2개, 물에 불린 건고추 20개, 마늘 50g

낙지 2~3마리, 전복 100g(또는 굴 100g), 고춧가루 3큰술, 통깨 1작은술, 잣 ½컵

만드는 방법

1 배추는 길이로 반으로 갈라 소금을 뿌려 절이되, 일반 김치보다는 덜 절인다. 절인 배추는 물에 헹군 후, 물기를 빼 둔다.

2 냄비에 새우젓과 물 4L를 넣고 잘 섞은 후, 끓였다가 식힌다.

3 간 돼지고기는 양념하지 않고 뜨거운 팬에 기름 없이 볶는다.

4 냄비에 찹쌀가루와 물을 넣고 저어 가며 찹쌀풀을 쑨다.

5 무 ⅓개, 실파, 미나리, 붉은 갓, 청각은 4cm 길이로 채 썰고, 배 1개, 밤, 청·홍고추, 생강, 마늘, 석이버섯도 채 썬다(김치 양념 1).
무 ⅓개, 배 1개, 양파 2개, 물에 불린 마른 고추 20개, 마늘은 블렌더에 넣고 곱게 간다(김치 양념 2).

6 나머지 무 ⅓개는 3×4×0.7cm 크기의 골패 모양으로 썬다.

7 낙지는 소금으로 문질러 씻어 펄을 제거한 후, 5cm 길이로 썬다. 전복은 껍데기를 벗기고 내장을 제거한 후, 전복살만 편으로 썬다.

8 준비한 모든 재료에 고춧가루를 넣고 버무려 김치 속을 만든다. 절여 둔 배추에 속을 넣고 무명실로 묶는다. 항아리에 반으로 자른 배추의 윗면이 오도록 차곡차곡 담은 후, 2의 새우젓 물을 체에 걸러 붓는다. 이때 배추 속은 너무 많이 넣지 않으며, 중간중간 골패 모양의 무를 넣는다.

9 배추 위를 대나무 잎으로 덮고, 반으로 잘라 씨를 뺀 배와 양파 ½개, 청·홍고추를 넣은 후, 꾹꾹 눌러 서늘한 곳에서 발효시킨다.

특징

나주반지는 남도의 반가음식이자, 나주를 대표하는 김치이다. 겨울에는 나주반지에 조기와 홍어를 넣어 담그며, 여름에는 굴 대신 낙지와 전복을 넣으면 해산물의 시원한 맛을 즐길 수 있고, 김치도 빨리 익는다.

전라도 김치는 멸치젓국을 사용하고 고춧가루를 많이 넣으며, 찹쌀풀을 섞어 짜고 맵게 담그는 것이 특징이다. 이렇게 담그면 숙성 과정에서 녹말이 당화되고, 멸치젓국의 단백질 성분이 적절히 분해되어 깊은 맛을 낸다.

영광모싯잎송편

재료 및 분량

모싯잎 500g, 멥쌀가루 500g, 끓는 물 ½컵

동부소 동부 1컵(160g), 소금 ½작은술, 설탕 ¼컵

깨소 통깨 1컵, 소금 ¼작은술, 설탕 2큰술

만드는 방법

1 모싯잎에 소금을 넣고 뭉개질 정도로 삶는다.

2 멥쌀가루와 삶은 모싯잎을 넣고 익반죽한다.

3 동부는 불린 후 껍질을 벗기고 쪄서 으깬 다음, 설탕과 소금을 넣어 소를 만든다.

4 깨는 볶은 후 빻아 소금과 설탕으로 간을 한다.

5 반죽을 조금씩 떼어 둥글게 빚고, 깨소나 동부소를 넣고 송편을 만든다. 젖은 면포를 깐 찜기에 송편을 올려 찐다.

특징

모싯잎송편은 전라남도 영광지역을 대표하는 송편이다. 모싯잎을 삶아 쌀가루에 섞어 반죽하기 때문에 일반 송편보다 색이 짙고 쫀득한 식감이 특징이다. 모싯잎은 한방에서 소화를 도우며 항산화 효과가 있는 식재료로 알려져 있다. 과거에는 영광 지역에서 집집마다 모싯잎을 따서 떡을 만들었으나, 현재는 영광의 특산물로 자리 잡아 전국적으로 유명해졌다.

경상도

지역적 특징

경상도라는 지명은 고려 때 이 지방의 대표적인 고을인 '경주'와 '상주'의 이름에서 첫 글자를 따서 만들어졌다. 고려 때는 이 지역을 '영남도(嶺南道)', '영동도(嶺東道)', '산양도(山陽道)'라고 하였다가, 조선시대에는 낙동강을 중심으로 동쪽을 '경상좌도', 서쪽을 '경상우도'라 하였다. 지금의 행정구역 이름은 조선조 말엽 고종 33년(1896년, 건양 원년)에 경상도를 남·북 2개 도로 나누면서부터 비롯되었다. 기원전 진한과 변한의 일부 지방이 자리를 잡았던 곳으로, 신비의 가야문화, 천년 왕조의 찬란한 신라의 불교문화, 선비정신의 유교문화 등이 조화를 이루고 있는 민족문화의 본산지이다.

경상도는 남해와 동해에 좋은 어장을 가지고 있어 해산물이 풍부하고, 남북도를 크게 굽어 흐르는 낙동강 주위의 기름진 농토에서 농산물도 풍부하게 생산된다. 이곳에서는 '고기'라고 하면 물고기를 가리킬 만큼 생선을 많이 먹고, 해산물 회를 으뜸으로 친다.

경상북도는 태백산맥과 소백산맥의 지맥 그리고 낙동강과 그 지류들에 의해 크고 작은 분지와 평야가 많이 형성되었으며, 이러한 지리적인 영향으로 인해 외부와의 교통이 불편했기 때문에 외래문화 유입이 다른 지역에 비해 늦은 편이다.

경상남도 동부는 태백산맥 여맥의 산악들이 발달해 있고, 서부는 지리산 주변으로 험준한 산간지대를 이루고 있다. 이에 비해 중앙의 저지대는 낙동강의 여러 지류가 합류하여 남해로 흘러들며, 하류에 위치한 김해지역에는 삼각주평야가 형성되었다. 남해안은 거제와 남해를 비롯한 400여 개의 크고 작은 섬이 산재하는 다도해를 이룬다.

음식은 멋을 내거나 사치스럽지 않고 소박하게 만든다. 싱싱한 바닷고기에 소금으로 간을 한 후 말려 구워 먹는 것을 즐기며, 바닷고기로 국을 끓이기도 한다. 곡물음식 중에는 국수를 즐기는데, 특히 밀가루에 날콩가루를 섞고 반죽한 후, 홍두깨나 밀대로 얇게 밀어 칼로 썰어 만드는 칼국수를 으뜸으로 친다. 장국의 국물에는 멸치나 조개를 많이 사용하며, 더운 여름에는 뜨거운 장국에 말아 먹는 제물국수를 즐겨 먹는다. 반면, 범벅이나 풀대죽은 그다지 즐기지 않는다. 음식 맛은 대체로 간이 세고, 전라도 음식보다 더 매운 편이다.

대표적인 경상도 음식

- 주식류: 통영비빔밥, 충무김밥, 진주비빔밥, 무밥, 갱식, 애호박죽, 건진국수, 조개국수, 닭칼국수, 안동헛제삿밥, 안동칼국시, 밀면, 돼지국밥, 굴떡국, 진주냉면
- 부식류: 재첩국, 콩가루배춧국, 삼계탕, 나물국, 추어탕, 대구탕, 시락국, 깨집국, 미역홍합국, 풍장어국, 마산아구찜, 미더덕찜, 조개찜, 우렁찜, 통영돔찜, 동태구이, 장어구이, 상어구이, 대합구이, 동래파전, 해파리회, 해물잡채, 장어조림, 미나리찜, 콩잎장아찌, 고추부각, 골곰짠지, 경주채(수란), 안동찜닭, 언양불고기, 돔배기적, 과메기쌈
- 김치류: 우엉김치, 배추김치, 전복김치, 콩잎김치, 부추김치, 돌나물김치, 곤달비김치, 더덕김치, 깻잎김치
- 병과류: 모싯잎송편, 망개떡, 쑥굴레, 칡떡, 잡과편, 진주유과, 대추징조, 다시마정과, 우엉정과, 감단자, 상주설기, 거창송편, 만경떡, 도듬백이, 잣구리, 밀양경단, 부편, 쑥굴레, 쑥떡, 유자잎인절미, 도토리찰시루떡, 곶감호박오가리찰편, 곶감화전, 주걱떡
- 음청류: 안동식혜, 수정과, 유자화채, 유자차, 엉경퀴단술
- 주류: 안동소주, 경주교동법주, 함양국화주, 송엽주, 남해유자주, 부산산성막걸리, 문경호산춘, 봉화선주, 김천과하주, 향온주, 소백산오정

경상도 특산물

통영 '도다리쑥국'

봄맛을 대표하는 도다리쑥국은 겨울 땅을 뚫고 나온 야생 쑥의 향과 하얀 도다리 살이 부드럽게 조화를 이루어 봄을 기다린 이들의 마음을 위로한다. 얇게 썬 무, 어슷하게 썬 청고추, 다진 마늘을 넣고 통영 앞바다처럼 맑게 끓여진 도다리 쑥국은, 시원한 국물은 국물대로, 부드러운 도다리 살은 살대로, 진한 쑥향은 향대로 각각의 매력이 조화롭게 어우러져 부드러우면서도 깊은 인상을 남긴다.

통영 '시락국'

시락국은 '시래깃국'의 통영 사투리로, 장어를 갈아 시래기와 함께 끓인 것이다. 말이국밥과 따로국밥이 있는데, 부추무침, 청양고추, 양념장, 김 등을 넣어 먹는다. 기호에 따라 김칫국이나 산초가루, 후춧가루 등을 넣어 먹기도 한다.

통영 '아나고구이'

통영에서는 통통하게 살이 오른 아나고를 숯불에 구워 먹는다. 기름기가 쪽 빠져 연하고

부드러우며, 깻잎이나 상추에 싸서 먹으면 상큼하다.

거제 '멍게젓비빔밥'

멍게는 '바다의 꽃'이라고 불리며, 초여름부터 시작되어 여름 한철 제맛을 자랑한다. 울퉁불퉁 멋대로 생겼지만, 부드럽고 상큼한 맛은 나른한 여름을 깨우기에 충분하다. 통영과 거제에서는 자연산은 물론, 싱싱한 양식 멍게의 맛을 제대로 볼 수 있다. 껍질의 색이 선명할수록 신선하며, 주홍색 멍게가 가장 맛이 좋다.

"봄에는 도다리쑥국, 여름에는 멍게젓비빔밥"이라 할 정도로 멍게젓을 이용한 비빔밥은 짧은 시간 내에 사람들의 입맛을 사로잡았다. 주로 4~6월에 나는 멍게는 모래주머니를 제거하고 약간의 양념을 하여 5일 정도 저온 숙성을 한 다음, 잘게 다져 길쭉한 직사각형 모양의 그릇에 담아 얼려 둔다. 멍게젓비빔밥을 만들 때는 얼려 둔 것을 잘라 4쪽을 얹고, 김가루, 깨소금, 참기름을 뜨거운 밥에 넣어 쓱쓱 비벼 먹는다.

청도 '반시'

가을이면 군 전체가 주홍빛 감으로 물드는 경북 청도에 감나무가 처음 심어진 것은 1545년, 조선 명종 때 군수 박호(朴虎)가 울진에서 감나무 가지를 무 속에 꽂아 고향인 청도로 가져와 심은 것이 시초이다.

청도는 전국 감 생산량의 약 20%를 차지하며, 감 재배에 적지였으나 곶감을 만들지 않아 오랫동안 널리 알려지지 않았다. 현재 청도감은 군 단위 생산량으로는 전국 1위를 기록하고 있다. 청도에서 나는 감은 '청도반시(淸道盤柿)'라고 불리며, '접시(盤)처럼 둥근 감(柿)'이라는 의미를 지닌다.

반시는 97% 이상 다 익은 뒤에 수확을 하는 홍시로 생산된다. 청도 반시는 씨가 없고 수분이 많으며 부드러워 그대로 먹기에 좋다. 그러나 이를 곶감으로 만들면 예쁜 모양이 나오지 않는다는 단점이 있다. 이로 인해 탄생된 것이 감말랭이이다. 감을 3~4등분하여 말린 감말랭이는 수분이 약 70%로, 수분이 45% 정도인 곶감보다 촉촉하며, 더 달고 부드럽다. 씹으면 단단한 젤리 같다는 평가도 있다. 이 감말랭이는 2002년 특허 출원 후 2005년에 특허를 받아, 지금은 청도의 특산물로 자리 잡았다.

영덕·울진 '대게'

울진에는 큰 항구인 후포항과 죽변항이 있다. 울진 시내에서 후포항 방향으로 가면 '거일리'라는 어촌이 나오는데, 울진말로 '끼알(게알)'이라는 뜻이다. 이는 『동국여지승람』

과 『대동지지』에도 기록되어 있을 만큼 유래가 깊다. 이곳의 대게는 쭉 뻗은 8개의 다리가 대나무와 같다고 하여 '죽해(竹蟹)'라고도 불렸다.

영덕 강구항, 울진 죽변항, 포항 구룡포는 유명한 대게 집산지이다. 대게에는 최상품으로 여겨지는 박달대게, 홍게, 너도대게, 달밝이게, 홑게 등이 있다. 대게의 조업기간은 11월부터 이듬해 5월 말까지이며, 그 외의 기간에는 어획이 금지된다. 특히, 암게는 산란을 위해 포획이 금지되어 있으며, 암게 한 마리는 최대 10만 개의 알을 낳는다. 따라서 식당에서 먹는 대게는 모두 수게이며, 실제로 갓도 수게가 더 좋다고 한다. 대게의 크기를 잴 때는 다리 길이가 아닌 몸통의 길이를 기준으로 한다.

대게는 산 채로 찌면 다리가 쉽게 떨어질 수 있다. 주로 3℃ 정도의 낮은 온도에서 사는 대게는 뜨거운 물에 금세 죽기 때문에, 살아 있는 대게를 찔 때는 끓는 물에 살짝 담근 후 20~25분 정도 찌는 것이 적당하다. 찌는 동안 뚜껑을 열면 몸통 속의 게장이 다리 쪽으로 흘러 들어가므로, 열지 않는 것이 좋다.

포항 '과메기'

찬바람에 눈발이 섞여 날릴 무렵이 과메기의 제철로, 겨울은 과메기의 계절이다. 포항 구룡포는 산을 넘어온 건조한 북서풍과 동해의 해풍이 만나는 곳으로, 과메기를 말리기에 최적의 조건을 갖추고 있다. 좋은 과메기는 윤기 나는 푸른 빛깔, 속살이 불그레한 색, 일정한 크기, 적당한 탄력을 가진다.

'과메기'라는 말은 '물고기의 눈을 나뭇가지에 꿰어 말렸다'는 의미의 '관목어(貫目魚)'에서 발음이 변했다는 설과, '꼬아 말렸다'는 뜻에서 유래했다는 설이 있다. 원래 과메기의 재료는 청어였다. 겨울철 부엌의 살창에 청어를 걸어 두면, 얼었다 녹았다를 반복하며 맛있는 과메기가 만들어졌는데, 청어의 어획량이 줄어들면서 꽁치로 대체되었다. 꽁치 과메기는 한 마리를 통째로 말린 '통과메기'와 반으로 갈라 내장 없이 말린 '배지기'로 나뉘며, 최근에는 말리는 번거로움 때문에 배지기가 더 흔하다.

과메기는 머리에 좋은 DHA와 성인병 예방 효과가 뛰어난 불포화지방산인 EPA의 함량이 고등어보다 풍부하고, 숙취 해독, 노화 방지, 미용에도 효과가 좋다.

기장 '미역'

조선시대 임금의 수랏상에 오르던 기장 미역은, "한 번 맛보면 다른 미역은 먹지 못한다"는 말이 있을 정도로 맛있기로 유명하다. 기장은 남해와 동해가 맞닿는 모서리에 위치해 물살이 거칠고 빠르며, 그 영향으로 미역이 좁고 질기면서도 미역발이 강하기 때문이다.

기장 미역은 국을 끓여도 흐물흐물해지지 않고, 쫄깃한 식감과 향을 그대로 유지한다.

남해 '멸치'

남해 앞바다에서는 죽방렴으로 잡는 멸치가 유명하다. 죽방렴은 대나무로 만든 V자형 발로, 밀물과 썰물 때 드나드는 물고기를 잡는 전통 원시 어로법 중 하나이다.

이 방식으로 잡힌 멸치는 뜰채로 건져 가공하므로, 비늘이 잘 유지되고 육질이 단단하다. 멸치는 너무 큰 것보다 중간 크기의 맛과 식감이 좋다고 한다.

진영 '단감'

단감은 일제강점기 이후 우리나라에 들어왔다. 진영 단감은 1927년, 진영역장을 지낸 일본인이 진영의 토질, 기후, 풍토 등을 조사하던 중 단감 재배의 최적지라 판단하고, 100주를 시험 재배한 것이 시초이다.

진영은 서리가 오는 시기가 늦어 생육기간이 다른 지역에 비해 10일 정도 길기 때문에 단감 재배의 천혜의 조건을 갖추고 있다.

봉화 '송이버섯'

우리나라와 중국요리에서 최고의 식재료로 대접받는 송이는 재배가 불가능해 자연산만 존재한다. 이 때문에 일반인이 송이를 맛볼 수 있는 계절은 매우 짧고, 가격도 비싸다.

봉화는 자연송이의 대표 산지로, 태백산 자락의 청정지역이며 마사토 토양으로 이루어져 있어, 송이 생산에 최적의 조건을 갖추고 있다. 봉화 송이는 수분 함량이 적고 향이 오래 지속되며, 장기 보관도 가능하다. 그 명성은 일본에도 알려져 있다.

송이는 영양학적으로 저칼로리 다이어트 식품이며, 비타민 B_1, B_2는 물론, 비타민 D도 풍부하다. 특히, 햇볕에 말린 송이는 비타민 D의 보고로 불릴 만큼 영양이 뛰어나다. 또한 위암과 직장암을 억제하는 데 효과가 있는 항암 성분인 크리스틴이 풍부하다. 송이는 주로 구이, 찜, 전골 등에 활용된다.

울산 장생포 '고래고기'

울산의 장생포항은 고래 포경업의 전진기지였다. 과거에는 장생포항에 범고래, 밍크고래, 말뚝고래, 돌고래 등 동해바다에서 포경선의 어부들이 포획해 온 다양한 고래들이 선착장에 부려졌다. 한 해에 1,000마리 이상의 고래가 장생포항에서 거래된 시절도 있었다. 그러나 1985년 국제법에 따라 포경업이 금지되어 이 풍경은 사라졌다.

고래고기는 회, 수육, 찌개 등 다양한 요리로 만들어 먹는다. 횟감으로는 오베기(꼬리), 우네(가슴 부위), 육회무침(갈빗살) 등이 있으며, 특히 눈이라도 맞은 것처럼 살점이 하얀 오베기와, 삼겹살 비슷한 모양의 우네는 씹을 때 꼬들꼬들하며, 육회는 한우 육회와 거의 흡사한 맛을 낸다.

경주 '황남빵'

1939년 경주 황남동에서 최영화 옹이 만들기 시작한 황남빵은 우리나라의 떡과 서양의 빵이 조화를 이룬 독특한 빵이다. 밀가루 반죽에 팥앙금을 가득 넣고 한입 크기로 구워 먹으며, 달지 않고 부드러운 팥앙금이 특징이다.

경주 '교동법주'

조선시대 임금이 마셨다고 전해지는 경주 교동법주는 월성 최씨 가문 종가에서 300년 동안 대대로 전해 내려온 술이다. 찹쌀과 밀로 만든 누룩, 샘물로 빚으며, 1939년 최씨 집안으로 시집온 배영신 할머니에 의해 그 맛이 이어져 오고 있다. 현재는 중요무형문화재로 지정되어 있다.

경상도 음식 축제

축제명	기간	장소	연락처	인터넷 사이트
상주곶감축제	매년 1월	경상북도 상주시 태평성대 경상감영공원	대한민국곶감축제 추진위원회 054-537-8202	https://www.sangju.go.kr/gotgamfestival
안동 암산얼음축제	매년 1월	경상북도 안동시 남후면 암산1길 59	한국정신문화재단 054-840-3424	http://www.binggo.org
지리산 산청곶감축제	매년 1월	경상남도 산청군 시천면 송하중태길 6	지리산산청곶감축제위원회 055-973-0085	http://www.gotgam.center/
함안곶감축제	매년 1월	경상남도 함안군 함안대로 619-4	함안곶감축제위원회 055-580-4554	https://festa.gyeongnam.go.kr
청도 정월대보름 민속한마당	매년 2월	경상북도 청도군 한내길 166	달집전승보존회 054-370-6376	https://www.cheongdo.go.kr/main.do
배내골고로쇠축제	매년 3월	경상남도 양산시 원동면 배내로 431	배내골주민위원회 055-364-7778	http://tour.yangsan.go.kr
영덕대게축제	매년 3월	경상북도 영덕군 강구면 오포리 영덕대게로 132	영덕대게축제추진위원회 010-2894-5530	https://ydstay.kr/index.do

(계속)

축제명	기간	장소	연락처	인터넷 사이트
울진대게와 붉은대게축제	매년 3월	경상북도 울진군 후포면 울진대게로 236-14	울진군축제발전위원회 054-789-5486	https://www.uljin.go.kr/crab/index.uljin
원동 미나리축제	매년 3월	경상남도 양산시 원동면 용당리 16-23	원동면 주민자치회 055-382-5502	http://yswondong.co.kr/
죽장고로쇠축제	매년 3월	경상북도 포항시 북구 죽장면 일광길 2	죽장면주민센터 054-240-7670	https://blog.naver.com/inpohang
호미곶 돌문어 수산물축제	매년 4월	경상북도 포항시 남구 호미곶면 해맞이로 136	호미곶돌문어축제 추진위원회 054-284-0575	https://www.gb.go.kr
밀양 아리랑대축제	매년 5월	경남 밀양시 삼문동 248-6	(재)밀양문화재단 055-359-4500	http://arirang.or.kr
보물섬 미조항 멸치 & 수산물축제	매년 5월	경상남도 남해군 미조면 미조로 9	보물섬 미조항 멸치 & 수산물 축제 공동추진위원회 055-867-6525	https://www.namhae.go.kr/tour/main.web
성주참외 & 생명문화축제	매년 5월	경상북도 성주군 성주읍 성박숲길 30	성주군축제추진위원회 054-930-6983	https://sj.go.kr/sjlife/main.do
영양 산나물축제	매년 5월	경상북도 영양군 영양읍 군청길 37	(재)영양축제관광재단 054-683-7300	http://yftf.kr
영천 한약축제	매년 5월	경상북도 영천시 화룡동 128번지	한약축제추진위원회 054-339-7281	https://ilove-yc.co.kr/
하동 야생차문화축제	매년 5월	경상남도 하동군 쌍계로 571-25	(사)하동야생차문화축제 조직위원회 055-880-6583	https://www.hadong.go.kr/tour.web
경주술술페스티벌	매년 6월	경상북도 경주시 보문로 507	경주술술페스티벌 사무국 054-702-1061	https://ssfestival.kr/
경남고성옥수수(쫀달고) 축제	매년 7월	경상남도 고성군 거류면 거류로 335	고성옥수수축제추진위원회 010-3858-4334	https://blog.naver.com/dinogoseong
봉화은어축제	매년 7월	경상북도 봉화군 봉화읍 내성리	봉화축제관광재단 054-674-3053	https://bonghwafesta.or.kr/main/main.html
섬진강문화재첩축제	매년 8월	경상남도 하동군 하동읍 섬진강대로 2107-8	(사)알프스하동섬진강문화 재첩축제추진위원회 055-880-2448	http://tour.hadong.go.kr
마산어시장축제	매년 8월	경상남도 창원시 마산합포구 복요리로 7	마산어시장축제위원회 055-221-0671	https://www.changwon.go.kr/tour
사천시 삼천포항 자연산 전어축제	매년 8월	경상남도 사천시 팔포1길 65	사천시 삼천포항 자연산 전어축제 추진위원회 055-832-8568	https://www.3004palpo.co.kr/index.php
울릉도 오징어축제	매년 8월	경상북도 울릉군 울릉읍 저동리	울릉군 축제위원회 054-790-6425	https://www.ulleung.go.kr/ko/main.do
거제둔덕 포도축제	매년 9월	경상남도 거제시 둔덕면 하둔리 645	거제둔덕포도축제 추진위원회 055-639-6611	https://www.geoje.go.kr/index.geoje?contentsSid=13478

(계속)

축제명	기간	장소	연락처	인터넷 사이트
문경 오미자축제	매년 9월	경상북도 문경시 동로면 적성리 525-11	문경오미자축제추진위원회 054-500-6889	https://www.gbmg.go.kr/tour/main.do
함양산삼축제	매년 9월	경상남도 함양군 함양읍 필봉산길 49	함양산삼축제위원회 055-964-3353	http://www.sansamfestival.com
경북영주 풍기인삼축제	매년 10월	경상북도 영주시 풍기읍 성내리 240-1	(재)영주풍기인삼축제조직위원회 054-635-0020	https://www.ginsengfestival.co.kr/home/
경산대추축제 & 농산물한마당	매년 10월	경상북도 경산시 남매로 100	(사)한국후계농업경영인경산시연합회 053-811-2538	https://gskaff.lifeapp.kr/
구미푸드페스티벌	매년 10월	경상북도 구미시 송정동 505	문화예술공동체 숨협동조합 054-480-5592	https://www.gumi.go.kr/main.do
김천포도축제	매년 10월	경상북도 김천시 운동장길 1	김천포도축제추진위원회 054-421-2532	https://www.gcpodo.com/
독일마을 맥주축제	매년 10월	경상남도 남해군 삼동면 독일로 89-7	남해군청 관광진흥과 055-860-8601	https://nhgvbf.com/
문경 사과축제	매년 10월	경상북도 문경시 문경읍 새재로 932	문경사과축제추진위원회 054-571-7677	http://yesmgapple.or.kr/
문경약돌한우축제	매년 10월	경상북도 문경시 문경읍 새재로 932	문경약돌한우축제 추진위원회 054-571-7677	https://www.gbmg.go.kr/tour/main.do
밀양대추축제	매년 10월	경남 밀양시 단장면 표충로 868	밀양대추축제추진위원회 055-359-5351	https://festa.gyeongnam.go.kr
봉화송이축제	매년 10월	봉화군 봉화읍 나성천 일원	봉화축제관광재단 054-674-3053	https://bhftf.co.kr
산청한방약초축제	매년 10월	경상남도 산청군 금서면 동의보감로555번길 61	(재)산청축제관광재단 055-970-6670	http://scherb.or.kr/index.php
영주장날 농특산물대축제	매년 10월	경상북도 영주시 한정로 126	(재)영주문화관광재단 054-630-8707	http://yctf.or.kr/aspf/
영천와인페스타	매년 10월	경상북도 영천시 최무선로 364	영천와인사업단 054-339-7397	http://www.ycwine.or.kr
의성 전통주 페스타	매년 10월	경상북도 의성군 안계면 안계시장길 30	사단법인도농문화콘텐츠연구회 031-774-3312	https://www.nicerice.kr/
의성슈퍼푸드마늘축제	매년 10월	경상북도 의성군 의성읍 경북대로 5690	의성군축제추진위원회 054-830-6578	http://www.garlicfestival.co.kr
창원단감축제	매년 10월	경상남도 창원시 의창구 중동 781	창원특례시 055-225-2114	https://www.changwon.go.kr/cwportal/portal.web
청도반시축제	매년 10월	경상북도 청도군 화양읍 청려로 1846	청도반시축제추진위원회 054-370-2211	http://www.청도반시축제.kr
청송사과축제	매년 10월	경상북도 청송군 청송읍 금월로 269	청송군축제추진위원회 054-873-3686	https://csapplefestival.kr/index.php

(계속)

축제명	기간	장소	연락처	인터넷 사이트
하동을 먹다, 하동별맛축제	매년 10월	경상남도 하동군 하동읍 광평리 150	한국생활개선 하동군 연합회 055-880-6582	https://www.hadong. go.kr/tour.web
합천황토한우축제	매년 10월	경상남도 합천군 합천읍 문화로 62	합천축협 055-933-0050	https://blog.naver.com/ travelhc
구미라면 축제	매년 11월	경상북도 구미시 원평동 124-23	구미시 054-480-2652	https://www.gumi.go.kr/ main.do
김해 진영단감축제	매년 11월	경상남도 김해시 진영읍 김해대로 257	김해 진영단감축제 제전위 원회 055-343-2242	http://www.gimhae. go.kr/dangam
밀양얼음골사과축제	매년 11월	경상남도 밀양시 산내면 삼양리 195-3	밀양얼음골사과발전협의회 010-8483-7500	https://얼음골사과발전협 의회.kr
양산배내골사과축제	매년 11월	경상남도 양산시 원동면 배내로 431	배내골주민위원회 055-364-7778	https://www.yangsan. go.kr/main.do
포항구룡포과메기 & 겨울바다 페스티벌	매년 11월	경북 포항시 남구 구룡포읍 구룡포리 954-34	포항시 054-270-8282	https://www.pohang. go.kr/phtour
한려수도 굴축제	매년 11월	통영시 강구안 문화마당	굴수하식수산업협동조합 055-645-4511	https://www.tongyeong. go.kr/main.web
거제대구수산물축제	매년 12월	경상남도 거제시 장목면 외포리	거제대구수산물축제추진위 원회 010-2849-6666	https://tour.geoje.go.kr/ index.geoje
사천시농업한마당축제	매년 12월	경상남도 사천시 시청로 77 노을광장	사천시농업한마당축제추진 위원회 055-831-3760	https://festa. gyeongnam.go.kr

안동헛제삿밥

재료 및 분량

쌀 2컵, 고사리 600g, 시금치 60g, 숙주나물 60g, 배추 60g, 무 60g, 오이 60g, 달걀 2개

전·적 쇠고기 200g, 간고등어 200g, 상어 200g, 두부 ½모, 배춧잎 2장, 다시마 30g, 동태포 100g, 밀가루, 꼬치

탕 무 200g, 다시마 30g, 육수 1.2L

고사리 양념 청장 1작은술, 다진 마늘 ½작은술, 참기름 ½작은술, 깨소금 ½작은술

숙주나물 양념 소금 ⅔작은술, 다진 마늘 ½작은술, 참기름 1⅓작은술, 깨소금 ⅔작은술

배추나물 양념 소금 ⅔작은술, 다진 마늘 ½작은술, 참기름 1⅓작은술, 깨소금 ⅔작은술

무나물 양념 소금 ⅓작은술, 다진 마늘 ¼작은술, 다진 생강 ⅛작은술

시금치 양념 소금 ⅔작은술, 다진 마늘 ½작은술, 참기름 ⅓작은술, 깨소금 ⅓작은술

오이 양념 소금 ⅓작은술, 다진 마늘 ½작은술, 참기름 ⅓작은술, 깨소금 ⅓작은술

쇠고기 양념 배즙 1큰술, 청주 1작은술, 간장 1큰술, 설탕 ½큰술, 다진 마늘 ½작은술, 참기름 1작은술

만드는 방법

1 쌀은 깨끗이 씻어 30분 정도 물에 불린 후 밥을 짓는다.

2 고사리는 끓는 물에 삶아 쓴맛을 우려낸 후, 물기를 짜 5cm 길이로 썰고 다시 물기를 짠다. 고사리에 다진 마늘과 청장을 넣어 무친 후, 팬에 볶다가 뚜껑을 덮어 잠시 뜸을 들이고 깨소금과 참기름을 넣는다.

3 숙주나물은 거두절미하여 깨끗이 씻고, 냄비에 물을 자작하게 넣고 삶는다. 물기를 꼭 짜고, 소금, 다진 마늘, 참기름, 깨소금을 넣고 무친다.

4 배추는 잎을 한 장씩 떼고, 물이 끓으면 소금을 약간 넣고 재빨리 데쳐 낸다. 데친 배추의 물기를 짜고 송송 썬 후, 다진 마늘, 소금, 참기름, 깨소금을 넣고 양념이 고루 배도록 무친다.

5 무는 채 썰어 소금에 살짝 절인 후, 물기를 꼭 짠다. 냄비에 다진 마늘과 소금을 넣어 볶고, 참기름과 깨소금을 넣어 마무리한다.

6 시금치는 다듬어 끓는 물에 소금을 넣고 살짝 데친다. 데친 시금치는 물기를 꼭 짜고 썬 후, 다진 마늘, 소금, 참기름, 깨소금을 넣고 무친다.

7 오이는 반으로 갈라 어슷하게 썰고, 소금을 살짝 뿌려 절인다. 물기를 꼭 짜고, 팬에 다진 마늘과 소금을 넣고 재빨리 볶은 후 참기름과 깨소금을 넣는다.

8 쇠고기는 고깃결 반대 방향으로 2×7×0.5cm 크기로 썰어 꼬치에 꿴 후, 오그라들지 않게 칼끝으로 고기를 두들겨준 다음, 양념하여 찌거나 굽는다.

9 간고등어와 상어는 쇠고기와 같은 크기로 썰어 꼬치에 꿴 후, 찌거나 굽는다(상어는 소금 간을 한다).

10 두부는 0.7cm 두께로 썰어 소금을 뿌려 잠시 두었다가 물기를 제거하고 팬에 지져 낸다.

11 배춧잎과 물에 불린 다시마는 밀가루 반죽을 묻혀 전을 부친다.

12 동태포는 소금 간을 한 후, 물기를 제거하고 밀가루, 달걀 순서로 묻혀 전을 부친다.

13 달걀은 소금을 넣은 물에 약 15분간 완숙으로 삶는다. 찬물에 식힌 후 껍질을 벗기고, 세로로 2등분 또는 4등분한다.

14 불린 다시마와 무는 얇고 네모나게 썰고, 육수를 부어 탕을 끓인다.

15 그릇에 갖은 나물을 색을 맞추어 담고, 탕과 고기, 생선전을 담아 간장과 곁들여 낸다.

특징

안동과 진주는 예로부터 양반의 고장으로, 일 년 내내 제사가 끊이지 않았다. 선비들은 밤에 글을 읽다 출출하면 이웃의 제삿밥으로 허기를 달래곤 했다. 그러다 제사가 없는 날에도 제삿밥을 찾는 일이 생기면서 '헛제삿밥'이 유래되었다. 이 음식은 고춧가루나 마늘을 쓰지 않으며, 간고등어구이, 돔배기적, 나물 등이 함께 나온다.

헛제삿밥의 유래에 대해서는 몇 가지 설이 전해진다. 진주의 한 수령이 제삿밥을 유독 좋아해 밤마다 찾자, 아전들이 날마다 제삿집을 수소문해야 했다. 그러던 중 제사를 지내는 집이 하나도 없던 날, 아전들은 꾸중을 피하려고 거짓으로 제삿밥을 차렸지만, 음식에 향냄새가 배어 있지 않아 들통이 났다는 이야기가 있다.

또 다른 설로는, 안동의 유생들이 서원에서 거짓 제사를 지내며 풍류를 즐겼다는 이야기, 쌀밥이 먹고 싶었던 상민들이 제삿밥을 흉내 내어 만든 음식이라는 이야기도 전해진다.

헛제삿밥은 나물에 고추장을 넣지 않고, 간장과 깨소금으로 간을 하여 비벼 먹는다.

통영비빔밥

재료 및 분량

밥 4공기, 홍합 200g, 바지락 200g, 쇠고기(우둔살) 200g, 시금치 150g, 박 100g, 숙주 100g, 고사리 100g, 달걀 1개

국 무 150g, 두부 100g, 불린 미역 100g, 톳나물 50g, 파래 50g, 쌀뜨물 6컵, 멸간장 2큰술

육회 양념 간장 1큰술, 다진 파 2작은술, 다진 마늘 1작은술, 깨소금 2작은술, 참기름 1작은술, 후춧가루 ⅛작은술

시금치나물 양념 멸간장 1작은술, 다진 마늘 ½작은술, 깨소금 ½작은술, 참기름 ½작은술

박나물 양념 소금 ½작은술, 다진 마늘 ½작은술, 깨소금 ½작은술, 참기름 ½작은술

숙주나물 양념 소금 ½작은술, 다진 마늘 ½작은술, 깨소금 ½작은술, 참기름 ½작은술

고사리나물 양념 멸간장 1작은술, 다진 마늘 ½작은술, 깨소금 ½작은술, 참기름 ½작은술

만드는 방법

1 홍합은 털을 제거하고 껍데기를 벗긴 후, 연한 소금물에 흔들어 씻는다. 물기를 뺀 후 굵게 다져 소금과 참기름을 넣고 볶는다.

2 바지락은 소금물에 해감한 후, 껍데기를 제거하고 굵게 다져 소금과 참기름을 넣고 볶는다.

3 시금치는 끓는 물에 소금을 넣고 데쳐 내어 찬물에 헹군 후, 물기를 꼭 짜고 양념하여 무친다.

4 박은 껍질을 벗기고 씨를 제거한 후 얇게 썬다. 소금과 다진 마늘을 넣고 볶은 후, 참기름과 깨소금을 넣는다.

5 숙주는 거두절미하고 깨끗이 씻은 후, 물을 조금 붓고 삶는다. 삶은 숙주는 물기를 꼭 짜고 양념하여 무친다.

6 고사리는 부드럽게 삶아 물에 우려 쓴맛을 빼고 물기를 짠다. 다진 마늘과 멸간장으로 양념하여 팬에 볶고 뚜껑을 덮어 뜸을 들인 후, 참기름과 깨소금을 넣는다.

7 쇠고기는 힘줄을 제거하고 5cm 길이로 가늘게 썬 후, 육회 양념으로 무친다.

8 달걀은 황·백을 분리하여 소금을 넣고 각각 지단을 부친 후, 5cm 길이로 가늘게 채 썬다.

9 그릇에 밥을 담고 준비해 둔 나물과 해물, 지단을 둘러 담은 후, 쇠고기 육회를 올린다.

10 국을 곁들여 낸다.

국 끓이기

1 무는 채 썰고, 두부는 네모나게 썰며, 미역은 불려 썬다. 톳과 파래는 깨끗이 씻어 둔다.

2 쌀뜨물을 끓이다가 무, 톳, 파래를 넣고, 멸간장 2큰술로 간을 한다. 다 끓으면 두부를 넣는다.

특징

통영비빔밥의 조리법은 다른 비빔밥과 비슷하나, 쌀뜨물에 미역과 파래로 끓인 국을 곁들이는 것이 특징이다. 파래는 칼슘, 인, 철분 같은 무기질 및 비타민 C가 풍부하며, 신진대사 기능을 높이는 요오드도 다량 함유한 다이어트 식품이다.

충무김밥

재료 및 분량

밥 320g, 김 4장, 오징어 1마리, 무 ½개

오징어 양념 까나리액젓 2큰술, 고춧가루 1½큰술, 양파즙 ½큰술, 물엿 ½작은술, 청주 1작은술, 다진 파 1큰술, 다진 마늘 1작은술, 통깨 1작은술, 후춧가루 ⅛작은술

무 양념 멸치액젓 2큰술, 고춧가루 1큰술, 다진 마늘 1작은술

만드는 방법

1 오징어는 몸통을 반으로 갈라 내장을 제거하고 씻은 후, 4×2cm 크기로 어슷하게 썰고, 다리는 4cm 길이로 썬다.

2 썰어 둔 오징어는 끓는 물에 소금을 넣고 살짝 데친 후, 체에 밭쳐 물기를 뺀다.

3 무는 2번 정도 베어 먹을 수 있도록 큼직하게 썬 후, 채반에 널어 반나절 정도 말린다.

4 까나리액젓과 양파즙을 섞고 고춧가루를 넣어 불려 색이 곱게 나게 한다. 여기에 다진 파, 다진 마늘, 청주, 물엿, 소금, 후춧가루, 통깨를 넣어 양념장을 만든다.

5 데친 오징어에 **4**의 양념장을 넣고 무친다.

6 말린 무에 다진 마늘, 멸치액젓, 고춧가루를 넣고 버무린다.

7 김은 아무것도 바르지 않은 상태로 석쇠에 올려 2장씩 살짝 구운 후, 4등분한다.

8 김발에 김을 깔고 따뜻한 밥을 고르게 펴 올려 말아 싼다. 밥의 온기로 인해 말아 둔 김이 밥에 잘 붙으며, 김에서 비린내가 나지 않고 고소한 맛이 난다.

9 김밥에 오징어무침과 무김치를 곁들여 낸다.

특징

충무김밥은 도구 없이도 손으로 편하게 먹을 수 있으며, 밥과 반찬을 따로 싸서 상할 염려도 없어 뱃일을 나가는 남편을 위해 아내가 준비한 데서 유래했다고 한다. 육로가 없던 시절, 부산과 여수를 오가던 여객선이 중간 지점이었던 충무에 정박하면, 김밥 장수들이 잽싸게 배에 올라 김밥을 팔기도 하였다.

이들이 처음 판 김밥은 대나무 꼬챙이에 김밥, 주꾸미, 홍합, 무김치 등의 반찬을 줄줄이 꿰워 판매한 것이었으며, 술안주로도 인기를 끌었다. 고성 쌀로 지은 밥과 완도 등지의 질 좋은 김을 사용하여 향긋하고 고소한 맛을 낸다. 여기에 양념에 버무린 오징어와 어묵 등의 무침, 큼직하게 썰어 놓은 무김치, 시락국(시래기국)이나 조갯국 등을 함께 곁들인다.

안동국시

재료 및 분량

국수　밀가루 1컵, 날콩가루 ⅓컵, 물 4큰술

닭 반마리(400g), 달걀 1개, 김 1장, 소금 1작은술, 다진 파 2작은술, 다진 마늘 1작은술, 깨소금 1작은술, 참기름 1큰술, 후춧가루 ⅛작은술

만드는 방법

1 밀가루와 날콩가루를 함께 섞은 후, 물을 넣어 반죽한다. 비닐봉지에 반죽을 넣어 30분 정도 둔 다음, 밀대로 얇게 밀고 썰어 칼국수를 만든다.

2 닭고기는 깨끗이 손질한 후, 찬물에 넣고 푹 삶는다. 닭고기를 건져 가늘게 찢고, 다진 파, 다진 마늘, 후춧가루, 소금, 깨소금, 참기름을 넣어 양념해 둔다. 국물은 식혀 기름기를 걷어 낸다.

3 달걀은 황·백으로 나누어 지단을 부친 후 채 썬다.

4 김은 구운 후 가늘게 썬다.

5 2의 닭국물을 끓이다가 칼국수를 넣고, 끓어오르면 다진 마늘을 넣고 소금으로 간을 맞춘다.

6 그릇에 국수를 담고, 양념한 닭고기, 달걀지단, 가늘게 썬 김을 얹어 낸다.

특징

'국시'는 '국수'의 경북지역 방언이다. 안동지역에서는 밀가루에 생콩가루를 섞어 반죽하여 면을 만들었다. 콩에는 비타민 B군이 풍부하고, 단백질의 질이 우수할 뿐만 아니라, 아이소플라본 등의 생리활성 물질을 함유하고 있어, 특히 갱년기 여성에게 좋은 식품으로 알려져 있다. 이러한 점에서 안동국시는 맛과 영양, 기능성을 두루 갖춘 향토음식이라 할 수 있다.

칼국수는 밀가루 반죽을 얇게 밀어 칼로 썰 데서 유래한 이름으로, '칼싹두기'라고도 하며, 북한에서는 '칼제비'라고 부른다. 안동국시는 면을 따로 삶아 국수장국에 넣는 것이 아니라, 장국에 바로 넣어 끓이기 때문에 '제물칼국수'라고도 한다.

굴떡국

재료 및 분량

흰떡 600g, 굴 200g, 두부 100g, 달걀 1개, 김 1장, 청장 2큰술, 다진 마늘 1작은술

멸치장국 국물용 멸치 50g, 물 10컵

만드는 방법

1 국물용 멸치는 머리와 내장을 제거한 후, 찬물을 붓고 끓인다. 끓기 시작하면 불을 끄고 체에 밭쳐 멸치장국을 만든다.

2 굴은 소쿠리에 담아 깍지가 없도록 흔들어 씻고 물기를 뺀다.

3 두부는 정육면체로 네모나게 썬다.

4 달걀은 황·백으로 지단을 부친 후 채 썰고, 김은 구워서 가늘게 썬다.

5 **1**의 멸치장국이 끓어오르면 흰 떡을 넣고 한소끔 끓인다. 썰어 놓은 두부와 생굴을 넣어 다시 한소끔 끓인 후, 다진 마늘과 청장을 넣어 간을 맞춘다.

6 그릇에 떡국을 담고 달걀지단과 김을 고명으로 얹는다.

멸치장국을 사용하지 않고, 굴만으로 국물 맛을 내기도 한다.

특징

경상도의 떡국은 쇠고기 대신 멸치로 국물을 내고, 싱싱한 자연산 굴을 넣어 끓이는 것이 특징이다. 떡국은『경도잡지』와『동국세시기』에 '탕병(湯餠)'이라는 이름으로 기록되어 있다.『경도잡지』에는 "멥쌀로 떡을 만들어 치고 비벼 한 가닥으로 만든 것을 '백병(白餠)'이라고 한다. 굳으면 가로로 자르는데, 그 얇기가 돈과 같다. 그것을 끓이다가 꿩고기, 후춧가루 등을 넣어 끓이며, 세찬에 없어서는 안 될 음식이다."라고 기록되어 있다.

최남선은『조선상식』에서 떡국에 대해 "흰색의 음식을 새해에 먹음으로써 천지만물의 신생을 의미하는 종교적인 뜻이 담겨 있다."라고 하였다.

떡가래의 모양에도 의미가 있다. 시루에 찐 덕을 길게 늘려 가래로 뽑는 것은 재산이 쭉쭉 늘어나기를 바라는 축복의 의미를 담고 있다. 가래떡을 둥글게 써는 이유는 그 모양이 엽전과 닮아 한 해 동안 재화가 풍족하기를 기원하는 뜻이 담겨 있다.

재첩국

재료 및 분량

재첩 3컵, 물 5컵, 소금 2작은술,
실파 1뿌리, 홍고추 ½개

만드는 방법

1 재첩은 연한 소금물에 담가 해감한다.

2 냄비에 재첩과 물을 부어 끓이고, 한 번 끓어오르면 불을 줄인다.

3 재첩이 입을 모두 벌리면 끓인 재첩을 체에 붓고 흔들어 재첩살과 껍질을 분리한다.

4 재첩살은 따로 두고, 재첩국물은 소금으로 간을 맞춘다.

5 재첩국물에 재첩 건더기를 담고, 송송 썬 파와 홍고추를 띄운다.

특징

재첩국은 재첩을 끓이고 체에 밭쳐 껍질을 벗긴 후 소금으로 간을 맞춘 국으로, 뽀얀 국물에서 시원한 맛이 나 술국으로 인기가 좋다. 재첩은 과거 김해, 명지, 엄궁, 하단 등 낙동강 하류에 많이 서식했으나, 현재는 섬진강 유역에서 주로 잡힌다. 섬진강 재첩은 알이 꽉 차 있고, 끓인 국물은 우윳빛을 띤다. 이는 재첩이 서식하는 지역의 수질이 깨끗하고, 민물과 바닷물이 적절히 섞여 최적의 환경을 이루기 때문이다.

재첩은 5~6월에 잡히는 것이 가장 맛있고 영양가도 높다. 칼슘, 철분, 인, 비타민 B_2와 단백질이 풍부하며, 국뿐만 아니라 회로 먹으면 쫄깃한 식감을 즐길 수 있다. 재첩국에는 다른 양념을 하지 않고 소금으로만 간을 하며, 여름에는 부추, 겨울에는 파를 작게 썰어 올리면 향과 맛이 더욱 살아난다.

돔배기적

재료 및 분량

상어(돔배기) 400g, 식용유

양념장 간장 2큰술, 소금 1작은술, 물 5큰술, 청주 2큰술, 참기름 2작은술

꼬치 6개

만드는 방법

1 상어는 살을 1cm 두께로 포를 뜬 후, 간장, 소금, 물, 청주, 참기름을 섞은 양념장에 살짝 밑간하여 채반에 놓고 햇볕에 3~4시간 말린다.

2 말린 상어를 2×10cm 길이로 잘라 꼬치에 3개씩 끼운다.

3 달군 팬에 식용유를 두른 후 상어꼬치를 굽는다.

🍴 돔배기적은 채반에 얹어 찜통에서 쪄도 좋다.

특징

상어는 '돔배기'라고도 부르며, 안동지방에서는 돔배기적을 큼직하게 만들어 제사상에 올린다. 상어는 몸집이 크기 때문에 주로 토막 내어 큰 덩어리 상태로 판매된다.

상어 살은 다른 생선에 비해 잘 부서지지 않고, 약간 아린 맛이 나지만, 꾸덕꾸덕하게 말려 구워 먹기 때문에 비린내가 나지 않는다.

다른 산적은 채소나 쇠고기 등 부재료를 함께 끼우는 반면, 돔배기적은 상어 한 가지만 끼우는 것이 특징이다. 안동 재래시장에서는 돔배기를 토막 내어 판매하는 모습을 흔히 볼 수 있다.

동래파전

재료 및 분량

쪽파 100g, 오징어(소) 1마리, 홍합 50g, 조갯살 50g, 굴 50g, 홍고추 1개, 밀가루 1컵, 찹쌀가루 ⅓컵, 달걀 1개, 멸치국물 1컵, 소금 ½작은술, 식용유 5큰술

만드는 방법

1 쪽파는 깨끗이 다듬어 씻고 15cm 길이로 자른 후, 칼등으로 뿌리 쪽을 두드린다. 홍고추는 어슷하게 썰어 씨를 뺀다.

2 오징어는 내장을 제거하고 손질한 후, 0.5×3cm 크기로 썬다.

3 굴, 조갯살, 홍합은 소금물에 씻어 반 분량을 대강 다지고, 나머지 반 분량은 그대로 둔다.

4 밀가루와 찹쌀가루를 함께 잘 섞는다.

5 멸치국물에 달걀을 풀고 소금 간을 약하게 한다. 여기에 **4**를 넣어 훌훌하게 풀고, 다져 놓은 해물을 섞는다.

6 달군 팬에 식용유를 두르고 **5**의 반죽을 한 국자씩 떠서 넓게 편 후, 쪽파와 남은 해물, 홍고추를 올린다. 그다음 반죽을 조금 더 떠 위에 얇게 덮듯이 바른다.

7 반죽의 아랫면이 다 익으면 불을 약하게 줄이고, 뒤집어 익힌다.

특징

동래파전은 조선 말기 음력 3월 삼짇날을 전후해 동래 장터에서 점심 요깃거리로 등장했으며, 장꾼이나 장을 보러 온 사람들 사이에서 큰 인기를 끌었다고 전해진다. "파전 먹는 재미로 동래장에 간다"는 말이 있을 정도로, 사람들의 입맛을 사로잡는 음식이었다. 예로부터 동래 금정산 주위에는 파밭이 많았는데, 여기서 나는 파와 바다에서 건져 올린 싱싱한 해산물을 넣은 파전을 즐겨 먹었다.

파전의 맛은 반죽에 사용하는 맛국물에 크게 좌우된다. 동래파전은 부산 사투리로 '뛰뽀리'라고 부르는 멸치를 삶아 국물을 내고, 여기에 다시마, 무, 양파, 대파, 쪽파의 뿌리를 넣고 뭉근하게 끓인다. 이 맛국물은 전날 밤 미리 만들어 식혀 둔 후, 반죽에 사용한다. 주재료인 조선쪽파는 자르지 않고 껍질을 모두 벗겨 내어 속대만 사용해야 파가 연하고 단맛이 난다.

파는 칼슘, 인, 철분 및 비타민이 풍부하다. 특히, 초록색 부분에는 비타민 A와 C가 풍부하며, 한방에서는 파가 몸을 따뜻하게 해주고 위장 기능을 돕는 식품으로 알려져 있다.

마산아구찜

재료 및 분량

말린 아귀(중) 1마리, 멸치육수 3컵, 콩나물 400g, 미나리 100g, 대파 3뿌리, 소금 1작은술, 된장 1큰술, 고춧가루 1큰술

양념장 고추장 2큰술, 간장 1큰술, 고춧가루 1큰술, 설탕 1큰술, 다진 마늘 1큰술, 다진 생강 2작은술

만드는 방법

1 말린 아귀는 적당한 크기로 토막 낸 후, 멸치국물을 붓고 푹 삶는다.

2 콩나물은 꼬리를 떼고 다듬어 소금물에 데친다.

3 미나리는 다듬어 줄기 부분을 6cm 길이로 썰고, 대파는 세로로 반을 갈라 6cm 길이로 썬다.

4 분량의 재료를 섞어 양념장을 만든다.

5 삶은 아귀에 된장과 고춧가루를 풀어 한소끔 끓이고, **4**의 양념장을 풀어 한 번 더 끓인다.

6 **5**에 콩나물, 미나리, 대파를 넣어 위아래를 뒤적여 섞고, 소금으로 간을 맞춘다.

특징

'아구'는 '아귀'의 경상도 사투리이다. 아귀는 살이 물컹거리고, 머리만 커다란 가분수의 볼품없는 생선으로, 옛날에는 못생긴 데다 맛도 없다고 하여 생선이 흔한 바닷가에서는 논밭의 거름으로나 쓰였다고 한다.

이렇게 푸대접을 받던 아귀는 1950년대 마산 오동동에서 선술집을 하던 한 할머니에 의해 '아귀찜'으로 탈바꿈하였다. 그 할머니는 말린 아귀에 파, 마늘, 된장, 고추장을 넣고 북어찜처럼 쪄 새로운 요리를 만들었다. 마산아구찜은 말린 아귀를 사용하는 것이 특징인데, 살이 무른 아귀는 잘 마르지 않기 때문에 겨울 찬바람 속에서 20~30일 정도 말린 후 사용한다.

언양불고기

재료 및 분량

쇠고기 600g, 배즙 3큰술, 양파즙 3큰술

고기 양념 간장 5큰술, 설탕 2½큰술, 다진 파 2큰술, 다진 마늘 1큰술, 깨소금 1큰술, 참기름 1큰술, 후춧가루 ¼작은술

만드는 방법

1 쇠고기는 연한 등심 또는 안심을 0.3cm 두께로 얇게 썰어 배즙과 양파즙에 재워 둔다.

2 **1**에 고기 양념을 더해 다시 재워 둔다.

3 숯불을 피운 후, 석쇠에서 양념한 고기를 타지 않게 굽는다.

생고기에 소금만 뿌려 숯불에 구운 후, 무쌈을 곁들여 먹기도 한다.

특징

언양에는 일제강점기부터 도축장과 푸줏간이 있었던 것으로 전해진다. 1960년대 이후 고속도로 건설을 위해 모여든 인부들이 이곳의 고기 맛을 보고 입소문이 퍼지기 시작했고, 고속도로 개통과 함께 고깃집들이 성업을 이루게 되었다.

언양에서는 불고기를 만들 때 한두 마리의 새끼를 낳은 5~6년생 암소만을 고집하며, 도축된 지 24시간 이내의 신선한 고기만 사용한다. 고기를 구울 때 사용하는 숯은 숯가마에서 빨갛게 달아오른 나무토막을 꺼낸 후, 흙을 덮어 만든 백탄이다. 이렇게 하야 고기를 굽는 동안 일정한 온도를 유지할 수 있고, 일산화탄소도 발생하지 않는다.

안동찜닭

재료 및 분량

닭고기 1kg, 감자(중) 1½개, 당근(중) ½개, 양파(중) 1¼개, 당면 50g, 청·홍고추 각 1개, 대파 45g, 통깨 1큰술

양념 진간장 5큰술, 흑설탕 2½큰술, 다진 마늘 1⅓큰술, 참기름 2½작은술, 후춧가루 1작은술, 물 5컵

만드는 방법

1 닭고기는 깨끗이 손질한 후, 한입 크기로 토막 낸다.

2 감자와 당근은 껍질을 벗긴 후, 한입 크기로 썰고 가장자리를 둥글게 다듬는다.

3 양파는 6등분하고, 대파와 고추는 어슷하게 썬다. 당면은 찬물에 불려 둔다.

4 냄비에 분량의 양념과 물을 넣고 끓이다가, 끓기 시작하면 손질한 닭고기를 넣고 센 불에서 조린다. 닭고기가 반쯤 익으면 감자와 당근을 넣고 함께 조린다.

5 조림장이 반 정도 졸아들면 썰어 둔 고추, 대파, 불린 당면을 차례로 넣고 약한 불에서 익힌다. 국물이 자작해지면 불을 끄고 통깨를 뿌린다.

특징

안동찜닭은 1980년대 초반 안동 구시장 닭골목에서 탄생한 음식이다. 그전까지 닭골목에서는 손질한 생닭을 튀긴 후, 마늘 양념에 버무린 '마늘 닭'을 주로 판매하였다. 그러나 대형 프랜차이즈의 서양식 프라이드치킨 전문점들이 등장하면서 경쟁력을 잃기 시작하자, 시장 상인들이 자구책으로 찜닭을 개발하였다. 이 음식은 밥반찬이자 술안주로도 잘 어울린다.

닭은 기름기를 제거한 후, 감자, 당근, 양파 등의 채소와 당면을 함께 넣는다. 양념은 청양고추, 간장, 설탕이나 물엿을 섞고, 센 불에서 빠르게 조리하여 담백한 맛을 내는 것이 특징이다. 현재는 전국적으로 안동찜닭 전문점을 쉽게 찾아볼 수 있을 만큼, 안동의 대표음식으로 자리 잡았다.

과메기쌈

재료 및 분량

과메기 500g, 염장 다시마 100g, 실파 50g, 마늘 10쪽, 청고추 2개, 홍고추 2개

초고추장 고추장 3큰술, 고춧가루 1작은술, 설탕 2큰술, 식초 3큰술

만드는 방법

1 과메기는 꼬리와 지느러미를 자르고 등껍질을 벗긴 후, 4~5cm 길이로 썬다.

2 염장된 다시마는 물에 담가 소금기를 깨끗이 씻은 후, 5×6cm의 크기로 썬다.

3 실파는 뿌리를 자르고 깨끗이 씻은 후, 4cm 길이로 썬다.

4 마늘은 편으로 썰고, 청고추, 홍고추는 어슷하게 썰어 씨를 털어 준다.

5 분량의 양념을 섞어 초고추장을 만든다.

6 큰 접시에 과메기와 준비된 재료를 돌려 담고, 초고추장을 곁들여 낸다.

과메기는 생미역이나 생김에 싸서 먹기도 한다.

특징

과메기는 포항시 구룡포의 특산물로, 청어의 눈을 꼬챙이로 꿰어 말렸다는 '관목(貫目)'에서 이름이 유래하였다. 구룡포 방언에서 '목'은 '메기'를 뜻하므로, 관목이 '관메기'로 변하고, 다시 '과메기'로 굳어졌다고 한다. 『오주연문장전산고(五洲衍文長箋散稿)』에는 "청어를 연기에 그을려 부패를 방지하는데, 이를 연관목(燃貫目)이라고 한다"고 기록되어 있다. 『규합총서(閨閤叢書)』에는 "비웃(청어)을 들어 보아 두 눈이 서로 통해 말갛게 마주 비치는 것을 말려 쓰는 그 맛이 기이하다"라고 하였다.

과메기는 싱싱한 청어나 꽁치를 －10℃에서 냉동한 후, 12월부터 바깥에 걸어 밤에는 얼리고 낮에는 녹이는 과정을 반복하며, 수분 함유량이 약 40%가 되도록 건조한다. 과메기에는 어린이 성장과 피부 미용에 좋은 DHA 등 오메가-3 지방산이 풍부하다. 또한 건조 과정에서 핵산이 점차 증가하여, 피부 노화, 체력 저하, 두뇌 기능 쇠퇴를 예방하는 데 효과적인 것으로 알려져 있다.

경주수란

재료 및 분량

달걀 3개, 전복 50g, 문어다리 30g, 미나리 50g, 대파 40g, 석이버섯 5g, 홍고추 ½개, 녹말 ½컵

잣즙 잣 ½컵, 물 ½컵, 식초 1큰술, 소금 ½작은술, 설탕 ½작은술, 생강즙 1작은술

만드는 방법

1 미나리와 대파는 4~5cm 길이로 썬 후, 녹말가루를 묻혀 끓는 물에 살짝 데친다.

2 전복과 문어는 얇게 저며 녹말가루를 묻힌 후, 끓는 물에서 살짝 데친다.

3 달걀은 깨서 국자에 담아 수란을 만든다.

4 석이버섯은 물에 불려 뒷면의 돌과 이끼를 제거하고 깨끗이 씻은 후, 돌돌 말아 채 썬다.

5 잣은 고깔을 떼고, 물과 함께 블렌더에 넣고 간 후, 식초, 소금, 설탕, 생강즙을 넣어 잣즙을 만든다.

6 그릇에 수란, 전복과 문어, 미나리와 대파를 담고, 5의 잣즙을 부은 후 석이채를 띄운다.

특징

수란은 본래 경주 최부잣집에서 즐기던 음식으로, '경주채'라고도 불린다. 전복이나 문어 외에도 게, 해삼, 광어 등을 넣기도 하며, 쑥갓, 오이, 감국잎 등을 살짝 데쳐 곁들인다.

부추김치

재료 및 분량

부추 300g, 통깨 1작은술

김치 양념 멸치젓국 5큰술, 물 2큰술, 고춧가루 4큰술, 소금 1큰술, 설탕 1작은술, 다진 마늘 1큰술, 다진 생강 1작은술

만드는 방법

1 부추는 잎이 파랗고 가늘며 길이가 짧은 재래종으로 준비하여 다듬은 후, 가지런히 정리해 물에 담근다. 그다음 뿌리 쪽을 결을 따라 굵은 솔로 살살 훑으며 2~3번 씻고, 소쿠리에 담아 물기를 뺀다.

2 멸치젓국에 물을 약간 넣고 함께 끓인 후, 체에 걸러 맑은 액젓을 만든다.

3 **2**의 멸치액젓에 나머지 양념을 넣고 김치 양념을 만든다.

4 큰 그릇에 부추를 담고 **3**의 김치 양념으로 버무린 후, 항아리에 차곡차곡 눌러 담고 통깨를 뿌린다.

부추는 비벼 씻으면 으깨지면서 풋내가 나기 쉬우므로 주의한다.

특징

부추김치는 경상도에서 여름철에 즐겨 담가 먹는 김치이다. 부추는 지역에 따라 다양한 이름으로 불리는데, 전라도에서는 '솔', 경상도에서는 '정구지', 그 외에도 '부채', '부초', '졸' 등으로 불린다.

'기양초'라는 별칭도 있으며, 최음 작용과 강장 효과가 있는 것으로 알려져 있다. 또한 '게으름쟁이 풀'이라는 별명이 있는데, 이는 부추를 먹고 욕정이 생겨 해가 중천에 떠도 일을 나가지 않게 되었다는 설과, 손이 많이 가지 않아 게으른 사람도 쉽게 재배할 수 있다는 점에서 유래하였다. 부추 특유의 향은 유황 화합물에서 비롯되며, 마늘의 유황 성분과 유사하다.

콩잎김치

재료 및 분량

콩잎 400g, 굵은소금 ½컵, 물 1L

김치 양념 홍고추 1개, 대파 1뿌리, 마늘 5쪽, 생강 1톨, 멸치액젓 ½컵, 멸치육수 ½컵, 고춧가루 1큰술

만드는 방법

1 콩잎은 깨끗이 씻은 후, 소금물에 담가 일주일간 삭힌다.

2 홍고추는 2cm 길이로 썬 후, 씨를 털어내고 곱게 채 썬다.

3 대파는 2cm 길이로 썬 후, 곱게 채 썬다.

4 마늘과 생강은 편으로 썬 후, 곱게 채 썬다.

5 멸치액젓과 멸치육수를 섞고, 고춧가루, 썰어 둔 홍고추, 대파, 마늘, 생강을 넣어 김치 양념을 만든다.

6 삭힌 콩잎의 물기를 꼭 짜고, 2~3장 사이사이에 **5**의 김치 양념을 발라 항아리에 담는다.

특징

하얀 콩꽃이 피기 전, 여린 콩잎을 따주면 콩이 더 많이 열린다. 이때 따낸 콩잎은 '콩잎김치'나 '콩잎장아찌'로 담가 먹는다. 콩잎김치는 소금물에 삭힌 콩잎을 멸치액젓과 갖은양념에 버무려 담근 김치이다. 콩꽃이 피기 전의 연하고 푸른 콩잎을 사용하기도 하고, 가을에 단풍이 든 노란 콩잎으로 담그기도 한다.

경상도는 따뜻한 기후로 인해 다른 지방보다 젓갈을 진하게 넣고, 매운 양념을 사용하는 자극적인 김치 맛이 특징이다. 멸치젓을 다린 후 걸러 낸 멸치액젓과 갈치속젓을 넣어 깊은 맛을 더하기도 한다.

의령망개떡

재료 및 분량

찹쌀가루 500g, 소금 5g, 물 5큰술, 청미래덩굴잎 30장

팥소 팥 2컵(320g), 소금 1작은술, 설탕 ½컵

만드는 방법

1 팥은 깨끗이 씻어 푹 무르게 삶은 후, 고운체에 내려 앙금을 만든다.

2 앙금에 설탕을 넣고, 약한 불에서 졸여 팥소를 만든다.

3 찹쌀가루에 물과 소금을 넣고 반죽한다.

4 김이 오른 찜통에 반죽을 넣어 쪄낸 후, 찰지게 친다.

5 **4**의 찰떡을 0.2~0.3cm 정도로 얇게 민 후, 길이 10cm, 너비 10cm 크기로 썬다. 여기에 팥소를 넣고, 보자기로 싸듯이 사각형으로 빚는다.

6 망개잎 2장 사이에 **5**를 하나씩 넣고 김이 오른 찜통에 찐다.

멥쌀가루를 익반죽하거나 멥쌀가루와 찹쌀가루를 섞어 떡을 만들기도 한다.

특징

망개떡은 찰떡을 망개잎으로 감싼 떡으로, 거창충편의 일종이다. 망개잎은 백합과에 속하는 덩굴성 관목인 청미래덩굴의 잎이다. 꽃이 진 뒤 가을이 되면 암나무에 붉은 열매가 모여 달리는데, 이 열매를 '명감' 또는 '망개'라고 한다. 청미래덩굴의 어린순은 나물로 먹고, 연한 잎은 쌈으로 먹기도 한다. 찹쌀떡을 망개잎으로 싸면 떡끼리 달라붙지 않고, 쉽게 상하지 않는 효과가 있다.

안동식혜

재료 및 분량

찹쌀 1kg, 엿기름 500g, 물 5L, 무 100g, 배 ½개, 고운 고춧가루 ¼컵, 설탕 ½컵, 생강 2톨, 잣 ¼컵

만드는 방법

1 찹쌀은 깨끗이 씻어 3시간 정도 물에 불린 후, 물기를 빼고 면포를 깐 찜통에 넣어 찐다.

2 엿기름은 고운 자루에 넣고 물을 부어 주무른 후, 체에 걸러 엿기름물을 만든다. 잠시 가만히 두어 가라앉히고, 맑은 윗물만 따라 낸다.

3 무와 배는 얇게 썰어 사방 0.5cm의 작은 사각형 모양으로 채 썬다.

4 생강은 가늘게 채 썬다.

5 고운 고춧가루는 주머니에 넣고 엿기름물어 주물러 빨갛게 고춧물을 들인 후, 썰어 둔 무와 생강을 넣고 항아리에 담는다.

6 항아리에 찹쌀밥을 담고 5의 빨간 엿기름물을 부은 후, 나머지 분량은 물로 조절한다.

7 6의 항아리를 뜨거운 방에 두고 담요로 싸서 3~5시간 삭힌 후, 찬 곳으로 옮겨 하루가 지난 후에 먹는다.

8 설탕은 식혜가 삭은 후 기호에 맞게 넣고, 잣을 띄워 낸다.

특징

안동식혜는 안동을 중심으로 한 경상북도 북부지방에서만 볼 수 있는 식혜로, 무를 넣어 '무식혜'라고도 불린다. 음료로 마시지만, 고추와 생강의 매운맛에 시원한 발효미가 어우러져 독특한 풍미를 낸다. 묽은 죽처럼 걸쭉한 것부터 감주식혜와 같은 액장(液漿)이 많은 것까지 농도의 단계가 다양하며, 솜씨에 따라 맛이 달라진다.

안동식혜는 고추가 도입되어 일반화되고, 엿기름이 식혜에 사용되기 시작한 18세기 중엽 이후에 만들어진 것으로 추정된다.

제주도

지역적 특징

제주는 '섬나라'라는 뜻의 '도이(島夷)', '섭라(涉羅)', '탐모라(耽牟羅)', '탐라(耽羅)' 등의 옛 지명을 가지고 있다. 탐라국은 고구려, 백제 및 신라의 삼국과 대등한 외교 관계를 맺었으며, 이러한 관계는 고려시대에도 이어져 탐라국 고유의 역사와 문화를 형성해 왔다. 1105년에는 고려의 행정구역인 탐라군으로 편입되었고, 조선시대에는 전라도에 소속되었다가 1945년 제주도로 독립·분리되었다.

제주도는 섬이라는 지리적 환경 속에서 옛 탐라국의 역사와 전통이 깃든 독특한 민속문화를 간직하고 있어, 세계적인 휴양 관광지로 자리매김하고 있다. 제주도는 예로부터 '삼다(三多)'와 '삼무(三無)'로 유명하다. 돌(石多), 바람(風多), 여자(女多)가 많아 '삼다도(三多島)'라고도 불리며, 도둑, 거지, 대문이 없다는 '삼무'는 자조·자립정신과 상부상조의 삶을 잘 보여준다.

집주인이 일터로 나갈 때 사람이 없다는 표시로 집 입구에 '정낭'이라는 긴 나무를 걸쳐 두고, 대문 없이 지낸 점만 보아도 알 수 있다. 제주는 지리적 환경의 특수성 때문에 육지와는 달리, 의식주, 신앙, 세시풍습 등이 발달하였다.

제주도의 지형은 섬 한가운데 우뚝 솟은 한라산을 중심으로 동서 사면은 3~5°의 매우 완만한 경사를, 남북 사면은 5° 정도로 약간 급한 경사를 이루고 있다. 한라산을 중심으로 풍부한 동식물을 거느린 산림과 계곡, 기암과 소연(沼淵), 기생화산과 분화구, 동굴과 초원 등 오밀조밀한 자연경관이 천혜의 아름다움을 빚어낸다. 또한 섬의 4면이 바다로 둘러싸여 있어, 바닷가의 기암과 폭포, 백사장과 도서(島嶼) 등 해안 일대가 천연미의 절경을 이룬다.

감귤, 유채, 파인애플 등의 특수농업은 물론, 4면의 바다를 자원으로 한 수산업, 잠수, 중산간지대에 펼쳐지는 버섯 재배, 조랑말의 목축 등 다른 곳에서 볼 수 없는 어촌, 농촌, 산촌의 생활양식을 모두 갖추고 있다. 농촌에서는 농업을 중심으로, 어촌에서는 해안에서 고기를 잡거나 잠수 어업을 중심으로, 산촌에서는 산을 개간하여 농사를 짓거나 한라산에서 버섯과 산나물을 채취하여 생활하였다.

농산물 중 쌀은 거의 생산되지 않고 콩, 보리, 조, 메밀, 밭벼 같은 잡곡이 주로 생산된다. 감귤은 가장 대표적인 제주도의 작물로 이미 삼국시대부터 재배되었으며, 전복과 함께 임금께 진상하던 특산품이다. 고구마는 조선 영조 때 조엄(趙曮)이 대마도에서 가져와 제주도에서 시험 재배를 한 뒤 중요한 산물이 되었다.

제주도 음식은 바닷고기, 채소, 해초가 주된 재료로 하며, 된장으로 맛을 내고, 바닷고기로 국을 끓이거나 죽을 쑨다. 편육은 주로 돼지고기와 닭고기로 만든다. 제주 사람의 부지런하고 꾸밈없는 소박한 성품은 음식에도 그대로 드러나며, 음식을 많이 차리거나 양념을 많이 넣거나 여러 재료를 섞어 만드는 음식은 드물다. 각 재료의 자연스러운 맛을 살리는 것이 특징이다. 간은 대체로 짠 편인데, 이는 더운 기후로 인해 쉽게 상하기 때문이다. 겨울에도 기후가 온화하여 배추가 밭에 남아 있을 정도이므로 김장을 많이 담글 필요가 없고, 담그더라도 종류가 적고 짧은 기간 먹을 만큼만 조금씩 담근다.

대표적인 제주도 음식

- 주식류: 전복죽, 옥돔죽, 돼지새끼죽, 초기죽, 닭죽, 미역새죽, 깅이죽, 생선국수, 메밀만두, 메밀국수, 메밀저배기, 곤떡국, 고기국수
- 부식류: 돼지고기육개장, 고사리국, 톳냉국, 몸국, 옥돔국, 상어지짐, 옥돔구이, 꿩적, 초기적, 상어산적, 두루치기, 자리물회, 물망회, 전복소라회, 양애무침, 톳나물, 게웃젓, 자리젓, 생미역쌈, 다시마쌈, 돔베고기, 성게국, 갈치호박국, 오분자기찜, 옥돔구이, 고사리전, 성게젓, 갈치속젓
- 김치류: 동지김치, 전복김치, 해물김치, 꿩마늘김치, 남삐짐치(무김치), 봄동김치
- 병과류: 오메기떡, 빙떡, 차좁쌀떡(침떡), 상어떡, 닭엿, 보리엿, 꿩엿, 도돔떡, 돌레떡, 속떡(쑥떡), 빼대기떡(감제떡), 조침떡, 감제침덕, 은절미, 반착곤떡(솔변)과 달떡, 절변, 증괴, 약괴,우찍
- 음청류: 밀감화채, 소엽차
- 주류: 고소리술(오메기술), 선인장술

제주도 특산물

톳냉국

톳은 '톨'이라고도 불리는 식용해초 중 하나이다. 1월에서 4월 사이에 바닷가의 바위에 돋아나며, 일정 기간의 성장기 동안에는 채취를 금하다가, 성장을 마치면 날을 잡아 수확한다.

식이섬유가 많고, 최근에는 고혈압에 특효가 있다고 알려지면서 더욱 많은 이들이 톳을 찾고 있다. 톳은 삶아 된장으로 무쳐 반찬으로 먹거나, 냉국으로 만들어 먹기도 한다. 또한 삶은 후 말려 두었다가 두고두고 먹을 수 있는데, 먹을 때마다 물에 담가 다시 불린 후, 된장에 무치거나 냉국으로 만들어 먹는다.

깅이죽과 깅이젓

깅이는 게를 일컫는 제주도의 방언이다. "3월 보름 물지에 하우장 각시 책갑 지영 얼른다."는 속담에서 알 수 있듯이, 이 시기가 1년 중 가장 썰물이 심해 많은 해산물을 잡을 수 있어 사람들이 바닷가로 몰려든다. 이 시기의 해산물 중에서도 깅이는 영양과 맛에서 가장 뛰어나며, 제주 사람들 사이에서는 깅이를 먹으면 병이 낫는다는 오랜 믿음도 있었다.

작은 바닷게를 잡아 민물에 담가 해감하고 갯냄새를 뺀 후, 생으로 돌절구에 넣어 찧는다. 이때 껍데기는 버리고, 게살과 국물만 꼭 짠 후, 불린 쌀과 함께 넣고 죽을 쑨다. 작은 게를 볶아 쌀과 함께 죽을 쑤기도 하는데, 깅이죽을 먹으면 다리가 아프지 않고, 간장염 같은 속병 치료에 좋다고 전해진다. 깅이는 게젓을 담아 먹거나, 보릿가루에 섞어 범벅을 해 먹기도 한다.

감저범벅(고구마범벅)

감저(甘藷)는 고구마의 옛 명칭이다. 본래 고구마를 뜻하는 '감저'가 지금은 '감자'로 바뀌었지만, 여전히 고구마를 감저로 부르는 곳도 있다.

감저범벅의 재료는 고구마, 메밀가루, 소금이다. 고구마를 크게 썰어 물에 소금을 약간 넣고 끓이다가, 고구마가 거의 익었을 때 메밀가루를 넣고 고루 저어 익힌다. 익은 고구마에 메밀가루가 붙으면서 범벅이 된다. 고구마 외에도 무, 호박, 톳 등을 넣어 만들어 먹기도 한다. 쌀을 비롯한 곡류 생산이 적었던 제주도에서 주식으로 개발된 지혜로운 음식이다.

보말조배기

보말은 고둥을 뜻하는 제주말로, 국이나 죽, 칼국수 등에 넣어 먹는다. 주로 농촌에서 많이 만들며, 메밀가루를 양푼에 담고 더운물로 되직하게 반죽한 후, 끓는 물에 수저로 조금씩 떠 넣고, 소금으로 간을 맞춘다. 예전에는 출산한 산모에게 자주 해주던 음식이었다. 이와 비슷한 음식으로 '밀수제비'가 있는데, 이는 멸치를 삶은 국물에 밀가루 반죽을 손으로 떼어 넣고 달걀을 풀어 만든 것이다. 또한 보릿가루를 끓는 물에 반죽하여 수저로 떠 넣고 끓인 후, 호박잎을 조금 넣고 간장으로 간을 하여 먹는 '보리조배기'도 있다.

돗새끼회(돼지새끼회)

돗새끼회는 '도새기새끼회' 또는 '새끼회'라고도 하며, 암퇘지의 새끼로 만든 회이다. 돼지는 임신 후 약 4개월이면 새끼를 낳는데, 이 회는 암퇘지를 잡아 그 뱃속에 있는 보통 임신 1개월 반에서 2개월쯤 된 태아로 만든다.

이 시기의 돼지새끼는 형태는 갖추었지만, 뼈가 굳지 않아 잘게 썰어 마늘, 생강, 식초, 설탕, 국간장, 소금, 깨소금, 후추, 참기름을 넣고 양념한다. 물은 전혀 넣지 않으며, 자궁 속 양수로만 회를 무친다.

상웨떡(상외떡)

상웨떡은 시중에서 먹는 보리찐빵과 비슷한 떡이다. 주재료인 밀가루나 보릿가루에 '기주(起酒)'라는 단술을 넣어 반죽을 부풀리고, 팥앙금을 소로 넣어 만든다. 보릿가루로 만들면 '보리상웨', 밀가루로 만들면 '밀상웨'라고 한다. 제주도에서는 이 떡을 제사상에 올리기도 한다.

닭제골

제주도에서는 음력 6월 20일에 닭을 잡아먹는 풍습이 있다. 봄 병아리를 기르다가 중닭쯤 되면 보통 한 사람이 닭 한 마리를 먹었고, 형편이 어려운 집에서는 한 마리를 삶아 국물에 죽을 끓여 온 식구가 먹었다고 한다.

닭제골은 몸이 약한 사람을 위한 보양음식이다. 닭의 내장을 꺼내어 깨끗이 씻은 후, 그 자리에 마늘을 듬뿍 넣고 참기름을 붓는다. 솥에 물을 붓고 넉넉한 빈 뚝배기를 넣은 후, 그 위에 대적꼬치를 얼기설기 놓고 속을 채운 닭을 올려 중불에서 오래 뭉근히 끓인다. 그러면 빈 뚝배기 안에 뽀얀 국물이 고인다. 푹 익은 닭고기는 기름기가 빠져 푸석푸석하지만, 이 국물은 약처럼 마셨다.

제주도 음식 축제

축제명	기간	장소	연락처	인터넷 사이트
제주카페스타 (JEJU CAFESTA)	매년 3월	제주특별자치도 서귀포시 중문관광로 224	㈜숨비페어스 064-711-1002	https://www. jejucafeshow.com
한라산 청정 고사리 축제	매년 4월	제주특별자치도 서귀포시 남원읍 한남리 산 76-7	남원읍축제위원회 064-764-4183	http://www.jejugosari. net
우도 소라 축제	매년 4월	제주특별자치도 제주시 우도면 연평리 1737-9번지	우도면연합청년회 064-728-4321	https://www.jeju.go.kr/ index.htm
제주푸드앤와인페스티벌	매년 5월	제주특별자치도 제주시 노형동 1520-1	제주푸드앤와인페스티벌조 직위원회 02-3467-0303	https://jfwf.kr/
제주한잔 우리술 페스티벌	매년 7월	제주특별자치도 제주시 이호일동 1665-13	제주한잔 064-799-5575	https://www.jeju.go.kr/ index.htm
제주민속촌 추석민속체험 행사	매년 9월	제주특별자치도 서귀포시 표선면 민속해안로 631-34	제주민속촌 064-787-4504	https://jejufolk.com/ index.php
제주광어대축제	매년 10월	제주특별자치도 제주시 연삼로 166	제주광어대축제추진위원회 064-766-7224	http://www.jaf-suhyup. co.kr/
서귀포은갈치축제	매년 10월	제주특별자치도 서귀포시 서귀동 70	서귀포은갈치축제위원 064-733-3501	http://서귀포은갈치축 제.kr/
추자도 참굴비대축제	매년 10월	제주특별자치도 서귀포시 월드컵로 33 제주월드컵경 기장	추자도축제추진위원회 064-728-4265	http://www.visitjeju.net
최남단 모슬포 방어축제	매년 11월	제주특별자치도 서귀포시 대정읍 하모리 646-20	최남단방어축제위원회 064-794-8032	http://bangeofestival. com/

전복죽

재료 및 분량

전복 1개(100g), 굵은소금 1작은술, 불린 쌀 1컵, 물 5컵, 당근 30g, 소금 1작은술, 참기름 1작은술

만드는 방법

1 전복은 굵은소금으로 문질러 겹질을 벗긴 후 내장을 제거하고, 깨끗이 씻어 얇게 저며 썬다.

2 멥쌀은 깨끗이 씻어 물에 불린 후, 체에 밭쳐 물기를 제거한다.

3 당근은 사방 0.3cm 크기로 잘게 다진다.

4 냄비에 참기름을 두르고 불린 쌀을 넣어 볶다가, 전복을 넣어 쌀이 투명해질 때까지 볶는다.

5 **4**에 물을 붓고 은근한 불에서 끓인다.

6 죽이 어느 정도 끓으면 당근을 넣어 한소끔 끓이고, 소금으로 간을 하여 그릇에 담는다.

특징

전복은 진시황이 불로장생을 위해 구했던 식품 중 하나로, 예로부터 제주도에서 임금께 올리던 진상품이었다. 보양식으로 널리 알려진 전복은 노약자, 임산부, 환자의 간 기능 회복에 효과가 있다고 한다. 여름철 전복이 가장 맛이 좋으며, 전복으로 끓인 죽은 담백한 맛이 일품이다. 제주도에서는 신선한 내장을 넣고 은은한 녹두빛이 도는 전복죽을 쑤어 먹기도 하는데, 특유의 쌉쌀한 맛과 향이 특징이다.

전복은 8~10월에 가장 맛이 좋고, 겨울철에는 살이 말라 맛이 떨어진다. 예전에는 냉장시설이 없었기 때문에 주로 말린 전복이 유통되었으며, 궁중음식이나 잔치음식에도 대부분 말린 전복이 사용되었다. 제주도에는 전복과 비슷하지만 다소 작은 '오분자기'라는 전복류도 있다.

깅이죽

재료 및 분량

깅이(게) 300g, 쌀 1½컵, 물 9컵, 참기름 1작은술, 소금 1작은술

만드는 방법

1 쌀은 씻어 물에 충분히 불린 후 건진다.

2 게는 깨끗이 씻은 후 절구에 빻아 체에 담고, 물을 부어 여러 번 걸러 게즙을 만든다.

3 냄비에 참기름을 두른 후 쌀을 볶다가 쌀알이 투명해지면, 걸러 둔 게즙을 붓고 나무주걱으로 저어 가며 끓인다.

4 죽이 어느 정도 끓으면 소금으로 간을 한다.

특징

깅이는 게를 이르는 제주도 방언이다. 제주도 해안선 253km에 펼쳐진 화산암 돌밭에는 깅이가 지천으로 널려 있다. 옛 속담에 "하우장 각시 책함지고서 나선다."는 말이 있는데, 이는 1년 중 3월 보름 썰물 때를 이른다. 썰물이 가장 센 이때, 선비의 아내가 책함(책을 보관하던 나무 상자)을 지고 바닷가로 나가 해산물을 채취한다는 의미이다. 이날 잡은 깅이는 밤낮으로 책을 읽느라 무릎이 아픈 데 특효가 있다고 전해진다. 오늘날에도 물질을 하는 해녀들의 아픈 관절을 달래는 음식으로 여겨진다.

키토산과 칼슘이 풍부한 깅이는 갈아서 멥쌀이나 좁쌀을 넣어 죽을 쑤거나, 회나 젓갈로도 활용된다.

돔베국수

재료 및 분량

돼지고기(삼겹살) 300g, 양파 160g, 달걀 2개, 콩나물 100g 마늘 5쪽, 생강 1쪽, 물 2L, 된장 2큰술, 국수 400g, 청장 1작은술, 소금 1작은술

콩나물 양념 다진 마늘 1작은술, 깨소금 1작은술, 간장 1작은술

만드는 방법

1 냄비에 물을 붓고 돼지고기, 큼직하게 썬 양파와 마늘, 생강, 된장을 함께 넣어 중불에서 푹 끓인다.

2 고기가 완전히 익으면 건져 식힌 후 얇게 썰고, 육수는 건더기를 걸러 맑게 준비한다.

3 깨끗이 씻은 콩나물을 끓는 물에 데친 후, 양념을 넣어 버무린다.

4 끓는 물에 국수를 삶아 찬물에 헹군 후, 물기를 빼 국수사리를 만든다.

5 걸러 둔 육수를 다시 끓여 국간장과 소금으로 간을 맞춘 후, 어슷하게 썬 대파와 풀어 놓은 달걀을 넣어 한소끔 끓인다.

6 그릇에 완성된 국수사리를 담고 뜨거운 육수를 부은 후, 썰어 둔 돼지고기, 양념한 콩나물, 고춧가루를 올려 마무리한다.

특징

돔베국수는 돼지고기 육수에 삶은 면을 넣고, 그 위에 돼지고기 수육을 올린 국수장국이다. 제주에서는 혼례나 상례 때 돼지를 잡아 음식을 마련했으며, 이때 모인 손님들에게 '돗괴기국수'라는 고기국수를 대접하였다. 이는 육지에서 쇠고기를 주로 사용하는 것과 달리, 제주에서는 돼지고기를 더 선호했기 때문이다.

돔베는 제주도 방언으로 '도마'를 뜻한다. 돔베국수는 돼지고기 육수에 면을 말고 고기를 올려 함께 내거나, 고기를 도마에 얇게 썰어 따로 제공하기도 한다.

몸국

재료 및 분량

몸(모자반) 100g, 돼지고기 100g,
미역 10g, 메밀가루 2큰술, 소금 2작은술,
다진 마늘 1작은술

만드는 방법

1 돼지고기는 3×3×0.3cm 크기로 작게 저며 썬다.

2 몸은 물에 잠시 불려 흐르는 물에 씻어 소금기를 없앤 후, 6cm 길이로 썬다.

3 미역은 불려 3cm 길이로 썬다. 미역귀가 있으면 더욱 좋고, 생미역을 이용해도 좋다.

4 냄비에 돼지고기를 넣고 볶다가, 물을 부어 끓인다.

5 **4**에 몸과 미역을 넣고 끓으면 다진 마늘을 넣고, 소금으로 간을 한다.

6 메밀가루를 물에 풀어 넣은 후, 다시 한 번 끓이고 그릇에 담아 낸다.

특징

몸국은 모자반국을 일컫는 제주도 방언으로, '몸'은 갈조류에 속하는 모자반을 가리킨다. 몸은 길이 1~3m 정도로 가지가 많고, 줄기 밑동이 바위에 붙어 자란다. 연한 것은 식용으로 사용되며, 된장에 무치거나 신김치에 버무려 먹는다.

지방질과 칼슘이 풍부한 몸국은 돼지고기나 돼지뼈를 삶은 육수에 돼지 내장과 말린 몸을 넣어 끓인다. 돼지고기를 선호하지 않는 사람도 즐겨 먹을 만큼 담백한 국으로, 특히 햇몸에 돼지 내장과 신김치를 넣고 끓인 '참몸국'은 제주도의 별미로 꼽힌다.

성게국

재료 및 분량

성게 100g, 오분자기 3개, 미역 50g, 물 4컵, 청장 1작은술, 소금 ½작은술, 참기름 1작은술

만드는 방법

1 살아 있는 성게는 껍질을 벗긴 후, 노란 알을 꺼낸다.

2 오분자기는 껍데기를 까서 소금으로 문질러 씻은 후, 저며 썬다.

3 미역을 물에 담가 불린 후, 건져서 먹기 좋은 크기로 자른다.

4 냄비에 참기름을 두르고 썰어 놓은 미역을 살짝 볶은 후, 물을 붓고 국을 끓인다.

5 국이 끓어오르면 성게알과 오분자기를 넣고 한소끔 다시 끓인 후, 청장과 소금으로 간을 맞춘다.

특징

제주에서는 성게를 '구살'이라고 부르며 성게국을 '구살국'이라고도 한다. 성게는 5월 말에서 6월 말 제주 바다에서 많이 잡히고, 이때가 맛도 가장 좋다. 특히, 제주도에서 나는 보라성게는 보리가 익을 무렵 가장 맛이 좋다. 밤송이 같은 성게는 겉모습과는 달리 노란 알이 먹음직스럽다.

성게는 단백질, 비타민, 철분이 풍부한 건강식으로 담백한 맛을 내며, 숙취 해소에도 좋다.

갈치호박국

재료 및 분량

갈치(중) 1마리, 물 6컵, 새우 50g, 늙은 호박 100g, 홍고추 1개, 팽이버섯 50g, 대파 1뿌리, 국간장 1큰술, 소금 1작은술, 다진 마늘 1큰술

만드는 방법

1 싱싱한 갈치는 비늘과 지느러미, 내장을 제거한 후, 6cm 길이로 토막 내고 깨끗이 씻는다.

2 새우는 연한 소금물에 흔들어 씻는다.

3 늙은 호박은 껍질을 벗기고, 4×5×1.5cm 크기로 썬다.

4 홍고추는 어슷하게 썰어 씨를 빼고, 대파도 어슷하게 썬다.

5 팽이버섯은 밑동을 자른 후 아랫부분을 잡고 물에 흔들어 씻는다.

6 냄비에 물을 붓고 끓기 시작하면, 손질해 둔 갈치, 새우, 늙은 호박을 넣고 끓인다.

7 6이 끓으면 다진 마늘을 넣은 후 청장과 소금으로 간을 하고, 국을 뜨기 전에 썰어 둔 홍고추와 대파, 팽이버섯을 넣는다.

특징

싱싱한 갈치국에 가을에 잘 익은 호박을 넣어 끓이면 맛이 잘 어울리며, 여름철에는 솎음배추로 대신하기도 한다. 갈치는 '군대어(裙帶魚)' 또는 '도어(刀魚)'라고도 불린다. '갈치'라는 이름은 그 생김새가 칼처럼 날렵하다고 해서 붙여졌다. 갈치는 굶주리면 같은 종의 꼬리를 뜯어 먹는 습성이 있어, "갈치가 갈치 꼬리를 문다"는 속담이 생겼다.

갈치는 단백질 함량이 높고, 지방이 적절히 들어 있어, 맛과 풍미가 뛰어나다. 제주 연근해에서 잡은 싱싱한 은빛 갈치는 회로도 즐기는데, 특유의 쫄깃쫄깃한 식감과 고소한 맛이 일품이다. 갈치회를 먹을 때는 은색 비늘을 호박잎으로 문질러 제거한 후 먹는다. 비늘을 그대로 섭취할 경우, '구아닌'이라는 유기염기 때문에 복통이나 두드러기가 발생할 수 있다.

접작뼈국

재료 및 분량

돼지 등뼈(접작뼈) 2kg, 무 1/4개,
메밀가루 2큰술, 실파 2줄기, 물 1.5L

양념 다진 마늘 1큰술, 다진 생강 1작은술, 국간장 2큰술, 소금 적량

만드는 방법

1 돼지 등뼈는 찬물에 1시간 동안 담가 핏물을 뺀다.

2 끓는 물에 돼지 등뼈를 데친 후, 불순물을 깨끗이 씻는다.

3 손질된 돼지 등뼈에 물을 부어 푹 끓인다.

4 무는 나박하게 썰고, 실파는 송송 썬다.

5 3에 무를 넣고 끓인 후, 메밀가루를 물에 풀어 넣고 걸쭉하게 끓인다.

6 끓으면 양념을 넣고 끓이다가 마지막에 실파를 넣는다.

특징

'접작뼈'는 돼지의 경추 1~4번 부위를 일컫는 제주도 방언이다. '접작뼈', '접착뼈', '적짝뼈' 등으로도 다양하게 불린다. 접작뼈국은 고기가 많이 붙은 접작뼈를 푹 고아 낸 육수에 메밀가루를 풀어 점도를 더한 국물요리이다. 돼지육수의 구수함이 메밀가루와 어우러져 부드러운 맛을 내며, 각재기국, 고사리육개장과 함께 대표적인 제주의 국물요리이다.

오분자기찜

재료 및 분량

오분자기 10개, 은행 10알, 잣 10개, 달걀 1개, 식용유 1작은술

양념장 간장 3큰술, 설탕 1큰술, 다진 파 2작은술, 다진 마늘 1작은술, 깨소금 1작은술, 참기름 1큰술, 후춧가루 ⅛작은술

만드는 방법

1 오분자기는 소금으로 문질러 씻은 후, 껍데기에서 살을 분리하여 칼집을 넣는다.

2 은행은 팬을 달군 후, 식용유를 약간만 두르고 파랗게 볶는다. 볶은 은행은 종이타월 위에 올려놓고 비벼 속껍질을 제거한다.

3 잣은 고깔을 떼어 놓는다.

4 달걀은 황·백으로 나누어 지단을 부친 후, 작은 골패 모양으로 썬다.

5 분량의 재료를 섞어 양념장을 만든다.

6 냄비에 오분자기를 담고 **5**의 양념장을 끼얹어 살짝 찐다.

7 오분자기 껍데기에 **6**의 오분자기를 올린다. 황·백지단과 잣을 고명으로 얹고, 은행을 곁들여 낸다.

특징

오분자기는 전복과 유사하나, 크기는 더 작으며, 주로 우리나라와 일본에 서식한다. 껍데기의 긴지름이 7~8cm로 작은 타원형이며, 몸에는 6~8개의 구멍이 있는데, 이 구멍이 껍데기 위로 솟아오르지 않는 것이 전복과 다른 점이다. 또한 껍데기 안쪽에 화려하고 강한 진주 광택이 있어, 나전칠기에 이용된다.

옥돔구이

재료 및 분량

옥돔 2마리, 참기름 1작은술

만드는 방법

1 반쯤 마른 옥돔은 진공포장 상태에서 해동을 하지 않고, 흐르는 물에 재빨리 씻어 물기를 제거한다.

2 뜨거운 석쇠에 참기름을 바르고, 앞뒤를 노릇노릇하게 구워 낸다.

특징

옥돔은 제주도 근해에서만 잡히는 농어목 옥돔과의 생선이다. 수명은 약 8년이며, 암컷보다 수컷의 성장 속도가 빠르다. 산란기는 9월에서 11월 사이이며, 주로 수심 70~100m의 바다 밑바닥에서 작은 새우나 게, 갯지렁이 등을 먹고 산다.

서귀포는 국내 최대의 옥돔 생산지로, 가장 맛이 좋은 시기는 음력 12월에서 3월 사이이다. 수온이 높은 8월을 제외하면, 대부분의 시기에 조업이 가능하다.

옥돔은 비린내가 거의 없고 맛이 담백하며, 지방이 적고 단백질, 칼슘, 인, 철분 등의 미네랄과 비타민 A, B_1, B_2가 풍부하다. 제주도산 옥돔은 등과 머리 부분이 선명하고 진한 붉은색을 띠며, 광택이 있다. 또한 눈이 투명하고, 등과 꼬리지느러미에 선명한 노란 띠가 있는 것이 특징이다.

옥돔은 참기름을 발라 노릇노릇하게 구워 먹거나, 죽이나 미역국에 넣어 먹기도 한다. 제주도에서는 산후조리를 제대로 하지 못해 기력이 없는 산모를 보고 "옥돔 미역국도 못 얻어먹엉?"이라며 안타까워하기도 한다.

고사리전

재료 및 분량

불린 고사리 200g, 달걀 2개, 밀가루 ⅔컵, 식용유 ½컵, 실파 1뿌리, 실고추 약간

양념 소금 1작은술, 다진 파 2작은술, 다진 마늘 1작은술, 깨소금 1작은술, 참기름 1작은술, 후춧가루 ¼작은술

초간장 간장 2큰술, 설탕 1큰술, 식초 1큰술, 물 1큰술

만드는 방법

1 고사리는 단단한 줄기를 제거한 후 깨끗이 씻어 3cm 길이로 썬다.

2 손질한 고사리에 양념을 하여 볶은 후 식힌다.

3 달걀에 밀가루를 넣고 잘 풀어 섞은 후, 고사리를 넣고 되직하게 반죽한다.

4 달군 팬에 식용유를 두르고 반죽을 한 국자씩 떠서 둥글게 지진 후, 위에 실파와 실고추를 고명으로 얹는다.

5 완성된 전은 초간장을 곁들여 낸다.

특징

고사리전은 차례상이나 제사상에 반드시 올리는 음식이었다. 이는 귀신이 고사리를 보자기 삼아 상 위의 음식을 싸서 가져간다고 여겼기 때문이다. 고사리는 데쳐 말려 두었다가, 사용할 때 다시 삶아 쓴맛을 우려낸 후 조리한다.

특히, 제주산 고사리는 단백질과 식이섬유가 풍부하고, 칼슘과 칼륨 등 다양한 무기질을 다량 함유한 것으로 알려져 있다.

자리돔물회

재료 및 분량

자리돔 400g, 오이 1개, 미나리 50g, 양파 ½개, 배 1개, 생수 1컵, 얼음 약간

양념장 된장 2작은술, 고추장 2작은술, 소금 ½작은술, 설탕 ½큰술, 깨소금 1작은술, 식초 1큰술

만드는 방법

1 자리돔은 비늘을 긁고 머리와 내장을 제거한 후, 지느러미와 꼬리를 자른다(이때 등 쪽의 가시와 지느러미는 매우 강하므로 제거할 때 주의한다).

2 손질한 자리돔은 등 쪽에서부터 뼈째 어슷하게 썬 후 식초를 뿌려 잠시 재워 두면, 살은 단단해지고 뼈는 연해진다.

3 오이는 껍질을 소금으로 문질러 씻은 후 5cm 길이로 어슷하게 썰고, 다시 가늘게 채 썬다.

4 미나리는 잎을 제거하고 가늘고 부드러운 줄기 부분만 골라 3cm 길이로 썬다.

5 양파는 껍질을 벗겨 가늘게 채 썰고, 배도 껍질을 벗긴 후 5cm 길이로 가늘게 채 썬다.

6 분량의 재료를 섞어 양념장을 만든다.

7 그릇에 자리돔회와 썰어 놓은 오이, 미나리, 양파, 배를 넣고 양념장을 끼얹는다. 여기에 차가운 생수를 부은 후, 얼음을 띄워 낸다.

자리돔물회에 얼음을 띄우면 더욱 시원하게 먹을 수 있으며, 제피잎을 넣어 풍미를 더하기도 한다.

특징

자리돔물회는 제주에서 여름철에 즐기는 별미이다. 자리돔은 '자리'라고도 하며, 도미의 한 종류로 몸길이는 8~12cm 정도로 작고 몸빛이 어둡다. 5월 하순부터 8월까지가 산란기로, 이 시기에 맛이 가장 좋다. 자리돔은 지방과 감칠맛을 내는 글루탐산 함량이 높아 소금을 뿌려 구워도 맛있고, 간장에 조리거나 젓갈로 담가 먹어도 일품이다.

자리회는 자리돔의 비늘을 긁어내고 머리와 지느러미, 내장을 제거한 후, 어슷하게 썰어 초고추장에 찍어 먹는 생회가 있다. 또한 잘게 썬 살을 식초에 버무려 뼈가 말랑해지면 된장이나 고추장을 풀고 냉수를 부어 얼음을 띄운 물회로도 즐긴다. 물회에 된장을 넣으면 비린내를 잡아주고 특유의 향을 더한다. 시원한 국물과 함께 단단한 뼈를 오독오독 씹는 맛이 고소하다.

제주도에서는 물회에 '제피섶'이라는 잎을 넣어 풍미를 더하기도 하며, 여름철에는 냉국 대신 즐겨 먹는다.

이 외에도 제주 사람들은 가오리회, 작은 상어로 만든 존다니회도 즐긴다. 이 두 가지 회는 무채, 쑥갓, 미나리 등과 함께 양념에 버무려 잔칫상에 빠지지 않고 올리는 음식이다.

게웃젓 · 성게젓

게웃젓 재료 및 분량

전복 1kg, 소금 100~140g, 청고추 1개, 홍고추 1개, 통깨 1작은술

성게젓 재료 및 분량

성게 1kg, 굵은소금 200g, 청고추 1개, 홍고추 1개, 통깨 1작은술

왼쪽 성게젓 **오른쪽** 게웃젓

게웃젓

1 전복은 껍데기째 소금으로 문질러 씻은 후, 전복의 내장이 터지지 않도록 주의하며 껍데기에서 꺼낸다.

2 전복살과 내장을 분리한 후, 내장에서 먹을 수 없는 부분을 제거하고 살은 얇게 저며 썬다.

3 먼저 손질한 내장과 소금을 버무린 후, 항아리에 넣어 숙성시킨다.

4 전복 내장이 숙성되면, 저며 썬 전복살을 넣고 섞은 후 보관한다.

5 먹을 때는 청·홍고추와 통깨를 넣어 양념한 후 낸다.

성게젓

1 살아 있는 성게에서 알을 꺼내 소쿠리에 담아 씻은 후, 물기를 뺀다.

2 성게알과 소금을 넣어 버무린 후, 항아리에 담아 그늘지고 서늘한 곳에서 약 1개월간 숙성시킨다.

3 먹을 때는 청·홍고추와 통깨를 넣어 양념한 후 낸다.

특징

게웃젓

전복 특유의 향과 맛이 좋은 최고의 젓갈로, 뜨거운 밥에 비벼 먹으면 별미이다.

성게젓

옛 문헌에 따르면, 성게를 '해구(海毬)' 또는 '해위(海蝟)'라 하였다. 『자산어보』에서는 "성게를 날로 먹기도 하고, 국을 끓여 먹기도 하며, 대나무 통에 담아 젓을 담는다."고 기록되어 있다.

성게젓은 '구살젓'이라고도 불리며, 뜨거운 밥에 비벼 먹으면 별미 중의 별미로 꼽힌다. 성게알젓은 1년 이상 숙성시킬수록 맛이 깊어지며, 내용물이 삭아 형체가 거의 사라질 정도가 된다.

자리젓·갈치속젓

자리젓 재료 및 분량

자리돔 1kg, 소금 140~200g

갈치속젓 재료 및 분량

갈치 내장 1kg, 굵은소금 150g

왼쪽 자리젓 **오른쪽** 갈치속젓

자리젓

1 자리돔은 대나무로 만든 소쿠리에 자갈과 함께 넣고 흔들어 비늘을 벗긴 후, 깨끗이 씻어 물기를 제거한다.

2 항아리에 자리돔을 담고, 그 위에 소금을 켜켜이 뿌린 후, 다시 소금으로 1~2cm 두께로 덮는다. 그 다음 대나무 발을 덮고, 돌로 눌러 놓는다.

3 항아리를 망이나 천으로 덮고, 음지에서 2개월간 숙성시킨다.

갈치속젓

1 갈치의 내장은 깨끗이 씻은 후, 대나무 발 위에 올려 물기를 제거한다.

2 손질한 갈치 내장에 소금을 넣고 잘 섞는다.

3 항아리에 담고 소금을 1~2cm 두께로 덮은 후, 대나무 발을 얹고 돌로 눌러 음지에서 숙성시킨다.

특징

자리젓

자리젓은 자리돔을 통째로 염장한 후 숙성시킨 젓갈이다. 제주도에서 주로 생산되며, 완숙된 것은 진한 고동색을 띠고, 맛이 구수하다. 자리젓은 16~18℃의 굴이나 지하실에서 6~7개월간 숙성시키면 풍미가 더욱 좋아진다.

갈치속젓

갈치속젓은 갈치 내장을 이용해 만든 젓갈로, 제주도에서 밥반찬으로 즐겨 먹는다. 젓을 담가 지하실이나 음지에서 충분히 숙성시키며, 보통 1개월 이상 숙성한 후부터 먹을 수 있고, 8개월 정도까지 보관하여 먹을 수 있다.

빙떡

재료 및 분량

메밀가루 2컵, 물 2컵, 소금 ½작은술, 무 300g, 식용유 2큰술

양념 국간장 ½작은술, 소금 1작은술, 다진 파 2큰술, 다진 마늘 1큰술, 깨소금 1큰술, 참기름 1큰술

만드는 방법

1 메밀가루는 찬물에 소금을 풀어 묽게 반죽한다.

2 무는 0.5cm 두께로 채 썰고 끓는 물에 데쳐 물기를 뺀 후, 양념하여 소를 만든다.

3 종이타월에 식용유를 묻혀 팬을 닦고 달군 후, **1**의 메밀반죽을 한 국자씩 떠 얇고 둥글게 부친다.

4 채반에 부친 메밀전병을 펼쳐 놓고, 그 위에 무나물을 고르게 올리고 돌돌 만 다음, 양쪽 끝을 눌러 준다. 전병은 뜨거울 때 말아야 잘 말린다.

팥소를 넣어 만들 수도 있으며, 지질 때 돼지기름을 사용하면 더욱 맛이 좋다.

특징

빙떡은 '빙빙 돌려 말아서 만든다'는 뜻에서 유래한 이름으로, 멍석처럼 말아 감는다고 하여 '멍석떡'이라고도 불린다. 제주도에서는 잔치 또는 장례 때 빙떡을 만들어 정성을 표현한다.

과거에는 가마솥 뚜껑을 번철 삼아 빙떡을 부쳤으며, 장작불에 솔가지를 넣어 불의 세기를 조절하고, 일정하고 은은한 불로 지져야 잘 부쳐진다. 빙떡은 제주에서 많이 나는 메밀과 무나물이 어우러져 담백하고 시원한 맛을 내며, 썰지 않고 통째로 손에 들고 먹어야 제맛이다.

겨울에는 소로 무나물을, 여름철에는 팥이나 콩나물을 사용한다. 밀은 제주에서 비상식품으로 여겨지는 매우 귀한 재료이며, 메밀자배기(수제비), 메밀범벅, 메밀떡 등으로도 조리해 먹는다.

오메기떡

재료 및 분량

차조 5컵, 소금 1작은술, 콩가루 1컵,
팥고물 1컵

만드는 방법

1 차조는 문질러 씻은 후 물에 담가 불린 다음, 물기를 빼고 소금을 넣어 곱게 빻는다.

2 차조가루에 끓는 물을 넣고 익반죽한 후, 지름 5~6cm 정도의 구멍 떡으로 빚는다.

3 냄비에 물을 끓인 후, 빚어 둔 오메기떡을 넣고 삶는다. 떡이 익어 물 위로 떠오르면 건져 낸다.

4 떡의 뜨거운 김이 조금 식은 후, 콩가루나 팥고물을 묻힌다.

특징

본래 오메기떡은 차조술떡으로, 오메기술을 빚는 데 사용되었다. 오메기떡은 삶아 건진 후, 술떡으로 으깨기 전에 팥고물이나 콩가루를 묻혀 나누어 먹는 관습이 있었다. 이처럼 술떡에서 일부를 떼어 별식으로 즐기기 시작한 것이 오늘날의 오메기떡이다.

오메기떡에 묻히는 콩가루를 제주도에서는 '콩개역'이라고 부르며, 5~7월 사이에 많이 만들어 먹는다. 쌀이 귀한 제주도에서는 메밀, 조, 보리, 고구마로 떡을 만들어 먹는다. 전통 오메기떡은 현재 상업용 떡으로 변화하여 '제주 오메기떡'이라는 향토음식으로 관광상품화되었다.

꿩엿

재료 및 분량

꿩 1마리(1.6kg), 찹쌀 2컵(또는 차조 400g), 엿기름 2컵, 잣 5알, 대추 1개

만드는 방법

1 찹쌀은 깨끗이 씻어 물에 불린 후, 건져 낸다(찹쌀 대신 차조를 사용하기도 한다).

2 꿩고기는 고기가 잠길 정도로 물을 붓고 푹 삶은 후, 살코기는 발라서 결대로 찢어 놓고, 육수는 면포에 밭쳐 둔다.

3 엿기름은 고운 망사 주머니에 넣고 물을 부어 주물러서 엿기름물을 우려낸 후, 가만히 안쳐 둔다.

4 솥에 불린 찹쌀과 찹쌀의 7배 분량의 물을 붓고, 나무주걱으로 저어 가며 죽을 쑨다. 이때 물은 **2**의 육수를 사용하고, 부족한 경우에는 새 물로 보충한다.

5 찹쌀죽에 **3**의 맑은 엿기름 윗물을 넣어 발효시킨 후, 두꺼운 솥에 부어 약한 불에서 저어 가며 졸인다.

6 엿이 ⅓ 정도로 졸아들면 삶아 둔 꿩고기를 넣고, 다시 엿을 졸인다(엿은 고추장 정도의 농도로 졸이며, 총 20시간 이상이 소요된다).

7 엿을 그릇에 담고, 잣과 대추꽃으로 장식하여 낸다.

특징

꿩은 지방이 적은 고단백식품으로, 간을 보하고 눈을 맑게 하며 기력을 돕는다고 알려져 있다. 특히, 피부를 윤택하게 하고, 노화 방지에도 효과가 있다. 꿩은 근섬유가 가늘고 육질이 연해 소화가 잘되므로, 어린이나 노약자들에게도 유익하다.

꿩엿은 농사일로 바쁜 여름철이나 추운 겨울에 기력 회복을 위한 보양식으로 활용된다.

밀감화채

재료 및 분량

밀감 2개, 설탕 1큰술, 잣 1큰술

설탕시럽 물 5컵, 설탕 1컵

만드는 방법

1 밀감 1개는 겉껍질과 속껍질을 모두 벗긴 후, 알알이 떼어 설탕에 재워 둔다.

2 물 5컵에 설탕 1컵을 넣어 끓인 후, 차게 식힌다.

3 나머지 밀감 1개는 겉껍질을 벗기고 과육으로 즙을 낸 후, **2**의 시럽을 섞는다.

4 화채그릇에 재워 둔 밀감 알갱이를 담은 후, **3**을 붓고 잣을 띄워 낸다.

특징

밀감은 조선시대 제주도에서 임금께 바치는 진상품이었다. 서울에 도착한 밀감은 임금이 신하들에게 하사하였고, 이를 기념하여 '감제(甘題)'라는 과거 시험을 치르기도 했다.

밀감은 비타민 C가 풍부하여 면역력을 높이며, 산화 방지 효과도 있다.

황해도

지역적 특징

황해도는 오늘날의 황해남·북도 지역을 포괄한다. 곡창지대인 황해도에서는 연백평야와 재령평야를 중심으로 쌀과 질 좋은 잡곡이 많이 생산되었다. 특히, 연백지방의 흰쌀은 목화, 누에고치와 함께 '삼백(三白)'이라고 불렀다. 남부지방 사람들이 보리밥을 즐기듯, 이 지방에서는 조밥을 많이 먹었다. 곡식의 질이 좋아 가축이 잘 자라고, 고기의 맛도 유달랐다고 한다. 『해동죽지』에는 해주교반과 승가기를 팔도의 명물로 소개하고 있다.

황해도는 인심이 후하고 생활이 윤택하여 음식의 양이 풍부하고, 요리에 기교를 부리지 않아 구수하면서도 소박하다. 송편이나 만두도 큼직하게 빚으며, 밀국수를 즐겨 먹는다. 밀국수나 만두에는 닭고기를 자주 사용한다. 간은 짜지도 싱겁지도 않아 충청도 음식과 비슷하다.

김치에는 독특한 맛을 내는 '고수'와 '분디'라는 향신 채소를 사용한다. 미나릿과에 속하는 고수는 강한 향이 나는 풀로, 중국에서는 '향초'라고 부른다. 서울이나 다른 지방 사람에게는 낯설지만, 배추김치에는 고수가, 호박김치에는 분디가 가장 어울린다고 한다. 호박김치는 충청도처럼 늙은 호박으로 담그되, 그대로 먹지 않고 끓여 익혀 먹는다. 김치는 국물을 넉넉히 부어 맑고 시원하게 담그며, 동치미를 자주 담가 그 국물에 냉면국수나 찬밥을 말아 밤참으로 먹는다.

대표적인 황해도 음식

- 주식류: 김치밥, 잡곡밥, 비지밥, 김치말이, 밀낭화(칼국수), 수수죽, 밀범벅, 밀닭알범벅, 호박만두, 남매죽, 냉콩국, 씻긴 국수, 해주비빔밥
- 부식류: 되비지탕, 김칫국, 조기국, 조기매운탕, 호박김치찌개, 행적, 고기전, 김치순두부, 잡곡전, 연안식해, 청포묵, 김치적, 돼지족조림, 대합전, 묵장떼묵, 순대, 된장떡, 분디장찌개, 행적
- 김치류: 배추김치, 호박김치, 감동젓섞박지
- 병과류: 녹두고물시루떡, 오쟁이떡, 큰송편, 우메기, 잡곡부치기, 닭알떡, 수리취인절미, 무정과, 연안인절미, 무설기떡, 수수무살이, 수제비떡

해주비빔밥

재료 및 분량

쌀 2컵, 닭고기 400g, 고사리 150g, 도라지 100g, 미나리 100g, 숙주나물 100g, 김 2장, 달걀 2개, 소금 1작은술, 식용유 1큰술

닭고기 양념 소금 1작은술, 다진 파 2작은술, 다진 마늘 1작은술, 후춧가루 ⅛작은술

고사리나물 양념 청장 2작은술, 다진 파 1작은술, 다진 마늘 ½작은술, 깨소금 ½작은술, 참기름 ½작은술, 물 2큰술

도라지나물 양념 소금 ½작은술, 다진 파 1작은술, 다진 마늘 ½작은술, 깨소금 ½작은술, 참기름 ½작은술

미나리나물 양념 청장 2작은술, 다진 파 1작은술, 다진 마늘 ½작은술, 깨소금 ½작은술, 참기름 ½작은술

숙주나물 양념 소금 ½작은술, 다진 파 1작은술, 다진 마늘 ½작은술, 깨소금 ½작은술, 참기름 ½작은술

만드는 방법

1 쌀은 깨끗이 씻어 불린 후, 밥을 되게 짓는다.

2 닭고기는 삶아 가늘게 찢은 후 양념에 무치고, 국물은 맑게 걸러 소금으로 간을 맞춘다.

3 고사리는 손질하여 양념한 후 기름에 볶다가, 물을 넣고 뚜껑을 덮어 부드럽게 익힌다.

4 도라지는 껍질을 벗기고 가늘게 찢어 소금으로 주물러 쓴맛을 뺀 후, 양념하여 팬에 식용유를 두르고 볶는다.

5 미나리는 줄기만 끓는 물에 소금을 넣어 데친 후 물기를 제거하고, 5cm 길이로 잘라 양념한다.

6 숙주나물은 거두절미하여 삶은 후, 물기를 꼭 짜고 양념하여 무친다.

7 달걀은 황·백으로 지단을 부친 후, 3~4cm 길이로 채 썬다.

8 팬에 식용유를 두르고 밥을 볶으면서 소금으로 간을 맞춘다.

9 볶은 밥을 그릇에 담고, 그 위에 닭고기와 준비된 나물을 보기 좋게 색을 맞춰 올린다. 황·백지단과 구운 김을 부숴 고명으로 얹고, 닭고기 육수와 함께 낸다.

특징

『해동죽지』에서는 황해도 해주(海州)의 교반(交飯)을 팔도의 명물로 꼽았다. 해주의 향토음식인 해주비빔밥은 밥 위에 고기와 여러 가지 나물을 얹어 만드는 음식으로, 해주 수양산에서 나는 고사리와 황해도의 특산물인 김을 구워 부스러뜨려 넣는 것이 특징이다. 또한 밥을 반드시 볶아서 사용하는 점도 다른 지역의 비빔밥과 구별된다.

황해도 옹진만 연안에서는 참김, 실김, 둥근김 등 다양한 종류의 김이 많이 생산되는데, 그중에서도 참김이 가장 으뜸으로 여겨진다. 참김은 국, 쌈, 김밥, 냉국, 구이, 자반 등 다양한 음식에 활용된다.

정월대보름에는 '복쌈'이라고 하여 밥을 김이나 채소에 싸 먹는 풍습이 있는데, 황해도 사람들은 김에 싸서 먹는 것을 '명쌈' 또는 '김참'이라고 부른다.

남매죽

재료 및 분량

붉은팥 2컵, 소금 ½작은술

칼국수 반죽 밀가루 1컵, 물 3½큰술, 소금 ¼작은술

찹쌀풀 찹쌀가루 ½컵, 물 1컵

만드는 방법

1 팥은 깨끗이 씻은 후 물을 붓고 끓인다. 처음 팥물이 끓어오르면 그 물은 따라 버리고, 다시 넉넉히 물을 부어 팥알이 충분히 퍼지도록 푹 삶는다.

2 잘 삶아진 팥은 체에 받쳐 으깨면서, 팥 삶은 물을 부어 가며 걸러 낸다. 체에 남은 팥 껍질은 버리고, 걸러 낸 팥물은 가라앉힌다.

3 찹쌀가루는 물에 개어 둔다.

4 밀가루에 소금과 물을 넣고 충분히 치댄 후 밀대로 넓게 밀어 펴고, 사이사이에 밀가루를 뿌려가며 굵직하게 썰어 국수를 만든다.

5 냄비에 **2**에서 가라앉힌 팥 윗물을 부어 끓이다가, 남은 앙금도 넣고 함께 끓인다.

6 **5**에 썰어 놓은 국수를 넣어 끓이다가, 물에 갠 찹쌀가루를 넣는다. 밑이 눌지 않도록 나무주걱으로 잘 저어 가며 한 번 더 끓인다.

7 죽이 어느 정도 끓으면 소금으로 간을 맞춘다.

특징

남매죽은 팥죽을 끓이다가 칼국수를 넣는 특이한 죽이다. 민간에서는 주로 동짓날에 팥죽을 쑤지만, 궁중에서는 더운 삼복에도 팥죽을 쑤었다. 이는 한여름에 질병을 일으키는 역신(疫神)을 물리치기 위한 풍습 때문이었다고 전해진다.

분디장찌개

재료 및 분량

애호박 ½개, 양파 ½개, 두부 ¼모,
대파 1뿌리, 쌀뜨물 2½컵, 분디장 ¼컵

찌개 양념 된장 2큰술, 고춧가루 1작은술,
다진 마늘 1작은술

분디장 분디열매 500g, 재래간장 5컵

분디장찌개

1 애호박과 양파는 씻어 2.5×2.5cm 크기의 사각형으로 썬다.

2 대파는 어슷하게 썰고, 두부도 애호박과 같은 크기로 썬다.

3 쌀뜨물에 된장을 풀고 끓이다가, 썰어 놓은 채소를 넣는다. 물이 끓으면 고춧가루, 다진 마늘, 두부, 대파를 넣고 한소끔 더 끓인다.

4 마지막에 분디장아찌를 넣고 그릇에 담는다

분디장

1 분디를 따서 더운물에 담갔다가, 2~3차례 물을 갈아 떫은맛을 제거한다.

2 물기를 뺀 분디를 항아리에 담고 간장을 부은 후, 돌로 눌러 뚜껑을 단단히 봉한다. 간장이 없을 경우에는 끓인 소금물로 대신해도 된다.

3 약 1주일 후, 간장만 따라 내어 끓인 후 식혀 다시 항아리에 붓는다.

장아찌로 먹거나, 된장찌개를 끓일 때 마지막에 분디장을 넣어 먹기도 한다.

특징

분디장찌개는 분디장을 넣어 끓인 된장찌개이다. 분디장은 황해도에서 나는 분디를 서리가 내리기 전에 따서, 간장이나 소금물에 담가 만든 장아찌이다. 황해도산 분디는 향이 진한 것이 특징이며, 기름을 짜서 양념으로 사용했고, 특히 절에서 자주 활용되었다.

되비지탕

재료 및 분량

콩 1컵, 배추 우거지 100g, 돼지갈비 300g, 새우젓 1큰술, 식용유 1큰술

양념장 간장 3큰술, 고춧가루 1작은술, 다진 파 1작은술, 다진 마늘 ½작은술, 깨소금 1작은술, 참기름 1작은술

만드는 방법

1 콩은 깨끗이 씻어 충분히 불린 후, 블렌더에 콩과 같은 양의 물을 넣고 곱게 갈아 비지를 만든다.

2 배추 우거지는 끓는 물에 데친 후, 물기를 꼭 짜고 송송 썬다.

3 토막 낸 돼지갈비는 끓는 물에 삶은 후, 삶은 국물은 기름기를 제거해 둔다.

4 분량의 양념장 재료를 잘 섞어 양념장을 만들어 둔다.

5 냄비에 식용유를 두르고 데친 배추 우거지를 넣어 볶다가, 삶아 놓은 돼지갈비와 곱게 간 비지를 넣는다.

6 **3**의 육수를 붓고, 약한 불에서 노란 꺼풀이 즐 때까지 은근히 끓인다.

7 다 끓으면 새우젓을 넣고, 양념장을 곁들여 낸다.

특징

비지는 콩을 삶은 후 베주머니에 넣어 두유를 짜내고 남은 찌꺼기를 말한다. 반면, 되비지는 두유를 따로 짜내지 않고 불린 콩을 맷돌이나 블렌더에 곱게 갈아 만든 되직한 상태의 것으로, '콩비지'라고도 한다. 이를 넣어 끓인 찌개를 '되비지탕' 또는 '되비지찌개'라고 부른다.

황해도지방의 되비지탕은 콩비지에 돼지갈비와 데친 배추 우거지를 함께 넣고 푹 끓인 후, 먹을 때 양념장을 곁들여 낸다. 되비지찌개는 한꺼번에 많이 끓여 두었다가, 먹을 때마다 조금씩 덜어 중탕한 후 양념장을 넣어 먹는다.

행적

재료 및 분량

배추김치 150g, 쇠고기 200g, 대파 3뿌리, 달걀 2개, 밀가루 3큰술, 식용유 3큰술

쇠고기 양념 간장 2큰술, 설탕 2작은술, 다진 파 2작은술, 다진 마늘 1작은술, 깨소금 1작은술, 참기름 1작은술, 후춧가루 ⅛작은술

대꼬치 4개

만드는 방법

1 배추김치는 속을 털어 내고, 1.5×15cm로 썬다.

2 쇠고기는 기름기를 제거하고 칼끝으로 두드려 부드럽게 만든 후, 김치보다 약간 길게 썰어 양념한다. 대파도 같은 길이로 썬다.

3 대꼬치에 배추김치를 세워 2~3개 꿰고, 쇠고기와 대파를 차례로 꿴 다음 아래쪽도 대꼬치로 꿴다.

4 3에 밀가루를 고루 묻힌 후 달걀물에 담갔다가, 달군 팬에 식용유를 두르고 앞뒤로 지져 낸다.

5 식으면 위아래의 대꼬치를 제거하고, 먹기 좋은 크기로 썰어 낸다.

특징

고기나 생선을 꼬치에 꿰거나 석쇠에 얹어 불에 직접 구워 내는 요리를 '적(炙)'이라고 하며, 적에는 산적, 누름적, 지짐누름적의 세 종류가 있다.

행적은 지짐누름적에 속하는 음식으로, 쇠고기 대신 돼지고기를 사용해도 좋고, 고사리를 길게 잘라 양념하여 같이 꿰기도 한다. 북쪽 지방의 배추김치는 양념과 소를 적게 넣고, 젓갈을 사용하지 않아 담백하고 시원한 맛이 난다.

행적은 고춧물이 들어 옅은 붉은빛이 도는 잘 익은 김치에 달걀옷을 입혀 지져 만드는 음식으로, 김장김치가 알맞게 익는 정초에 주로 해 먹으며, 정월 차례상에 올리는 제례음식이다. 김치만 꿰는 경우도 있지만, 겨울철 움파와 쇠고기를 함께 꿰어 만들기도 한다.

호박김치

재료 및 분량

늙은 호박 1개, 열무(소) 1단, 굵은소금 ½컵, 밀가루 ⅓컵, 물 3컵, 돼지고기 200g, 된장 2큰술

만드는 방법

1 늙은 호박은 4×4cm 크기로 썬 후, 소금을 뿌려 절인다.

2 열무는 5cm 길이로 썰어 소금에 절인다.

3 밀가루를 물에 풀어 냄비에 넣고, 나무주걱으로 저어 가며 묽게 풀을 쑨 후 식힌다.

4 항아리에 절인 호박과 열무를 넣고 돌로 누른다. 여기에 식혀 둔 밀가루 풀물을 재료가 잠길 정도로 붓는다(이때 신 김칫국을 함께 넣어도 좋다).

5 며칠 후 노랗게 익으면 깨끗이 씻어 뚝배기에 된장을 풀고 돼지고기와 함께 넣고 지진다.

특징

이름은 '호박김치'이지만, 실제로는 김치가 아니다 호박김치를 이용해 끓이는 찌개이다. 늙은 호박이나 여름철 잘 여문 푸른 호박으로 김치를 담근 후, 이를 활용하여 찌개를 끓여 먹는다.

충청도에도 호박김치를 이용한 찌개가 있는데, 호박과 열무를 절여 숨이 죽으면 씻어 물기를 뺀 후, 고춧가루, 다진 마늘, 생강, 실파, 멸치젓을 넣고 고루 버무려 김치를 담근다. 이후 쌀뜨물을 부어 찌개를 끓여 먹는다.

연안식해

재료 및 분량

대합살 500g, 멥쌀 ½컵, 엿기름가루 ½컵, 대추 10개, 잣 1큰술

양념 고춧가루 1큰술, 굵은소금 4큰술, 참기름 1큰술

만드는 방법

1 대합살은 내장을 제거하고 깨끗이 씻은 후, 베보자기에 싸서 물기를 꼭 짠다.

2 멥쌀은 씻어 불린 후, 고슬고슬하게 밥을 지어 넓은 그릇에 푼다.

3 엿기름가루는 고운체에 내려 고운 가루만 **2**의 밥과 섞는다.

4 대추는 씨를 발라 2등분하고, 잣은 고깔을 떼어 낸다.

5 대합살과 멥쌀밥을 섞은 후, 소금, 고춧가루, 참기름, 대추, 잣과 함께 버무려 항아리에 담는다. 항아리 입구를 밀봉한 후 3~4일이 지나 조갯살이 붉어지면 먹을 수 있다.

특징

생선이나 그 부산물에 소금을 넣어 담그는 젓갈과 달리, 식해(食醢)는 소금에 절인 어패류에 곡물을 더해 담그는 것이 특징이다. 식해는 주로 우리나라의 동북 지역에서 발달하였다. 이는 완만한 해안선과 염전이 발달해 소금 생산이 풍부한 서남해안과 달리, 해안선이 급경사인 동해안에서는 소금 생산이 어려웠기 때문이다. 이에 따라 일부 소금을 곡물로 대체하게 되었다. 곡물의 전분이 분해되면서 생성된 유산균이 소금과 함께 생선의 부패를 억제하는 원리를 이용한 것이다.

식해에는 조밥이나 멥쌀밥이 사용되며, 엿기름가루나 누룩가루를 발효제로 넣기도 한다. 연안식해는 조갯살에 멥쌀밥을 더해 담그는데, 이는 연안 지역이 질 좋은 쌀의 생산지이기 때문에 멥쌀밥을 사용하는 데서 비롯된 것이다.

닭알범벅

재료 및 분량

붉은팥 1컵, 멥쌀가루 3컵, 소금 1작은술

만드는 방법

1 팥은 깨끗이 씻은 후, 물을 자작하게 붓고 끓인다. 처음 끓어오른 팥물은 따라 버리고, 다시 새 물을 넉넉히 부어 팥이 무를 때까지 삶는다. 삶은 팥은 국물과 함께 둔다.

2 멥쌀가루는 끓는 물에 익반죽한 후, 충분히 치대어 타원형으로 빚는다.

3 냄비에 삶은 팥을 한 켜 깔고, 그 위에 빚은 떡을 올린다. 떡이 익으면 다시 팥을 한 켜 깔고 떡을 올려 익힌다.

4 팥물이 모두 졸아들고 떡이 익으면 소금 간을 하여 버무려 낸다.

특징

닭알범벅은 식재료가 귀하던 시절, 팥을 삶고 밀가루를 반죽해 만들어 먹던 음식이다. 팥을 푹 끓인 후, 밀가루를 부드럽게 반죽해 수제비처럼 떼어 넣고 오래 끓여 으깬 형태로 먹었기 때문에 떡의 일종이지만, '범벅'이라는 이름이 붙은 것으로 보인다. 떡 반죽은 익반죽하여 충분히 치대야 쫄깃하고 맛있다.

연안인절미

재료 및 분량

찹쌀가루 5컵, 물 3큰술, 소금 1작은술

푸른 콩가루 1컵, 노란 콩가루 1컵, 설탕 2큰술

만드는 방법

1 찹쌀은 깨끗이 씻어 3시간 이상 불린 후, 소쿠리로 건져 물기를 빼고 소금을 넣어 빻아 가루로 만든다.

2 찹쌀가루에 물을 섞어 체에 한 번 내린 후, 젖은 면포를 깔고 시루에 안쳐 찐다.

3 콩가루를 고운체에 내리고 설탕을 섞어 고물을 준비한다.

4 찐 떡을 안반에 쏟아 놓고, 공이나 떡메에 물을 적셔 가며 한 덩어리가 되도록 친다.

5 친 떡을 도마나 넓은 쟁반에 놓고 길게 비벼 막대 모양으로 만든 후, 칼로 썰어 고물을 묻힌다.

특징

인절미는 쌀과 잡곡이 많이 생산되는 지역에서 만들어 먹던 떡으로, 찹쌀 외에도 차조와 찰기장으로 만들 수 있다. 인절미는 예로부터 황해도 연안인절미가 으뜸으로 꼽혔다. 『규합총서』에는 "연안 것이 나라 안에서 제일이니, 만드는 법을 보면 찹쌀을 물에 담가 날마다 물을 갈고 사오일 후에 건져서 무르녹게 찐다. 그다음 오랫동안 치는 것이 좋다. 대추를 두드려 떡을 칠 때 넣고, 볶은 팥을 묻힌다."라고 기록되어 있다.

또한 『조선무쌍신식요리제법』에서 연안인절미는 진품 찹쌀만을 사용하며, 통째로 찌지 않고 가루를 내어 찐 후 충분히 치는 것이 좋다고 하였다.

고물로는 콩가루, 깻가루, 거피팥 등을 이용할 수 있다. 특히, 혼인잔치 때 반드시 만들었던 인절미는 썰지 않고 길게 만들어 오색의 고물을 묻힌 후, 신부집에서 신랑집으로 목판에 담아 보내는 풍습이 있었다. 이를 '혼인인절미' 또는 '연안인절미'라고 불렀다.

평안도 · 자강도

지역적 특징

평안도는 오늘날의 평양을 중심으로, 평안남도, 평안북도, 자강도의 일부 지역을 포괄한다. 동쪽은 산이 높고 험하지만, 서쪽은 서해안과 접해 있어 해산물이 풍부하고, 넓은 평야에서는 곡식이 많이 생산된다.

이 지역은 예로부터 중국과의 교류가 활발해 주민의 성격이 진취적이고 대륙적인 편이다. 이에 따라 음식도 큼직하고 푸짐하게 만드는 것이 특징이며, 크기가 작고 기교가 많이 들어가는 서울 음식과는 대조된다.

메밀과 밀을 곱게 갈아 만든 냉면과 만둣국 같은 곡물 음식이 발달했으며, 겨울이 매우 추운 지역 특성상 기름진 육류 음식도 즐겨 먹는다. 또한 콩과 녹두로 만든 음식도 다양하다. 음식의 간은 대체로 싱겁고 맵지 않은 편이며, 모양보다는 넉넉하고 소박하게 담는 것이 특징이다. 평안도지방에서는 특히 평양 음식이 가장 널리 알려져 있으며, 그중에서도 평양냉면, 어복쟁반, 온반이 대표적이다.

대표적인 평안도·자강도 음식

- 주식류: 온반, 닭죽, 어죽, 생치만두, 만둣국, 굴만두, 김치말이냉면, 온면, 느릅쟁이국수, 강량국수, 평양냉면, 옥류관냉면, 평양만두
- 부식류: 숭어국, 잉엇국, 꽃게장국, 참나물국, 고사리국, 전어된장국, 오이토장국, 어복쟁반, 순안불고기, 조기자반, 내포중탕, 콩비지, 꽃게찜, 똑똑이자반, 청고추조림, 당고추장볶음, 돼지고기전, 더덕전, 냉채, 무곰, 녹두지짐, 돼지고기 편육, 순대, 더풀장, 두부회, 도라지산적
- 김치류: 가지김치
- 병과류: 꼬리떡, 송기떡, 꼬장떡, 노티, 뽕떡, 골미떡, 개피떡, 조개송편, 니도래미, 찰부꾸미, 무지개떡, 과줄, 엿, 태석, 송기절편, 송기개피떡, 감자시루떡, 강냉이골무떡
- 주류: 감홍로

온반

재료 및 분량

양지머리(또는 사태) 300g, 밥 2공기, 대파 1뿌리, 마늘 5쪽, 통후추 10알, 물 6컵, 달걀 1개, 깐 녹두 1컵, 청장 2작은술, 소금 ½작은술, 두부 ½모, 실고추 약간

편육 양념 간장 ½작은술, 소금 1작은술, 다진 파 1큰술, 다진 마늘 1큰술, 후춧가루 ¼작은술

두부 양념 고춧가루 1작은술, 소금 ¼작은술, 깨소금 ½작은술, 후춧가루 ⅛작은술

만드는 방법

1 양지머리는 대파, 마늘, 통후추를 넣은 물에 푹 삶는다.

2 삶은 고기는 건져서 편육으로 썰어 양념하고, 국물은 맑게 걸러 간을 맞춘다.

3 깐 녹두는 껍질을 벗긴 후, 갈아서 녹말을 가라앉힌다. 그 앙금에 소금 간을 한 후, 달걀지단처럼 얇게 부쳐 채 썬다.

4 달걀은 황·백으로 나누어 지단을 부친 후 채 썬다.

5 두부는 물기를 꼭 짜고 으깨어 양념한 후, 팬에 보슬보슬하게 볶는다.

6 유기그릇에 밥을 담고, 양념한 편육과 채 썬 녹두지짐, 달걀지단을 얹는다. 그 위에 볶은 두부를 한 숟가락 올린 후, 뜨겁게 데운 육수를 부어 낸다.

특징

온반은 서울의 장국밥과 유사한 음식으로, 북쪽의 추운 지방에서는 국밥을 먹으면 몸이 따뜻해져 겨울철은 물론 사철 내내 즐겨 먹는다. 평양온반은 평양의 4대 음식 중 하나로, 경기도 사람들이 간장을 넣고 끓인 장국밥을 즐겼다면, 평양 사람들은 소금을 넣그 끓인 온반을 선호하였다.

흰밥에 소금으로 간을 하여 끓인 닭고기 국물을 부은 후, 닭고기와 함께 평양의 별미인 녹두지짐을 고명으로 얹는 것이 이 음식의 특징이다.

평양냉면

재료 및 분량

사골 600g, 사태(또는 양지머리) 300g, 메밀가루 3컵, 감자전분 2컵, 달걀 3개, 배 ½개, 동치미무 ½개, 오이 ½개, 동치미국, 청장 1작은술, 소금 1작은술, 식초 1작은술

만드는 방법

1 사골은 찬물로 씻어 물을 많이 넣고 푹 끓이다가, 사태나 양지머리를 넣고 잘 무르도록 삶는다. 뼈는 건져 내고, 고기는 편육으로 썰어 둔다. 육수는 차게 식혀 굳은 기름을 걷어 낸다.

2 **1**의 육수와 동치미국을 같은 양으로 섞고, 소금, 청장, 식초로 간을 맞춰 냉면국물을 만든 후 차게 둔다.

3 달걀은 완숙으로 삶아 껍질을 벗긴 후 반으로 자른다. 배는 껍질을 벗겨 얇게 썰고, 동치미무와 오이도 길쭉하고 얇게 썰어 준비한다.

4 국수는 메밀가루와 감자전분을 섞어 익반죽한 후, 국수틀에 넣고 눌러 뽑는다.

5 국수는 끓는 물에 넣어 국수심이 약간 남을 정도로 삶는다. 냉수에 삶은 국수를 여러 번 헹궈 사리를 지어 채반에 올린다.

6 큰 대접에 사리를 담고, 편육, 배, 동치미 무, 오이, 삶은 달걀 등의 고명을 얹은 후, **2**의 냉면국물을 붓는다.

기호에 따라 식초, 설탕, 겨자 등을 넣어 먹는다.

특징

평양냉면은 메밀 함량이 높아, 거칠고 쉽게 끊어지는 굵은 면이 특징이다. 『동국세시기』에는 "메밀국수를 무김치와 배추김치에 말고 돼지고기를 섞은 것을 냉면이라고 하며, 잡채, 배, 밤, 쇠고기, 돼지고기 썬 것과 기름, 간장을 메밀국수에 섞은 것을 골동면이라고 한다. 이 중 평양냉면이 으뜸이다."라고 기록되어 있다.

평안도지방에서는 추운 겨울, 따뜻한 온돌 아래서 이가 시릴 정도로 차가운 동치미 국물에 국수를 말아 먹었다. 맵거나 짜지 않고 담백한 맛이 특징이다. 겨울철에는 갓 수확한 햇메밀로 면을 뽑았는데, 끈기가 있어 다른 가루를 섞지 않아도 면을 만들 수 있었다. 햇메밀가루로 뽑은 면은 푸른빛을 띠며, 구수한 풍미와 함께 보는 즐거움도 준다.

냉면 육수로는 꿩을 삶은 국물이 으뜸으로 여겨졌으며, 대부분 사골국물이나 동치미국물이 이용되었다. 평안도의 동치미는 추운 곳에서 좋은 무로 삼삼하게 담가 땅에 묻어 익히는 동안 유기산이 적절히 생성되어 별미로 꼽혔다. 평양냉면은 추운 겨울날에 식사나 술을 먹고 난 후, 해장국 대신 해장음식으로 즐겨 먹었으며, 이로 인해 평안도의 가정마다 국수틀을 갖추고 있었다.

국수는 일상적인 밥상은 물론, 잔칫상이나 돌상 같은 특별한 자리에도 빠지지 않았다. 잔치에 온 손님들은 떡상을 받아 배불리 먹고도 "국수 배는 따로 있다."며 국수까지 먹은 후에야 자리에서 일어날 정도로 국수를 즐겼다고 한다.

숭어국

재료 및 분량

숭어 1마리, 실파 2뿌리, 소금 2작은술, 다진 마늘 1큰술, 생강즙 1작은술, 통후추 10알

만드는 방법

1 싱싱한 숭어는 비늘을 벗긴 후, 머리와 내장, 지느러미를 제거하고 깨끗이 씻어 4~5cm로 토막 낸다.

2 실파는 송송 썬다.

3 냄비에 물을 붓고 끓으면 숭어와 통후추를 넣고, 서서히 끓이면서 떠오르는 거품은 걷어 낸다.

4 숭어가 익으면 다진 마늘과 생강즙을 넣고, 소금으로 국물의 간을 맞춘다.

5 국그릇에 담고, 송송 썬 파를 얹는다.

기호에 따라 고수를 넣어 먹기도 한다.

특징

평양의 대동강 연안에서는 숭어국과 잉엇국이 유명하다. 예로부터 평양, 룡강, 증산, 강서, 안주, 정주, 순천, 가산, 의주, 철산 등지에서 나는 숭어가 이름났으며, 그중에서도 대동강 연안의 숭어가 으뜸으로 꼽힌다.

평양 사람들은 귀한 손님을 맞을 때 평양의 명물인 숭어국을 대접하는 것을 예로 여겼다. 평양을 찾은 이들도 숭어국을 맛보아야 제대로 된 대접을 받았다고 느꼈으며, 평양에 다녀온 보람을 느끼기도 했다. 이로 인해 "숭어국 맛이 좋던가?"라는 인사말은 평양에 다녀온 사람에게 건네는 첫마디로 통용되었다. 관혼상제 때도 숭어찜을 큰 상에 올려야 제대로 상을 차렸다고 평가받았다.

어복쟁반

재료 및 분량

소 무릎도가니 1개, 양지머리 300g, 우설 200g, 유통살 200g, 느타리버섯 100g, 대파 3뿌리, 쑥갓 50g, 배 ½개, 달걀 2개, 은행 24알, 메밀국수 200g

양념간장 간장 3큰술, 물 1큰술, 설탕 ½작은술, 실파 1뿌리

꼬치 8개

만드는 방법

1 무릎도가니는 토막 내어 물을 넉넉히 붓고 끓이다가, 양지머리를 넣고 삶아 편육과 육수를 만든다.

2 우설은 끓는 물에 데쳐 흰 막을 벗긴 후, 끓는 물에 삶아 편육으로 썬다.

3 유통살도 끓는 물에 삶아 식힌 후, 얇게 편육으로 썬다.

4 느타리버섯은 끓는 물에 넣어 데친 후, 굵게 찢는다.

5 달걀은 노른자가 가운데에 오도록 굴리며 삶은 후, 찬물에 담갔다가 껍질을 벗기고 4등분한다.

6 배는 껍질을 벗기고 씨를 뺀 후, 굵은 채로 썬다. 쑥갓은 흐르는 물에서 씻어 잎 부분만 떼어 낸다.

7 은행은 뜨거운 팬에 볶은 후 종이타월 위에 쏟아 식히고, 속껍질을 벗겨 꼬치에 3알씩 꿴다.

8 메밀국수는 끓는 물에 삶아 찬물에 헹군 후, 사리를 짓는다.

9 큼직한 놋쟁반에 준비된 재료를 돌려 담고, 가운데에 양념간장 그릇을 놓는다. 간을 맞춘 육수를 부은 후, 불 위에 올려 끓인다.

10 먹을 때는 먼저 편육을 양념간장에 찍어 먹고, 메밀국수를 국물에 말아 먹는다. 이후에는 더운 육수를 계속 부어 가며 먹는다.

특징

어복쟁반의 '어복'은 소의 뱃살을 의미하는 '우복'에서 비롯된 말로 전해진다. 어복쟁반은 의리 있고 인정 많은 평안도 사람들의 기질을 잘 담아낸 음식으로, 하나의 쟁반에 여러 사람이 함께 나눠 먹는 데에 그 멋이 있다.

녹두지짐

재료 및 분량

깐 녹두 2컵, 돼지고기 100g, 배추김치 100g, 고사리 100g, 청고추 1개, 홍고추 1개, 대파 1뿌리, 식용유 ½컵, 소금 2큰술, 참기름 ½작은술

돼지고기 양념 간장 1작은술, 소금 ½작은술, 다진 파 1작은술, 다진 마늘 ½작은술, 깨소금 ½작은술, 참기름 ½작은술, 후춧가루 ⅛작은술

고사리 양념 청장 ½작은술, 다진 마늘 ½작은술, 깨소금 ¼작은술, 참기름 ¼작은술

만드는 방법

1 깐 녹두는 미지근한 물에 담가 충분히 불린 후, 껍질을 깨끗이 벗긴다.

2 돼지고기는 비계를 제거한 후, 납작하게 썰어 양념한다.

3 배추김치는 속을 턴 후, 잘게 썰어 참기름에 무친다.

4 고사리는 딱딱한 부분을 제거하여 5cm 길이로 썬 후, 양념하여 볶아 식힌다.

5 대파는 어슷하게 썰고, 청·홍고추도 어슷하게 썰어 씨를 뺀다.

6 껍질을 벗긴 녹두에 물을 1컵 붓고, 블렌더에 곱게 간다.

7 **6**에 양념한 돼지고기, 김치, 고사리나물을 넣고 소금으로 삼삼하게 간을 맞춘 후, 팬에 식용유를 두르고 한 국자씩 떠 둥글게 편다.

8 썰어 둔 파와 고추를 얹은 후, 양쪽을 노릇노릇하게 지져 낸다.

특징

녹두부침은 녹두를 물에 불려 맷돌에 간 후, 소댕(솥뚜껑)에 부쳐 먹던 음식이다. 황해도에서는 '막부치', 평안도에서는 '녹두지짐' 또는 '지짐이'라고 불렀으며, 지방에 따라 '녹두전병', '빈대떡' 등 다양한 명칭과 재료, 크기로 전해졌다. 평안도에서는 녹두지짐을 굽접시에 겹겹이 쌓아 잔칫상에 올렸으며, 이것이 빠지면 잘 차린 상으로 여기지 않았다.

고조리서에 기록된 빈대떡은 오늘날의 전과는 달리 떡에 가까웠다. 1600년대 조리서인『음식디미방』에는 '빈자병'이라는 이름으로 처음 등장하는데, 녹두를 되직하게 간 후 번철에 기름을 두르고 조금씩 떠 놓으며, 거피한 팥을 꿀에 개어 소로 넣고 그 위에 녹두 간 것을 덮어 유자빛이 나게 지졌다고 한다.

녹두는 끈기가 없어 지질 때 조심스럽게 익혀야 하며, 밑면이 완전히 익은 뒤에 뒤집어야 모양이 온전하게 유지된다.

가지김치

재료 및 분량

가지 8개, 부추 30g, 실파 30g

김치 양념 청장 ¾컵, 고춧가루 3큰술, 다진 마늘 1큰술, 다진 생강 1작은술

만드는 방법

1 가지는 찜통에 넣어 잠깐 찌거나, 끓는 물에 살짝 데친 후 찬물에 담갔다가 완전히 식으면 베보자기에 싸서 돌로 누른다.

2 부추와 실파는 씻어 물기를 뺀 후 송송 썬다.

3 청장에 썰어 둔 부추, 파, 갖은양념을 넣고 버무려 소를 만든다.

4 **1**의 가지에 물이 완전히 빠지면 가지의 가운데 배를 가르고, 그 속에 소를 채워 넣는다. 소를 버무린 그릇에 물과 청장을 넣어 김칫국을 만들어 가지가 잠기도록 붓는다(여름에는 1~2일이면 익는다).

5 먹을 때는 먹기 좋은 크기로 썰어 담는다.

특징

가지는 아린 맛이 있고 껍질은 단단하나, 속은 물러 날로 먹지 않는다. 껍질이 매끄러워 오이소박이처럼 소를 채워 담가야 간이 잘 밴다.

여름철에 흔한 가지로 김치를 담그면 색깔이 곱고 아삭아삭한 질감이 더운 날 식욕을 돋워 준다. 가지를 살짝 데친 후, 소금 대신 재래식 청장에 담그는 것이 특징이다.

노티

재료 및 분량

찹쌀가루 5컵(또는 찰기장가루 5컵), 엿기름 1컵, 소금 ½작은술, 설탕 또는 꿀 2큰술, 참기름 ½작은술, 식용유 2컵

만드는 방법

1 찹쌀가루는 김이 오르는 찜통에 베보자기를 깔고 찐다.

2 엿기름은 고운체에 내려 가루와 찌꺼기를 분리한다.

3 엿기름 찌꺼기에 물을 붓고 주물러 우려낸 후, 물을 고운체에 걸러 놓는다.

4 찐 찹쌀떡이 식기 전에 고운 엿기름가루를 뿌리고, 걸러 놓은 엿기름물을 부어 가며 말랑말랑하게 반죽한다. 이때 소금과 참기름을 약간 넣는다.

5 반죽한 것을 여러 번 저은 후, 따뜻한 방에서 1~2시간 삭힌다.

6 삭힌 반죽은 팬에 식용유를 두르고 반죽을 떠 동글납작하게 지진다.

7 지진 노티를 식힌 후 사기 항아리에 담는다. 이때 한 켜씩 차곡차곡 넣고, 그 위에 설탕이나 꿀을 뿌리며 담는다.

특징

노티는 과자에 가까운 단맛을 내는 독특한 지진 떡으로, 찹쌀가루 대신 찰기장가루, 차조가루, 차수숫가루 등을 이용하기도 한다. 노인이나 아이들이 즐겨 먹으며, 오래 두고 먹을 수 있는 음식이다.

평양에서는 추석 전날 달밤에 뜰 안에 가마를 걸어 노티를 지진 후, 단지나 항아리에 넣어 두었다가 쫀득쫀득해지면 꺼내 먹었다고 한다.

함경도 · 양강도

지역적 특징

함경도는 오늘날의 함경남·북도, 양강도, 자강도, 강원도의 일부 지역을 포괄한다. 백두산과 개마고원의 산간지방이 대부분을 이루는 함경도는 한반도의 가장 북쪽에 위치한 지역으로, 험한 산간지역과 동해안을 낀 해안지역으로 이루어져 있다. 이로 인해 산간지역에서는 밭농사와 산나물 채취가, 해안 지역에서는 생선 어획이 활발하며, 어획량도 많고 품질 또한 우수하다.

이 지역에서는 콩, 조, 기장, 귀리, 옥수수, 수수, 피 등이 많이 나며, 특히 메조, 메수수가 이남의 메곡식과는 달리 매우 찰지고 구수하여 맛이 좋다. 고구마와 감자도 품질이 뛰어나 녹말을 내어 냉면 국수를 뽑거나, 감자를 갈아 만든 국수도 특별한 맛을 낸다.

음식의 간은 짜지 않고 담백하나, 마늘, 고추 등 양념을 강한 양념을 즐겨 사용한다. 함흥냉면은 녹말로 면을 뽑아, 생선회를 매콤하게 비벼 먹는 방식이 다른 지역과는 다르다. '다대기'라는 말도 이 지역에서 비롯된 것으로, 고춧가루 양념을 뜻한다. 그러나 함경북도로 올라갈수록 간은 더 세거나 맵지 않으며, 담백한 맛을 선호한다. 음식의 형태도 큼직하고 시원스러워 대륙적인 느낌을 주며, 장식은 단순하고 기교를 부리거나 사치스럽지 않다.

함경도에서 가장 기온이 낮은 곳은 −40℃까지 떨어지기도 한다. 김장은 11월 초순부터 시작하며, 젓갈은 새우젓이나 멸치젓을 약간 넣고 주로 소금으로 간을 한다. 동태, 가자미, 대구 등을 썰어 깍두기나 배추김치 포기 사이에 넣고, 김칫국을 넉넉히 부어 담근다. 동치미도 담가 땅에 묻어 두었다가, 살얼음이 생길 때쯤 혀가 시릴 만큼 시원한 맛을 즐긴다. 이 동치미 국물로 냉면을 말아 먹기도 한다. 콩이 풍부해 콩나물을 데쳐 물김치를 담그기도 한다.

대표적인 함경도·양강도 음식

- 주식류: 조밥, 귀밀밥, 잡곡밥, 섭조개밥, 닭비빔밥, 옥수수죽, 얼린 콩죽, 섭죽, 회냉면, 함흥냉면, 감자농마국수, 귀밀국수, 감자막가리만두, 두부밥
- 부식류: 명태국, 단고기국, 가릿국, 천엽국, 다시마냉국, 동태순대, 콩부침, 동태매운탕, 비

(계속)

웃(청어)구이, 북어전, 가자미식해, 도루묵식혜, 원산해물잡채, 순대, 닭섭산적, 임연수어 구이, 북어찜, 영계찜, 두부전, 두부회, 제육전, 명태회무침

- 김치류: 채칼김치, 영채김치(산갓김치)
- 병과류: 귀밀떡, 귀밀송편, 감자찰떡, 인절미, 오그랑떡, 언 감자떡, 꼬장떡, 달떡, 괴명떡, 과줄, 산자, 약과, 콩엿강정, 들깨엿강정, 찰떡인절미(함경도인절미), 기장인절미, 구절떡, 가랍떡, 귀리절편, 깻잎떡
- 음청류: 단감주

함흥냉면

재료 및 분량

홍어(가자미) 300g, 양지머리 200g, 녹말 국수 400g, 오이 ½개, 배 ¼개, 동치미무 ¼개, 달걀 1개

회 양념 간장 3큰술, 고춧가루 1큰술, 다진 파 1큰술, 다진 마늘 2큰술, 깨소금 1큰술, 참기름 1큰술

만드는 방법

1 홍어는 껍질을 벗겨 5×1cm 크기로 썰고, 식초에 버무려 30분간 재워 둔다.

2 양지머리는 끓는 물에 삶아 식힌 후, 얇게 썰어 편육을 만든다.

3 동치미무와 배는 납작하게 썰고, 오이는 길이로 반을 갈라 어슷하게 썰어 소금에 절인 후, 물기를 제거한다.

4 달걀은 완숙으로 삶아 껍데기를 벗긴 후, 반으로 자른다.

5 **1**의 홍어는 행주로 물기를 꼭 짠 후, 양념 일부에 버무려 홍어회를 무친다.

6 국수는 끓는 물에 넣어 재빨리 삶은 후, 찬물에 여러 번 헹구어 사리를 지어 놓는다.

7 대접에 국수사리를 담고, 그 위에 홍어회, 편육, 동치미무, 배, 오이, 달걀을 가지런히 얹은 후, 양념을 올린다. 국수를 미리 양념장에 버무려 담고, 그 위에 고명을 얹어 내기도 한다.

특징

과거 함경도에서는 고구마가 많이 나서 냉면의 견발을 만들 때 고구마전분을 주로 사용했으나, 남쪽으로 이주한 도민들은 제주도산 감자전분을 주로 사용하고 있다. 겨울에는 전분만으로 면을 뽑고, 여름에는 밀가루를 약 10% 섞는다. 전분은 익반죽하여 국수틀에 넣고 눌러서 끓는 물에 삶은 후, 찬물에 헹궈 사리를 짓는다.

냉면에 올리는 회는 이북에서는 참가자미를 사용하지만, 이남에서는 주로 홍어회를 사용한다. 홍어는 껍질을 벗기고 잘게 썰어 맑은 물이 나올 때까지 찬물에 씻은 후, 건져 물기를 제거한다. 그다음 식초에 버무려 여름에는 1시간, 겨울에는 1시간 30분 정도 재운 후, 간장을 넣어 다시 버무린다. 이렇게 준비한 홍어는 냉면에 얹기 직전에 양념에 무친다. 오이, 무, 배는 길쭉하게 썰어 매운 양념으로 무친다.

함흥냉면의 면은 감자와 고구마전분을 섞어 만든다. 함흥냉면 중 인기가 있는 것은 회냉면으로, 매운 냉면 비빔장에 무친 가자미회를 얹는다. 최근에는 새콤달콤하게 무친 홍어회를 자주 사용하지만, 동해안 지방에서는 명태회를 올리기도 한다.

감자막가리만두

재료 및 분량

감자 10개, 돼지고기 200g, 부추 100g

양념 간장 1작은술, 소금 ½작은술, 다진 파 2작은술, 다진 마늘 1작은술, 후춧가루 ⅛작은술, 생강즙 ½작은술

만드는 방법

1 감자는 껍질을 벗긴 후, 깨끗이 씻어 강판에 간다. 간 감자는 체에 밭쳐 물기를 빼고, 아랫물은 그대로 두어 윗물만 따라 버린다. 가라앉은 앙금은 따로 모아 둔다.

2 돼지고기는 곱게 다진 후, 양념을 하여 고루 주무른다.

3 부추는 흐르는 물에 뿌리 쪽을 먼저 흔들어 씻고, 전체를 깨끗이 헹군다. 0.4cm 크기로 송송 썰어 양념한 돼지고기와 섞어 둔다.

4 체에 밭쳐 물기가 빠진 감자 건더기는 김이 오르는 찜통에 고루 펴 넣고, 투명해질 때까지 찐다.

5 익은 감자 건더기는 그릇에 덜어 뜨거울 때 **1**에서 모아 둔 앙금을 넣고 고루 치대어 둔다.

6 **5**의 반죽을 조금씩 떼어 손바닥에 둥글게 펼친 후, 돼지고기 소를 넣고 반으로 접어 만두를 빚는다.

7 김이 오른 찜통에 젖은 면포를 깔고 만두를 올려 찐다.

특징

감자막가리만두는 함경도지역에서 즐겨 먹던 향토음식이다. 생감자를 갈아 체에 밭친 건더기와 가라앉힌 앙금으로 만두피를 만들어 쪄낸 것으로, 밀가루가 귀한 산간지방에서 감자를 이용해 만든 독특한 음식이다. 감자피는 쫄깃하면서도 투박하고 소박한 맛이 별미이다.

감자는 녹말이 주성분인 알칼리성 식품으로, 단백질과 지방 함량이 낮고, 고구마보다 당분도 적다. 그러나 감자에 함유된 폴리페놀류가 타이로시나아제(tyrosinase) 또는 산화효소에 의해 산화되어 멜라닌 색소가 형성되면서 쉽게 갈변된다. 따라서 강판에 간 후에는 공기와의 접촉을 최소화하고, 녹말이 가라앉은 후 윗물은 따라 버리고 바로 반죽하는 것이 좋다.

원산해물잡채

재료 및 분량

문어다리 1개, 홍합 100g, 새우 100g, 조갯살(대) 100g, 양파 1개, 당면 100g, 청고추 2개, 홍고추 2개, 다진 마늘 1큰술, 간장 2큰술, 소금 1작은술, 설탕 2큰술, 깨소금 1큰술, 참기름 1큰술, 식용유 3큰술

만드는 방법

1 문어다리는 소금으로 문질러 씻은 후, 끓는 물에 살짝 데쳐 식히고 어슷하게 썬다.

2 홍합은 털을 제거한 후, 소금물에 흔들어 씻고 끓는 물에 살짝 데친다.

3 새우와 조갯살은 깨끗이 씻은 후, 끓는 물에 살짝 데친다.

4 양파는 굵게 채 썰고, 청·홍고추도 반으로 갈라 씨를 뺀 후, 가늘게 채 썬다.

5 당면은 끓는 물에 삶아 물기를 털어 건진 후, 간장, 설탕, 참기름에 버무려 볶는다.

6 달군 팬에 식용유를 두르고 다진 마늘, 양파, 청·홍고추, 소금을 넣어 살짝 볶는다. 여기에 데쳐 놓은 해물을 넣고, 다시 살짝 볶는다.

7 큰 그릇에 **6**을 담고, 볶은 당면과 함께 간장과 설탕으로 간을 하여 무치고, 참기름과 깨소금을 뿌린 후 그릇에 담는다.

특징

동해안에 접해 있는 원산지역은 어패류가 풍부하여 해산물을 넣은 잡채를 즐겨 먹는다. 잡채의 '잡(雜)'은 '섞다', '모으다', '많다'는 뜻이며, '채(菜)'는 '채소'를 뜻하므로, 여러 채소를 섞은 음식이라는 의미를 지닌다.

1670년 『음식디미방』에 등장하는 잡채는 오늘날의 잡채와는 전혀 달랐다. 여러 채소를 볶은 후 밀가루즙을 끼얹어 걸쭉하게 만든 음식으로, 현재는 거의 사용되지 않는 거여목, 승검초, 동아, 말린 생강, 맨드라미 등이 사용되었다. 즉, 1600~1700년대의 잡채는 육류나 당면 없이 여러 나물을 이용한 일종의 잡생숙채(雜生熟菜)였다.

이후 1900년대에 이르러서야 조리서 『조선요리제법』에 당면이 들어간 잡채가 등장한다. 따라서 오늘날처럼 당면이 들어간 잡채가 만들어지기 시작한 것은 100년도 채 되지 않았다.

북어전 · 제육전

북어전 재료 및 분량

북어 1마리, 밀가루 4큰술, 달걀 1개, 식용유 3큰술

양념장 간장 2큰술, 설탕 1큰술, 다진 파 4작은술, 다진 마늘 2작은술, 깨소금 1작은술, 참기름 1작은술, 후춧가루 ⅛작은술, 생강즙 1작은술

제육전 재료 및 분량

돼지고기(어깨살) 400g, 대파 1뿌리, 마늘 5쪽, 생강 1톨, 후춧가루 ¼작은술, 식용유 3큰술

밀가루집 밀가루 1컵, 물 1컵, 청장 1작은술, 소금 ½작은술, 참기름 ½작은술

초간장 간장 2큰술, 설탕 1큰술, 식초 1큰술, 물 1큰술

위쪽 북어전 **아래쪽** 제육전

만드는 방법

북어전

1 북어는 머리를 자르고 물에 불린 후, 속의 가시를 발라 껍질을 벗기고 두세 토막으로 자른다.

2 접시에 북어를 한 켜로 펼쳐 놓고, 양념장을 발라 30분 정도 재운다.

3 양념한 북어에 밀가루를 뿌려 촉촉해지면 달걀옷을 입혀 지진다.

제육전

1 기름이 없는 돼지고기를 덩어리째 끓는 물에 넣고, 파, 마늘, 생강을 넣어 삶는다.

2 삶은 고기는 따뜻할 때 행주로 싸서 도마 등으로 눌러 식힌 후, 얇게 썬다.

3 밀가루에 소금, 청장, 참기름, 물을 넣어 밀가루집을 만든다.

4 달군 팬에 기름을 두르고, 밀가루집을 한 국자씩 떠 얇게 편다. 그 위에 제육편육을 얹고, 다시 밀가루집을 덮어 앞뒤로 고루 지진다.

5 양면이 노릇노릇하게 익으면 한 김 식혀 접시에 담고, 초간장을 곁들여 낸다.

특징

북어전

'명태(明太)'라는 이름은 함경도 명천(明川)에 살던 태모(太某) 씨가 낚시로 잡아 함경도 관찰사에게 올린 생선이라는 데서 유래했다고 전해진다. 우리나라에는 조선 초기 이전부터 존재했던 것으로 추정되며, 조선 후기에 이르러 관혼상제에 빠지지 않는 음식이 되었다.

북어는 −20℃의 밤에 단단히 얼린 후, 낮 동안 그대로 말려야 상등품으로 여겨진다. 이때 명태 속에 밤새 영근 구슬 같은 얼음이 그대로 기화되면서 살은 노랗게 변색되고, 질감은 더덕처럼 쫄깃해진다.

제육전

제육전은 제사상이나 큰 상에 올릴 때, 모서리만 도려내고 높이 쌓아 올린다.

아바이순대

재료 및 분량

돼지 창자 500g, 돼지 선지 2컵, 찹쌀 2컵, 삶은 우거지 200g, 숙주 300g, 두부 200g, 배춧잎 200g, 된장 2큰술, 생강 1톨, 새우젓 1큰술

양념 간장 1큰술, 소금 1큰술, 다진 파 4큰술, 다진 마늘 2큰술, 다진 생강 2작은술, 참기름 1큰술, 후춧가루 ½작은술

만드는 방법

1 돼지 창자는 뒤집어서 굵은소금과 밀가루로 깨끗이 주물러 씻은 후, 하룻밤 동안 물에 담가 놓는다.

2 찹쌀은 깨끗이 씻어 물에 2시간 이상 충분히 불린다.

3 두부는 물기를 꼭 짜서 곱게 으깬다.

4 숙주와 배춧잎은 끓는 물에 데치고, 삶은 우거지는 깨끗이 씻은 후, 모두 잘게 다져 물기를 꼭 짠다.

5 불린 찹쌀에 돼지 선지로 물을 들인 후, 나머지 재료와 양념을 넣고 고루 섞는다.

6 **1**의 돼지 창자를 건져 물기를 닦고, 한쪽 끝을 실로 묶는다. 반대쪽 끝에는 깔때기를 끼워 소를 넣어 채운 후, 끝을 다시 실로 묶는다.

7 물에 된장과 다진 생강을 넣고 끓이다가, 순대를 넣고 30분 정도 삶는다. 이후 꼬챙이로 순대 곳곳을 찔러 구멍을 낸 후, 불을 줄여 30분 정도 더 삶는다.

8 삶은 순대는 건져 한 김 식힌 후, 1.5cm 두께로 썰어 그릇에 담는다. 소금이나 새우젓에 찍어 먹는다.

특징

조선시대 문헌에는『주방문』의 황육 삶는 법,『증보산림경제』의 우장증방,『규합총서』의 쇠곱창찜 등, 소의 창자에 육류와 양념을 넣어 만든 순대와 유사한 음식들이 기록되어 있다.

그러나 '순대'라는 이름은 1800년대 말『시의전서』에 처음 등장한다. 이 문헌에는 돼지 창자에 소를 채워 양쪽을 동여매어 삶는 '도야지순대'가 오늘날의 순대와 유사한 형태로 소개되어 있다. 또한 민어의 부레에 소를 채워 실로 묶어 삶는 독특한 '어교순대'도 등장한다.

순대는 지역에 따라 다양한 이름과 형태로 전해진다. 대표적으로 용인의 백암순대, 천안의 병천순대, 제주의 돗수애 등이 있다. 함경도의 아바이순대는 대창을 사용해 크기가 크며, 찹쌀밥을 쪄서 소로 활용하는 것이 특징이다.

가자미식해

재료 및 분량

참가자미(소) 10마리, 굵은소금 1컵, 메조 1컵, 무 300g, 고춧가루 ½컵, 소금 1½컵, 엿기름가루 1컵, 다진 마늘 1큰술, 다진 생강 ½큰술

만드는 방법

1 노랗고 싱싱한 참가자미를 골라 등 쪽의 비늘을 긁어낸 후, 머리와 꼬리, 지느러미를 자르고 내장을 제거한 다음, 물에 깨끗이 헹군다.

2 손질한 가자미에 소금을 뿌려 하루 동안 절인다(잘 절여진 가자미는 살이 단단해진다).

3 절인 가자미를 면포에 싸서 큰 돌로 눌렀다가 물에 깨끗이 씻고, 물기를 제거한 후 먹기 좋은 크기로 토막 낸다.

4 무는 가자미와 같은 크기로 썰어 채반에 펼친 후, 바람이 잘 통하는 그늘에서 한나절 동안 꾸덕꾸덕하게 말린다.

5 엿기름을 고운체에 내려 하얗고 고운 가루만 고은다.

6 메조는 깨끗이 씻어 물에 불린 후, 되직하게 밥을 짓는다. 밥은 넓은 그릇에 담아 소금 간을 약하게 한 후 식힌다.

7 가자미와 말린 무에 고춧가루를 넣어 붉게 물들인 후, 다진 마늘, 다진 생강, 엿기름가루를 넣고 메조밥과 함께 고루 버무린다.

8 항아리에 **7**의 가자미식해를 넣고 꼭꼭 눌러 삭힌다. 따뜻한 곳에서는 3~4일, 보통 약 일주일이 지나면 물이 오르며 맛있게 익는다.

특징

가자미는『동의보감』에 따르면, “허를 보하고 기력을 더하며, 많이 먹으면 약간 동기(動氣)한다.”라고 하였다.『오주연문장전산고』에는 우리나라 동쪽 해안지방 사람들이 가자미식해(比目魚食醢)를 만들어 먹는다고 기록되어 있으며, 현재도 함경도지방을 대표하는 음식으로 알려져 있다. 가자미 외에도 명태, 도루묵 등을 이용하여 식해를 담그기도 한다.

가자미식해는 회냉면과 더불어 널리 알려진 음식으로, 잘 삭아 새콤한 맛이 나는 것은 술안주나 밥반찬으로 훌륭하다.

오늘날 향토음식은 관광 자원으로서 지역 경제 활성화에 크게 기여하고 있다.

대표적인 예가 바로 각 지역에서 열리는 음식 축제이다. 그러나 우리나라를 찾는 외국인을 대상으로 한 전통음식의 상품화와 세계화 노력은 아직 부족한 실정이다.

전통음식은 귀중한 생활문화이며, 21세기는 흔히 '문화의 전쟁 시대'라 불린다. 우리의 전통음식은 선인들의 지혜가 담긴 소중한 문화유산으로, 이를 어떻게 보존·발전시켜 후대에 물려줄지는 우리의 과제이다.

따라서 과거의 것을 현대적 감각에 맞게 새롭게 발전시키려는 노력이 필요하다. 사라져 가는 음식을 현대인의 입맛에 맞게 재해석하여 되살리는 방안을 적극 모색해야 한다. 또한 우리 고유의 농수산물을 활용해 향토색이 짙은 음식을 개발하고, 그 음식문화를 계승·발전시킬 때 비로소 세계 속의 음식으로 자리매김할 수 있다.

이러한 과정을 통해 훌륭한 향토음식은 더 나아가 한국 전통음식으로서 새로운 모습으로 재탄생할 수 있을 것이다.

저자 일동

국내문헌

- 경향신문사 출판본부, 한국의 맛, 경향신문사, 2005.
- 강인희, 한국의 맛, 대한교과서, 1987.
- 고형욱, 여기서 제일 맛있는 게 뭐지, 디자인하우스, 2001.
- 문화공보부 문화재관리국, 한국민속종합보고서(향토음식편), 문화공보부, 1984.
- 송수권, 풍류 맛 기행, 고요아침, 2003.
- 유애령, 식문화의 뿌리를 찾아서, 교보문고, 1997.
- 이건순, 향토음식문화(제12기 박물관대학), 경기도박물관, 2002.
- 이경택, 우리땅 우리맛, 역사넷, 2003.
- 이병학, 우리땅 참맛, 책이좋은사람, 2007.
- 이효지, 한국음식문화, 신광출판사, 1998.
- 전희정·이효지·한영실, 한국향토음식, 문화관광부, 2000.
- 정건조 외, 한국의 맛, 경향신문사, 2004.
- 정혜정·이정혜, 서울의 음식문화: 영양학과 인류학의 만남, 서울시립대학교부설 서울학연구소, 1996.
- 조선의 민속전통 편찬위원회, 조선의 민속전통 1: 식생활풍습, 과학백과사전종합출판사, 1994.
- 한국관광공사, 향토음식 관광상품화 방안, 1993.
- 한국문화재보호재단, 한국음식대관 제2권: 주식·양념·고명·찬물, 한림출판사, 1998.
- 한복진, 팔도음식, 대원사, 1989.
- 한복진, 조선시대 궁중의 식생활, 서울대출판부, 2005.
- 한복진·한복려·황혜성, 우리가 정말 알아야 할 우리음식 백가지 1~2권, 현암사, 1999.
- 황혜성, 조선왕조궁중음식, 궁중음식연구원, 2002.
- 황혜성, 황혜성 교수의 한국요리 백과사전, 삼중당, 1976.
- 황혜성, 향토음식·의례음식, 계몽사, 1981.

인터넷 사이트

- 각 도청·시군 홈페이지 문화관광부서
- 국립농업박물관. https://www.namuk.or.kr
- 국립식량과학원. http://koreanfood.rda.go.kr
- 국립농산물품질관리원. http://www.naqs.go.kr
- 국립수산물품질검사원. http://www.nfis.go.kr
- 남도음식문화큰잔치. http://www.namdofood.or.kr
- 농림축산식품부. https://www.mafra.go.kr
- 무형유산 디지털 아카이브. https://www.iha.go.kr
- 안동소주 전통음식박물관. http://www.andongsoju.co.kr
- 전북음식문화플라자. http://www.jbfood.go.kr
- 한국관광공사. http://www.visitkorea.or.kr
- 한국향토문화전자대전. https://www.grandculture.net/korea

찾 아 보 기